湖湘文化通论

匡　芳　著

中国原子能出版社

图书在版编目(CIP)数据

湖湘文化通论/匡芳著.--北京:中国原子能出版社,2022.11

ISBN 978-7-5221-2257-1

Ⅰ.①湖... Ⅱ.①匡... Ⅲ.①文化史-湖南 Ⅳ.①K296.4

中国版本图书馆 CIP 数据核字(2022)第 204563 号

湖湘文化通论

出版发行	中国原子能出版社(北京市海淀区阜成路43号 100048)
责任编辑	王 蕾
责任印制	赵 明
印　　刷	北京厚诚则铭印刷科技有限公司
经　　销	全国新华书店
开　　本	787mm×1092mm 1/16
印　　张	11.75
字　　数	215 千字
版　　次	2023 年 11 月第 1 版　2023 年 11 月第 1 次印刷
书　　号	ISBN 978-7-5221-2257-1　定　价　68.00 元

前　言

　　20世纪80年代，我国学术界热潮迭起，其中传统文化研究热潮尤值得我们回顾。这期间，从文学上的寻根意识到学术上的区域文化研究，蕴涵着深刻的历史与人生的反思意义。

　　中国不仅是一个有着悠久历史的文明古国，而且是一个地域辽阔的多民族统一的泱泱大国。由于历史渊源、地理环境、经济状况、风俗习惯以及语言诸方面的差异，在漫长的历史沉淀中，不仅形成了中华民族文化，而且蓄积成具有地方特色的区域文化，如中原文化、齐鲁文化、巴蜀文化，等等。这些区域文化相互影响，又各具特征，构成了中华文化丰富多彩、灿烂夺目的多元化格局。

　　诚然，任何区域性文化都是中华传统文化的组成部分，且任何区域性文化都具有中华传统文化的许多共性，但区域性文化的鲜明个性和丰富内容，显然是不能忽视的。区域性文化研究丰富了我们对中华传统文化的认识，也激起了特定区域内人们对自己生活于斯的特定区域的认同感和信心，这种认同感和信心为该区域的现代化建设提供了一种精神力量。

　　在我国异彩纷呈的地域文化中，诞生于三湘四水的湖湘文化以其悠久的历史、鲜明的特点和对中华文化的巨大贡献，在中华民族文化中占有突出的地位，影响极为深远。湖湘文化是一种非常有魅力的区域性文化。它经过数千年的酝酿，到近现代大放光芒。在当代，它以其独有的魅力影响着湖南人的思维方式、生活观念、审美情趣。同时，湖湘文化也由于近现代一批批政治军事领袖和学界精英的传播而走向全国，对中华民族的发展产生着影响。所以，研究、传播湖湘文化，弘扬湖湘文化的优良传统，同时分析批判其消极的、负面的和不适应湖南乃至中国现代化建设的因素，是我们从事学术研究和教育工作的人不可回避的课题。

　　在全社会高度重视文化软实力的今天，编写一部概要讲述湖湘文化的读本，对于帮助、激励人们去认识和传承湖湘优秀传统文化，弘扬正能量；对于立德树人，激励年轻一代为中华民族伟大复兴建功立业，都是一件很有意义的事。本书正是基于这种考虑编撰而成。

本书是一本颇有特色的著作。它吸收了前人和同行的研究成果，在这个基础上又有创新，注入了编写者的最新研究所得，使读本呈现出新的气象。本书力求做到整体感强而又条理清晰、重点突出，将一腔激情融入述说之中，使读本焕发出一种特有的亲切而清新的气息，给人耳目一新的感觉。相信阅读者会在阅读中获得思想启迪、精神激励的同时得到一种审美享受。

在撰写过程中，本书参考了许多专家和学者关于湖湘文化方面的书籍和资料，在此表示敬意和感谢。由于水平所限，本书难免存在不妥之处，恳请广大读者批评指正。

作　者

2021 年 12 月

目　录

绪论

湖湘文化及其历史地位

湖南又称湘、楚、湘楚、潇湘、三湘或三湘四水。湖湘文化就是在湖南这块土地上发展起来的一种独具魅力的地域文化，它是中华民族传统文化的有机组成部分。"湖"指洞庭湖，湖南位于洞庭湖之南；"湘"指湘江，是纵贯湖南全境的最大河流，又是湖南的简称。

湖湘文化有广义和狭义之分。广义的湖湘文化指湖南地区的一切文化成果和文化传统，既包括"湘学"精英文化，又包括湖南乡土风情等民俗文化；既包括具有湖南地域特色的哲学、伦理、宗教、政治、法律、文学和艺术等精神文化，又包括具有湖南地域特色的山水环境、人文景观、饮食、服饰、建筑、土特产等物质文化。狭义的湖湘文化指南宋初年由胡安国父子创立、以湖湘理学为基础，绵延至今的文化传统。它主张以身心修养为基础和根本，强调经世致用，体现了传统儒家内圣外王相统一的社会思想。湖南人在长期历史发展过程中所形成的民风民俗、社会意识、科学文化和物质文化凝集成的精神特质内含其中。从这个意义上说，狭义湖湘文化是广义湖湘文化的核心与精髓，因此，也称为核心湖湘文化。

湖湘文化源远流长。根据湖南考古发掘和先秦文献中许多史实记载的惊人暗合，湖湘文化缘于炎黄文化以及年代更加久远的神农文化。楚文化也是其重要源头之一，从秦汉到魏晋，楚文化与中原文化融合。隋唐五代，是湖湘文化的酝酿期。两宋时期特别是南宋，湖湘文化开始形成自己的特色，出现了儒、释、道"三教合一"的理学中的重要学派——湖湘学派。元代是湖湘文化发展的低迷期，到明代才走向复兴，清代是湖湘文化空前发展的新阶段。

在文化重心南移的大背景下，湖南逐渐成为以儒学文化为正统的省区，被学者称为"潇湘洙泗""荆蛮邹鲁"。湖南的儒学文化以及唐宋以前的本土文化，包括荆楚文化，成为湖湘文化发展的渊源，并分别影响着湖湘文化的两个层面。在思想学术层面，中原的儒学是湖湘文化的来源，岳麓书院讲堂所悬的"道南正脉"匾额，显示着湖湘文化所代表的儒学正统；从社会心理层面，如湖湘的民风民俗，心理特征等，则主要源于本土文化传统。这两种特色鲜明的文化得以重新融合，形成一种独特的区域文化。所以，探讨研究湘学者，能发现湖湘文化中的儒学正统特色，无论是周敦颐、张南轩，还是王船山、曾国藩，他们的学术思想、学术追求，都是以正统的孔孟之道为目标；而考察湘人者，则更会感觉到荆楚山民刚烈、倔强的个性。这两种文化相互渗透，表现出一种特殊的人格魅力。如曾国藩在自我人格修炼时追求的"血诚""明强"，常使我们体味到这种二重文化组合的妙处，"诚""明"的理念均来自儒家典籍和儒生对人格完善的追求；而"血""强"的观念又分明涌动着荆楚蛮民的一腔血性！曾国藩组建的湘军，其成员主要是湖湘之地的山民，曾国藩既看中了他们的质直、刚劲的湘人性格，又要求他们学习儒家道德，提高文化修养，体现了曾国藩对这种二重文化组合的自觉运用。

文化在人们的实践活动中不断积淀，日益丰富。发生在潇湘大地上的生产、生活、斗争和迁徙等活动，无不影响着湖湘文化的形成与发展。自远古以来，在三湘四水，湖湘先民求生存，图发展，农耕文明的历史悠久，生产与生活的经验和智慧代代相传。湖湘先民与天斗，与地斗，冒着严寒酷暑，战胜洪水猛兽，抵御外来侵略，湖南人的精神在历史的长河中积淀升华。古代湖南的历次移民也对湖湘文化有着重要影响。湖南自古是兵家必争之地，元代初年及明末清初，湖湘大地就曾多次遭受战火蹂躏，土著族十室九空。在当时朝廷的鼓励和安排下，湖南有过两次大规模移民，主要是从江苏、浙江、江西和四川等地迁入。所以，湖南方言多达几十种，哪怕是湖南人自己，也不能听懂省内的所有方言。大量移民为湖湘文化提供了厚实多元的元素。同时，移民在陌生的土地上讨生活，不开拓进取、吃苦耐劳、精打细算和勤俭节约是难以获得生存与发展的。所以，历史上几次大规模人口迁徙活动，对湖南人骨子里那种敢为人先、吃苦耐劳、坚忍不拔和倔强勇敢的群体性格的形成，有着十分重要的影响。

湖湘文化的产生与发展也得益于文化传播的润物无声之功。庞大的学者群体、多质的文化覆被、兴盛的书院教育和中原人口南迁湖南等因素，在文化传播中交合一体，构成一种文化机制，它促成了湖湘文化的形成和崛起。湖湘文化体系中精英文化与民俗文化之间的相互交流，既是两种文化层的交流互动，又是两种文化源头的交流互动。湖湘文化先后经历了三次大融合：南宋时期，理学思潮兴盛，湖湘学派崛起，形成了古代湖湘文化；近代时期，西学东渐，经世之学的延伸，古代湖湘文化转变成近代湖湘文化；新文化运动时期，马克思主义在中国传播，中国共产党成立，湖湘文化发挥了巨大的社会效能。三次文化大融合凸显了湖湘文化"融汇百家，兼收并蓄"的特色。

湖南山川秀丽，湖湘文化在历史上产生过许多名篇巨著，湘人乃至国人之心性修养、衣食住行、文事武备和功勋史迹无所不包，作为潇湘人物智慧之结晶、湖湘人文精神之沉淀的湖湘文化，谱写了一曲源远流长的历史篇章，成为中国灿烂文化历史中的一个缩影或者符号，为构筑中华文明大厦作出了一定贡献，成为中华民族优秀文化遗产之瑰宝。

在湖湘文化的熏陶下，近代以来的湖南人为实现中华民族的伟大复兴作出了突出的贡献。著名历史地理学家谭其骧说："清季以来，湖南人才辈出，功业之盛，举世无出其右。"鸦片战争以前的整个古代，《中国历代名人词典》共收录名人 3005 人，湖南籍仅有 23 人，占 0.77%；而鸦片战争以后的近代名人共 750 人，湖南 85 人，占 11.33%。为什么近代湖南人才辈出，勇冠全国，原因固然是多方面的，但作为湖湘文化内核之一的湖南人的精神，是产生"一部近代史，半部湖南书"奇特历史现象的关键因素。

湖南人的精神是什么，1920 年，陈独秀先生在《新青年》上发表了一篇著名的文章，题目就叫作《欢迎湖南人底精神》。节选如下：

湖南人底精神是什么？"若道中华国果亡，除非湖南人尽死。"无论杨度为人如何，却不能以人废言。湖南人这种奋斗精神，却不是杨度说大话，确实可以拿历史证明的。二百几十年前底王船山先生，是何等艰苦奋斗的学者！几十年前曾国藩、罗泽南等一班人，是何等"扎硬寨""打死战"的书生！黄克强历尽艰难，带一旅湖南兵，在汉阳抵挡清军大队人马；蔡松坡带着病亲领子弹不足的两千云南兵，和十万袁军打死战；他们是何等坚韧不拔的军人！湖南人这种奋斗精神，现在哪里去了？

我曾坐在黑暗室中，忽然想到湖南人死气沉沉的景况，不觉说道：湖南人底精神哪里去了？仿佛有一种微细而悲壮的声音，已渐渐在一班可爱可敬的青年身上复活了。我听了这类声音，欢喜极了，几乎落下泪来！

后来我出了暗室，虽然听说湖南人精神复活底消息，但是我盼望有许多事实，可以证明他们真实的复活，不仅仅是一个复活底消息，不使我的欢喜是一场空梦。

个人的生命最长不过百年，或长或短，不算什么大问题，因为他不是真生命。大问题是什么？真生命是什么？真生命是个人在社会上留下的永远生命，这种永远不朽的生命，乃是个人一生底大问题。社会上有没有这种长命的个人，也是社会底大问题。

Olive Schreiner 夫人底小说有几句话："你见过蝗虫他们怎样渡河么？第一个走下水边，被水冲去了，于是第二个又来，于是第三个，于是第四个；到后来，他们的死骸堆积起来，成了一座桥，其余的便过去了。"那过去底人不是我们的真生命，那座桥才是我们的真生命，永远的生命！因为过去底人连脚迹也不曾留下，只有这桥留下了永远纪念底价值。

不能说王船山、曾国藩、罗泽南、黄克强、蔡松坡已经是完全死去的人，因为他们桥的生命都还存在。我们欢迎湖南人底精神，是欢迎他们的奋斗精神，欢迎他们奋斗造桥的精神，欢迎他们造的桥比王船山、曾国藩、罗泽南、黄克强、蔡松坡所造的还要雄大精美得多。

（选自《独秀文存》）

从某种意义上说，正是湖南人的精神，奠定了湖湘文化不朽的历史地位。在中国特色社会主义新时代，我们传承湖湘文化，首要的正是弘扬湖南人的精神，为实现中华民族的伟大复兴做出新贡献。

第一章

湖湘文化的渊源与发展

树有根，水有源。作为中华文化中一种地域文化，湖湘文化有着自己独特的背景、渊源和发展过程。正是独有的背景、渊源和发展过程，决定了湖湘文化独特的内涵与特质。

第一节　湖湘文化的渊源

湖湘大地，从古至今就被称为"古道圣土""屈贾之乡""潇湘洙泗"。所谓"古道圣土"，是指这里是炎帝、舜帝传播中华道德古训、培育中华伦理文明的主要地方。所谓"屈贾之乡"，是指这里是屈原、贾谊忧国忧民的地方，是他们心系天下万民、求索国家前途的地方，更是他们的精神得以安顿、人格臻于完善的地方。所谓"潇湘洙泗"，指湖湘大地是光大儒家伦理精义、传承孔孟儒家学脉的地方。湖湘文化是具有鲜明特色的区域文化，是多元文化相互影响形成的。

一、上古湖湘本土文化的萌生与繁衍

远古时期，湖南被称为"三苗之地"，苗蛮聚居。"无君臣，不相统属之谓苗"。所谓"蛮"，即未被教化之人。这都是以中原文化、中央王朝为正统的称呼。而正是这些被称为"苗蛮"的生于斯、长于斯的原住民，创造了辉煌的上古湖湘本土文化。

（一）湖湘先民创造的远古文明

早在旧石器时代，湖南先民就创造了令人惊诧的远古文明。从迄今考古发现看，湖南的旧石器时代呈现出"澧水文化类群"和"舞水文化类群"并存的特点。"澧水文化类群"就是澧水流域和洞庭湖西岸的平原地区发现的旧石器时代文化，典型的有常德虎爪山、鸡公垱、乌鸦山等遗址，其石器都是利用遗址附近的砾石简单加工而成，打片与加工方法以锤击法为主，偶尔采用碰砧法，石器形体粗大，绝大部分石制品保留着砾石面，典型器物有大石片、各种形式的大尖状器、似手斧石器和石球等。"舞水文化类群"就是在舞水、渠水和沅水河谷地带发现的旧石器时代文化，而古时的舞水为沅水的主要支流，因此也有人称之为沅水文化类群。其打片和加工方法以锤击法为主，有时常用锐棱砸击法，间或使用碰砧法，还有一些诸如尖刃、长身侧刃、双边刃和端刃砍砸器等有特点的器物。

考古发掘表明，湖南各地旧石器遗址出土的石器，不仅在整体上具有旧石器文化的普遍特点，而且也表现出了我国南方旧石器文化的某些个性特征，这种石器特征与北方地区的石片石器工业相比有着明显的区别。目前学术界认为澧水类群文化属于华南砾石石器工业北部亚区，沅水类群则属南部亚区。

从迄今发现的文化遗址和遗物来看，湖南境内旧石器时代的古人类，在生产和生活状况方面与其他地方的古人类大致相同。粗糙的砍砸器、刮削器和尖状器等，以及木棒工具，只能适用于采集和狩猎等最原始方式的生产与生活。湖南的远古先民当时也是过着穴居野处、茹毛饮血的原始生活。

湖南新石器时代文化的形成较早。迄今为止湖南境内已发现不少新石器早期文化遗址。如澧县彭头山、李家岗、黄家岗遗址，石门县皂市下层文化遗址，临澧县沙堤荷家台、余家铺、金鸡岗、胡家屋场、王家祠堂等遗址，长沙县南托大塘遗址等。这些遗址中时代最早的是澧县彭头山遗址，但最具代表性的为石门皂市下层遗址，因此我国考古界多将湖南早期的新石器文化称为"皂市下层文化"。从分布地域看，湖南早期新石器文化遗址大多集中于澧水中下游沿岸至洞庭湖滨的台地和丘陵上，还有一些分布在湘中地区和湘、资流域。

距今约 6500 年，湖南的新石器文化发展到一个新的阶段——大溪文化阶段。大溪文化是以最先在四川巫山县大溪发掘的文化遗址命名的一种新石器文化，分布范围由川东、鄂西三峡地区、江汉平原，往东延伸至湖北中部、东部，向南扩展到湖南。大溪文化遗址在湖南最集中的地区是澧水中下游和洞庭湖西北边缘地带。近几年来，在沅水流域的常德、桃源、辰溪、麻阳，湘江中下游的株洲、长沙、汨罗、平江以及湘南地区，都发现了属于大溪文化范畴和相当或相近于大溪文化的新石器文化遗址。澧水中下游和洞庭湖区大溪文化最具代表性的有澧县梦溪三元宫、安乡汤家岗等遗址。此外，晚期还有屈家岭文化和龙山文化等。

在新石器时代，湖湘先民创造了灿烂的远古文明。20 世纪 80 年代，在道县寿雁镇白石寨村发现的玉蟾岩遗址中发掘出了最原始的古栽培稻，将人类栽培水稻的历史提前到了 1 万年以前。在澧县城头山遗址发掘中发现的距今约 6000 年的古代城址，可以视为中国古代城市文明的发祥地。

（二）影响深远的湖湘上古传说

在古代典籍中记载着许多关于上古湖湘的传说。最早见诸史籍的有炎帝在湘行迹。

炎帝，又称神农氏，为远古传说中一个强大氏族部落的首领。炎帝氏族部落与黄帝氏族部落，原来都出自我国甘肃一带，后沿黄河东下，发展为中原的华夏部落集团。炎帝、黄帝也因此一同被尊为中华民族的共祖。据传炎帝部落东下后，同蚩尤九黎集团发生冲突。最初炎帝败于蚩尤，后来炎帝与黄帝联合起来擒杀蚩尤。战胜蚩尤九黎以后，黄帝部落又反过来攻打炎帝部落。经过这场战争，黄帝部落势力迅速扩张，取代炎帝，成为华夏部落联盟之首和黄河中下游的主宰。据《新书·益壤》载，黄帝"伐涿鹿之野，血流漂杵，诛炎帝而兼其地"。由于黄帝部落的征伐，炎帝部落往南流亡迁徙，从洞庭之野直达九嶷苍梧。湖南许多地方留下了炎帝神农氏的传说与遗迹。据传炎帝神农氏曾在湖湘土地上播种华夏文明的火种，教民稼穑，为解除疾病对人民所造成的痛苦，"尝百草之滋味，水泉之甘苦，令民知所辟就，当此之时，一日而遇七十毒"，置自己的生命于不顾，谱写了一曲中华道德精神的颂歌。今炎陵县保存有炎帝陵，自唐代起已经得到奉祀，一直至今。

传说中华道德的远古典范舜帝也曾南巡来到这块土地，将"五伦之教"传授湖湘大地的黎民百姓，使自己的孝行德义播撒在湖湘文化的源头。《孟子》曰："舜明于庶物，察于人伦。"即舜帝不仅力行孝悌之道，而且"使契为司徒，教以人伦，父子有亲，君臣有义，夫妇有别，长幼有序，朋友有信"。从此"五伦之教"在湖湘大地上传播，道德文明薪火相传，化育万代。舜帝南巡时崩葬于九嶷山，对舜陵的祭祀更是历代朝廷庄严的重大活动之一。

中国远古先贤大禹也曾深入湖湘。大禹征三苗是中国古史传说时代的重大事件，人们常用"禹征三苗而有天下"来形容其意义。传说大禹治水时越过长江，到达湖湘。相传为大禹治水记功的衡山《岣嵝碑》，又称《禹碑》或《神禹碑》，是迄今所知最早的石刻碑文。

（三）上古时期湖湘地区的苗蛮古越文化

史前时期湖南主要是三苗、南蛮人活动的区域，盛行作为部族文化的苗蛮文化。距今四五千年左右，与传说中的尧、舜、禹三代同时，在洞庭、鄱阳之间和江淮、江汉平原出现了一个名为"三苗"的新的氏族部落集团。传说一般认为，它原是以蚩尤为首的九黎部落集团在与炎黄部落的战争中失败后流亡迁徙到南方发展而成。蚩尤"九黎"部落集团被炎黄打败后，一部分蚩尤族人臣服于炎黄部落集团，留居黄河中下游，融合到炎黄华夏集团；而大部分成员战败后退出黄河流域向南流徙，形成新的部落集团，成为南方"苗蛮"民族最初的先民之一和重要的组成部分。《国语·楚语》有"三苗复九黎之德"。苗蛮文化是湖湘文化的土壤和根基。

《史记》记载三苗之国在"洞庭、彭蠡之间"，即现在的湖南、江西一带。《韩诗外传》则说"衡山在南、岐山在北"，表明分布范围到达湘江中游。《山海经·大荒南经》载："有宋山者……有木生山上，名曰枫木。枫木，蚩尤所弃其桎梏，是为枫木湖南以及贵州等地的苗族一直崇尚祭"枫神"，崇拜枫树。湖南湘西北的苗族古歌中有很多内容是叙述其祖先在洞庭彭蠡之间斗鳄鱼、开水田的史迹。在各地苗族中，至今还保持了不少有关蚩尤的古歌、传说和习俗。湘西地区苗族至今祭祀的先祖"剖尤"，传说是远古苗族一位勇敢善战的首领，苗族人祭祖时必须杀猪供奉"剖尤"。按苗族东部方言，"剖"是公公的意思，"尤"为名字，"剖尤即尤公"，就是"蚩尤"。也有学者认为，三苗只是一个国名，并不一定是苗族。但说明古代湖湘地区曾是少数民族聚居地区。这种状况一直延续到汉代，汉初分封的长沙王吴苗就是一个番君。现在湖南少数民族分布之广，还是这种历史文化的遗存。

古籍记载"潭州古三苗之地""三苗建国在长沙"，所以三苗活动的中心应当是在长沙一带。明周祁《名义考》："三苗建国在长沙，而所治则江南荆、扬也。"其文化特征可以在文化遗址和文物上得以大致反映，如湘乡岱子坪、长沙腰塘与团里山、浏阳樟树潭等文化遗址。按考古学界的分类，前期相当于屈家岭文化范畴，后期为龙山文化范畴。除生产工具有显著的进步外，作为生活用具的陶器也大有发展，种类多样，有甑、鼎、盆、罐等，少量已有镂孔、卷沿、折沿造型。除了粗糙厚重的炊、容器外，还出现了小型、精致的薄胎食器，色彩多样，印纹形式丰富。这说明当时的陶器除作生活实用外，已开始艺术化。特别是在遗址中发现了陶鸟、陶环和玉器等纯粹的玩具和装饰品，被学者誉为质朴的原始艺术之花，反映了湖湘先民对美的追求。

经过与北方华夏部落长期激烈的战争，三苗集团的势力日益削弱，一部分退避山林溪峒，成为以后湖南境内和西南苗、瑶、侗诸民族的先民，还有一部分衍化成古越民族集团中的一支。

古越，是商周时期分布于江南的一个庞大的古民族集团，根据所处地位又分为扬越、于越、闽越等，统称为"百越"。湖南境内三苗衍化而来的古越人属于"扬越"，处于新石器时代末期。如宁乡炭河里、长沙杨家山与接驾岭遗址及其大量出土的石器、陶器、青铜器和玉器，是当时古越文化的主要体现。在这些器具中可以发现，其生产工具仍以石器为主，但与以前相比，出现了许多诸如马鞍型石刀、穿孔宽刃石锄等新器型，而且磨制十分精巧；生活陶器出现了圈足黑皮陶碗、敞口卷唇皮陶盆等器形和S形纹、米字纹、器形纹饰，特别是捺印粗点组成的人字形纹及瓦纹为以前所未见，充分反映了湖湘苗蛮古越文化的特征。最值得注意的是，这一时期湖湘地区的古越文化遗址中出现了鬲、大口尊、粗细绳纹等陶器器型及纹饰，而这些本是中原黄河流域新石器晚期的陶器特征。由此说明，当时湖湘地区文化和中原文化已有所交流和融合。商代起湖湘地区的古越人已大量使用青铜器，体现了成熟的青铜文化。另外，考古还发掘出大量玉器，有玉管、玉珠、玉虎、玉鱼等。其中玉珠以白玉居多，次为碧绿玉，中间均有穿孔，制作精细，是商代玉器中的罕见之物，表明当时湖湘地区古越人已具有相当高的艺术鉴赏水平与制作技术。

作为湖湘地区最古老的民族之一，古越人最早广泛分布于除湘西之外的湘东北、湘东、湘中和湘南地区，即湘江流域和资水中下游地区。在春秋晚期至战国中期楚人进入湖湘以后，居住在湘北和湘中地区的越人集体南迁，集中徙居于湘南地区，即湘江上游流域。在历经时间变迁后，部分留在湘南的越人成为现今湖南侗族的先民，他们至今尚保留有其先祖的风尚习俗。

二、楚文化的浸润对湖湘文化的影响

在湖南本土产生的区域文化发展到春秋战国时期，随着湖南纳入楚国版图，无疑地受到了楚文化的重大影响。

楚文化是周代至春秋时期在长江流域兴起的一种地域文化，是中华文化的重要组成部分。楚国作为春秋战国时期的强国和大国，在800多年的历史长河中创造了无比灿烂辉煌的文明成果，如楚国独步一时的青铜铸造工艺、巧夺天工的漆器制造工艺、领袖群伦的丝织刺绣工艺、精彩绝艳的辞赋、汪洋恣肆的散文、义理精深的哲学、恢诡谲怪的美术、五音繁会的音乐、翘袖折腰的舞蹈，等等。

"书楚语、作楚声、纪楚地、名楚物"的楚辞被喻为中国浪漫主义文学的源头，对于其后的汉赋有直接的影响，更对中国古代文学艺术的发展有着巨大的贡献。楚辞与其他楚文化精华一起，构筑起瑰丽奇异的楚地文明。

（一）湘、楚居民的融合推动了湖湘生产力水平和物质文明的进步

随着楚国征湘，楚人、巴人等楚国境内的民族相继进入湖南并逐渐成为湖南境内的主体民族。史书《左传》记载，"文公十一年，楚子伐麇"。这里的"麇"就是今天的湖南岳阳、临湘之地。战国时，楚悼王以吴起为相，向南征伐，合并东部的湘水和资水地区，其后又合并沅水和澧水流域，称为"巫中"。因此，楚国最初移入湖湘大地的多是军人。湖南原住民的生产力水平相对低下，楚人入湘后，一方面征服和统治着湖南的原住民，另一方面也推广了较为先进的生产工具和生产技术，使得湖湘大地的农业、牧副业、手工制造业和商业等都有了很大的进步和发展。从湖南各地发掘的楚墓看，用来祭祀有牛、羊、鸡、凫等家禽，有鸹、鸿等猎物，有鳖、龟等水产；铁制农具包括锄、镭、铲、斧、镑、刀等已普遍使用；粮食生产除种粟之外，还广种稻米、麦子、豆类等，此外还种有甘蔗、椒、姜等农副产品和经济作物。这一时期湖南地区已成为楚国重要的铜矿采炼和铜器铸造基地。手工制造品有各种各样的铜镜、漆木器、竹器、琉璃器以及丝织品。商业流通领域不仅出现了货币蚁鼻钱，即铜贝，还有黄金货币，表明当时的商品经济已有相当的发展，并促使了湖南各地城市的兴起，如湘水流域的长沙城，澧水流域的鸡叫城，沅水流域的黄楚城，等等。发掘材料表明，其中最有代表性的是长沙城。战国时期的长沙已是楚人聚居、人口稠密、农业、手工业和商业都相当发达的城市。到目前为止，仅长沙地区发掘的春秋战国楚墓已达 3000 余座。

（二）楚人不仅与湖南的原住民共同创造了辉煌灿烂的物质文化，而且也创造了新兴的封建制度文化和充满神奇色彩的精神文化

楚人对湖湘制度文化的影响是十分深刻的。楚国在春秋时代已是较早实行封建郡县制的国家，征服湖南的原住民后，即在湖南设县任尹，封君封邑，无论郡县或者封邑，都必须向楚王室缴纳贡赋。对原居住湖南各地或新迁入的楚人或巴人，都一律按土地征收实物地租与田赋。

随着楚人入湘，湖南原居民开始普遍学习由楚国输入的中原文字。先进制度文化的引入，使较为先进的礼仪习尚在湖湘传播开来，刻在青铜器上和书写在简

牍与帛书上的文献典籍在湖南广为流传。

楚文化对湖湘地区思想特色的形成产生了至关重要的影响。长江文化作为古代一种高度发达的文化，呈现出与中原文化明显不同的特点。楚人礼仪习尚主要是江北的生活习惯与民俗风情，其文化思想表现为五行学说、阴阳术数学说与老庄的消极避世观念。从学术文化来说，这里是道家思想的发源地。被尊为楚人始祖的鬻熊同时也是道家的早期代表人物，而道家的代表人物老子也是楚国苦县人，庄子是蒙人，后来也属于楚国。在中国文化中道家思想可以与儒家分庭抗礼，儒道互补，视为中国文化的两翼。鬻熊之"参乎天地、循礼行仁、顺合民意"的治道之说，老子"无为而无不为""柔弱胜刚强""反者道之动"的思想与方法，庄子返璞归真、淡泊名利的人生哲学，都在中国文化中产生了巨大的影响。战国至汉初流行的黄老之学，仍然是继承道家的基本传统，同时吸取了百家内容，"因阴阳之大顺，采儒、墨之善，提名、法之妥"，成为当时的社会政治的主导思想。李学勤认为，汉代的长沙原为楚文化的中心，马王堆帛书凡能推定作者的，大都是楚人的著作。长沙马王堆汉墓出土的帛书"黄帝书"，就是这一时期黄老派道家的著作。"黄帝书"中提出了"执道、循礼、审时、守度"的思想，是早期道家的代表学说。"黄帝书"的文字多类于《越语》和《淮南子》，也与《明冠子》相似，显然是长江流域文化的结晶。

（三）湘楚文化的融合，形成了独具特色的湖湘宗教文化

春秋战国时，湖南的原住民大都信奉原始宗教，呈现出多神崇拜的特点，楚人入湘带来了楚人的宗教信仰与神话传说。湖南原住民的宗教与楚人带入的宗教、神话相互影响和融合，构成了春秋战国时独具湖南特色的宗教与神话，至今在湘南湘西地区仍可清晰地感受到这些上古宗教和神话的痕迹。

此外，由楚人与湖南原住民共同创造的文学艺术，包括诗歌、散文、绘画、音乐、工艺美术等，在春秋战国时都已经达到相当的水准。

三、中原文化的影响与湖湘文化的形成

发源于黄河流域的中原文化和发祥于长江流域的楚文化是中华文化的两大源头。两种文化互相影响、互相融合，共同构成了灿烂的中华文明。但是，随着历史的进程，中原文化逐渐占据了支配地位。这一支配地位，使得中原文化对各地域的文化产生了牵制性影响。中原文化主要通过以下方式影响着湖湘文化的产生

和形成：王朝的统治与教化，贬官和流寓文人的影响，移民和战争的影响。

（一）上古帝王的德治教化

中原文化对湖湘地区的影响可以追溯到夏、商、周时期。中原文化的影响在相当程度上决定了湖湘文化发展演变的节奏和进程。

夏、商、周时期，湖南居于《禹贡》所称"九州"的"荆州"。在中原诸部族看来，这里还是"蛮荒"之地，但据史籍记载，中原华夏部族首领炎帝、舜帝以及周代的周昭王皆南巡到湖湘之地并仙逝于此，其传说和足迹在湖湘地区流传至今。这表明，在上古时期，中原与湖湘之间就有着一定的政治、经济、文化交流。

上古帝王在湖湘的传说反映了湖湘文化中最深层的价值取向：以天道、治道、人道为正统，重德亲仁，持直守正。这种深层次的价值取向可以为后来两宋时期湖南成为全国理学中心做出合理解释。

（二）王朝的统治与教化

自秦统一中国，湖南就被纳入中央王朝的统一治理之中。秦朝行郡县、修驰道、统一币制与度量衡等举措都在湖南得到施行。秦朝时，湖南地区分属于黔中郡和长沙郡。2002 年，在湘西龙山县里耶古城发现的简牍，多为政府文书，内容涉及社会政治、经济生活各个方面，说明此时期湖湘之地已在中央政府有效治理之下。西汉设武陵郡、桂阳郡、零陵郡和长沙国。唐代宗广德二年（764）置湖南观察使，"湖南"之名自此始。此后，尽管中央王朝对湖南的辖制也有些许变化，但湖南的行政区域自唐代以后相对稳定，湖湘文化的形成与发展有了较为稳定的区域环境。

另外，湖南行政区划的相对稳定，不仅使中原文化的制度、礼仪、风俗、习惯等直接影响着湖南的本土居民，而且也为湖南本土的文化保留自己独特的风俗、习惯等地域文化特色创造了较为稳定的外部和内部环境，使之成为中华文化中一支富有地方特色的区域文化。

（三）贬逐官员和流寓文人的影响

贬官是中国历史上一直不曾间断的政治现象。古之中国，宦海沉浮，稍不留意，就要受到贬谪。但是，从文化史的角度考察，历史仿佛赋予了贬官们特殊的重任——文化的传承、人性的思考、对制度的反思等，他们也从另一个角度为地域文化的发展作出了特有的贡献。

　　湖南地区远离中原，河湖纵横，生活条件艰苦，古人视之为南蛮之地、荒凉之地、烟瘴之地，因而宋以前常常成为历代贬官的流放之所。由于贬官都是从较为发达的中原地区而来，并且都是有学识有文化的文人官宦阶层，更为重要的是这些被贬官员大多怀抱高洁志操，恪守正道直行，他们不为流俗所容，屡受排斥打击，他们的忧乐情怀对湖湘文化中忧国忧民、嫉恶向善的性格心理养成产生了直接而深远的影响。被贬湖南，是他们个人的不幸，湖湘之地故而被称为"屈贾伤心之地"，而对文化的进步，却是湖湘之福。

　　中国历代被贬到湖南地区的官员不计其数，对湖湘文化的形成和发展产生重要影响的有屈原、贾谊、柳宗元、刘禹锡等。此外还有李白、杜甫、韩愈、秦观、辛弃疾、范仲淹、朱熹、王明阳等文人曾流寓湖南。他们带来了中原先进的思想文化，将其与本土文化互相交融，相互激发，促进了中原文化和湖南本土文化的交流与融合，湖湘之地的风土民情也对他们自身情操，文采的升华产生了重大影响。

　　屈原是楚国伟大的诗人和政治家，其爱国主义思想和斗争精神是他的性格特点。被流放后，他仍然热爱祖国和人民，寄希望于楚国的强盛，从而实现统一中国的大业。屈原伟大的爱国主义形象、高尚的政治情操和理想、不屈不挠的斗争意志、天才创作的诗歌和文学，是中华民族精神的瑰宝，显示了中华民族的无穷力量，同时也展示着湖湘文化的精髓。屈原开创的楚辞，不仅打破了《诗经》的诗歌体例，对后来的汉赋以及五言诗、七言诗等产生了深远的影响，同时也奠定了湖湘文学的基础。

　　贾谊是西汉初年著名的政论家、文学家，其被贬居长沙4年多。贾谊在长沙王太傅任内的活动和著述，如政治见解及其代表作《过秦论》《论积贮疏》《陈政事疏》，辞赋《吊屈原赋》和《鹏鸟赋》等，对于湖湘文化的发展产生了重要影响。他刚踏入湖南就写作了《吊屈原赋》，对屈原爱国忠君的情怀、高洁独立的人格给予了高度评价。他来长沙后所著的《新书》更是采择了不少湖湘思想养料和文化成果，例如在湘楚之地盛行的鬻子思想，丰富了他的学术思想。同时，贾谊的见解与著述也对湖湘文化特质的形成产生了很大的影响。贾谊的辞赋在文学发展史上也占有重要地位，特别是《鹏鸟赋》是汉代第一篇散体赋.对后来散体大赋的兴起产生了很大影响。

　　柳宗元是唐代文学家和政治家，是贬官文化的典型代表人物。他被贬湖南永州后写下的《永州八记》，不仅描绘了永州优美的山水，而且还把自己的忧愤心情寄情于景，真正做到了情景交融。他耳闻目睹当时的社会现实，其民本思想得以升华。在《送薛存义序》中，他鲜明地提出了"吏为民役"的思想。在永州10年间，柳宗元创造了辉煌的文学业绩，在散文、诗歌、寓言、游记、杂文、小说、辞赋以及文学理论等方面，都做出了突出的贡献，共留下600多篇作品，使之成为唐宋八大家之一。

刘禹锡与柳宗元并称"刘柳"，是唐朝著名的文学家、哲学家，自称是汉中山靖王后裔，在唐德宗时期曾任监察御史，是王叔文政治改革集团的一员。他的代表作有《乌衣巷》《西塞山怀古》《秋词》《浪淘沙》《竹枝》《杨柳枝》等。刘禹锡性格刚毅，但始终不曾绝望，被贬后仍以积极乐观的精神从事创作，其所创作的《秋词》等仿民歌体诗歌说明了他积极向民歌学习的态度。刘禹锡在湖南期间受柳宗元《天对》的启发，在其所写的《天论》中，明确提出了"天人交相胜、还相用"的命题，不仅在天人关系观中独树一帜，也对湖湘学风与士风产生了深远的影响。

（四）移民和战争对湖湘文化的影响

在文化的传播过程中，移民是古代中国最重要的文化传播载体。纵观中国历史，移民主要是由于战争或者国家行为产生的。中国历史上的移民，以中原汉族南迁最具规模，影响最大，对其他区域文化的产生和发展具有举足轻重的意义，这其中也包含着对湖湘文化发展产生的影响。

中原移民早在炎帝战败时就开始了。在商朝盘庚迁殷后，商王朝逐步加大对"荆蛮"的征伐，军事、经济、政治势力的南下，加上商人某些氏族支系的迁入，进一步促进了中原文化对湖南本土文化的影响。秦汉时期，户口消长呈现一种循环状态，总数并没有什么增加。但是，北方和中原人口因兵祸和天灾大规模地向南迁徙，导致湖南境内的人口成倍地增长，人口的民族成分也发生了较大的变动。湖南境内原有的大部分原住民在中原和北方征服者逼迫下，逐步向西部、西南部以至湖南境外的西南山区退徙。这些中原人和楚人再同那些没有退徙的湖南原住民融合，便构成了湖南境内新的主体民族——汉族。

魏晋南北朝时期，国家长期分裂，政局动荡，战乱频繁。但在国家和民族不断动荡、变迁中，周边民族同中原民族、北方民族与南方各族相互间的接触、交流和融合却进一步加强。隋唐五代时期，湖南虽与全国一样历经农民起义和王朝的更替，但所受战乱的波及和直接影响较小，社会经济文化继续发展。土地得到进一步开拓，农业、手工业生产技术不断提高，商业、交通扩展，同全国的联系进一步加强，封建经济和封建文化的发展进入了新的阶段。

中国的经济重心南移和北方的一些游牧民族不断骚扰，迫使中原人士纷纷南下，因而文化也随之南移。于是，一直居于中国经济、政治、文化中心的北方的地位开始下降，南方在经济、文化各方面逐步崛起，到了两宋之时，南方的经济、文化已经十分发达，超过了北方。尤其是靖康之乱后，南宋有名的文人均在南方从事文化教育活动，湖南等地成为文化最发达的地方，产生了许多著名的学派、建立了许多著名的书院，从而促进了湖湘文化的发展。这也是湖湘文化成熟于两宋时期的一个重要原因。之后的元明也有大规模的战争和移民，其大迁徙加快了中原文化和湖湘文化的进一步相互影响和融合。

综上所述可以清晰地看出，湖湘文化是一个开放的体系，它是在与其他文化交流融汇过程中发生的，是一个多源性的文化。任何一种文化都有其产生的渊源，湖湘文化也不例外。《三国志·管宁传》："测其渊源，览其清浊，未有厉俗独行若宁者也。"我们在面对湖湘文化的时候，要认真了解本土上古文化、楚文化、中原文化对湖湘文化形成的影响。通过对湖湘文化渊源的了解，我们能更清楚地理解湖湘文化的深刻内涵和精髓，也更加明白湖湘文化在中国文化发展史上的重要地位。

第二节　秦汉隋唐时期湖湘文化的初步形成

湖南上古本土文化与楚文化的融合、湘楚文化与中原文化的浸润和交流，为湖湘文化的形成奠定了基础。至秦汉隋唐时期，湖湘文化有了基本的轮廓和雏形。秦汉隋唐大一统多民族国家的巩固、经济社会各方面的发展，使得湖湘文化初步形成。

一、秦汉时期湖湘文化初露端倪

秦统一六国后，湖南成为中央王朝统治下的大一统多民族国家的一部分。在这样的社会历史条件下，秦汉时期国家统一的民族文化开始形成。

这一时期，湖湘地区的社会、政治、经济、文化获得了较大的发展。主要原因是在当时全国统一的背景下，北方、中原及各个地域的大量移民涌入湖湘，带来了包括生产技术在内的不同的地域文化。

秦朝统一后，在湖南地区有着大量的驻军，带来了随军人员的南移。据史书记载，秦始皇曾遣发 50 万人"戍五岭"，其中就有五分之二驻扎湖南。根据对里耶秦简的研究，秦简的发现处即为秦代军队的驻扎地。随着秦朝短暂政权的瓦解，由于北方中原地区的兵祸，加之天灾，或者官府组织进行，造成北方和中原地区人口开始大量向南迁徙，使得湖南地区人口大规模增加，人口数从西汉元始元年的 71 万增加到东汉永和五年的 281 万，增长近 3 倍。在所增殖的人口中，既有本地人口的自然增殖，也包括大量的外来移民。而随着外来移民的进入，湖湘地区人口的民族成分开始发生较大变动。从秦始皇开始，到东汉时期，中原人口的南徙使湖南境内的各少数民族先民逐步向西部、西南部，以至向湖南境外西南山区迁移，而广大江湖平原地区则成为中原人和楚人聚居地，他们又同部分土著居民日益融合，构成湖湘地区的汉民族的主体。

这种由移民而形成的不同地域文化的融合，为湖湘文化的初步形成注入了新的文化思想。此外，秦朝统一后实行的"车同轨，书同文，行同伦"体制，共同的政治、经济体制和意识形态体系取代了各个地域文化的原有的自然发展，逐步形成中国文化的共有的价值系统，使得湖南不仅融入中央王朝统治体系中，也融入中华文化的体系中，成为大一统多民族国家不可分割的重要组成部分。

在经济方面，牛耕的普遍使用提高了农业的生产水平，使得秦汉时期湖南在当时的粮食不仅能够满足内需，而且还大量外调。某些手工业已达到全国领先的水平。如马王堆出土的轻薄素纱禅衣重 49 克，其经纬丝纤度已达到与近代缫出的最精细的纤度相当的程度。东汉时湖南耒阳人蔡伦发明了造纸术，为人类文明的发展做出了贡献。

在文化方面，黄老之学在当时的湖南已十分流行，并形成了有别于先秦道家的"黄（帝）老（子）道"，被称为"秦汉新道家"，它甚至成为西汉王朝的治国指导思想。长沙马王堆汉墓出土帛书中，就有关于黄老道的著作，说明道家在秦汉时期对湖南地区的文化已经产生了深远的影响，它为以后道教在湖湘地区的传播奠定了基础。马王堆汉墓出土的 3 幅古地图，说明当时湖南天文学与地理学已发展到较高水平。马王堆汉墓出土的大批帛画与古乐器，反映出当时湖南在艺术上的突出成就。

二、魏晋南北朝时期新的文化基因的注入

魏晋南北朝时期，相对于中原而言，湖湘地区社会仍然较为稳定，这种稳定为湖湘文化的持续发展创造了基本条件。北方及中原的移民继续不断迁入较为稳定的南方地区，由此开始了中国经济文化重心南移的过程。这一时期，湖南先属孙吴、西晋，后依次归于东晋和宋、齐、梁、陈四王朝。数百年间，战争使得全国的人口大幅度减少，湖南地处江南，相对而言受战祸兵灾又较小，社会比较安定，加之北方人口的南迁，湖湘地区得到进一步开发，经济、文化都有长足的进步和发展，这也使得湖南地区成为朝廷赋税的重要来源地。

魏晋南北朝时期，"刀耕火种"的湖南粗放农业逐步向精耕农业转变，再加上优越的自然条件，农业生产得到较快的恢复与发展。湖南开始成为全国大米的重要产地和供应地，三国时，"长沙好米"之名已流传于北方和中原地区。湖南除盛产大米外，还大量种植粟等粮食作物。粮食的丰足，也促进了牲畜饲养业的发展，更带动了工商业的繁荣，以粮食为原料的酿酒业、农副产品加工以及陶瓷、纺织、金属冶炼及金属器、玉器制作等工业在湖南特别发达和兴盛。随着农业和手工业生产的发展，以及船舶交通的发达，各地产品交易增多，从魏晋到南朝，湖南的商业也获得了发展。作为早期中国封建社会的巅峰时期，湖南以世家豪族为代表的封建大土地所有制和封建的庄园经济也得到了充分发展。

与此相应的是，作为魏晋南北朝时期的一种突出的社会思潮，反映世家豪族意识形态的清谈和玄学在湖南也盛极一时。玄学是清谈的主要依据和内容，清淡是对玄学的阐述和表现形式。湖南当时颇有名气的清谈家和玄学家有刘先、虞授等，他们都崇尚"老庄"。由于崇尚"老庄"和清谈玄学之风的盛行，以道家经典为其理论依据的道教在湖湘地区得到广泛的传播。道教的主要据点在南岳衡山。衡山的祝融峰有南岳观，其他地方的著名道观有巴陵的青霞观、醴陵的登真观等。

佛教传入湖南也在魏晋之际。湖南最早的一座佛教寺庙为长沙麓山寺，建于西晋初年。稍后又有巴陵君山寺、圆通寺、桃源净照寺、衡阳上圆清寺、衡山衡岳寺、攸县证果寺等一批佛教寺庙的出现。

魏晋南北朝时期，湖湘地区在文学艺术方面也产生了一些人才，取得了相当的成就，如三国时湖南著名文士刘巴、南朝的阴铿，还有蒋琬、桓阶、车胤等。

东晋罗含所著《更生论》是湖南最早的哲学著作。同时湖湘地区也出现了一批历史学家和地理学家,他们在历史和地理方面的撰著,为我国古代科学的发展作出了贡献。史学家邓粲所撰的《晋纪》和一些关于湖南地理的著作就是典型代表,他们都受到了中原主流科技文化发展的影响。

三、隋唐时期湖湘文化崭露头角

隋唐时期,国家由分裂重新走向统一,湖南与中原的联系比过去加强了,中央也加强了对地方的控制。唐代宗广德二年(764),湖南作为一个独立的、具有重要政治战略意义的行政地域概念及人文地理概念正式形成,在此基础上,湖湘地区的社会政治、经济、文化有了长足发展。

隋唐时期,湖南多数地区农业得以发展,水稻已实行一年二熟制,还种了小麦与粟、黍等,以及经济作物茶叶、桑、芒麻和棉花等。安史之乱后,北方农业凋敝,粮食问题十分突出,湖南地区的粮食更大规模北运。隋唐时期在农业经济恢复和发展的基础上,各种手工业生产得到了很大发展。这在湖南地区最突出的是瓷器业,以前的青瓷烧制工艺已发展到釉下彩烧制工艺,如长沙铜官窑的釉下彩瓷器代表了当时国内瓷器生产的最高水平。湖南传统的有色金属矿,如朱砂、水银、金、银矿的开采和冶炼,到隋唐时期也在继续发展。湖南地区商业的发展,在唐代主要反映在瓷器方面,长沙铜官窑的釉下彩瓷器还远销朝鲜、日本、印度和东南亚地区,甚至远达非洲。到五代马楚时期,湖南则以茶叶贸易最为突出。

隋唐时期湖南文学获得了相当大的发展,特别是中唐以后,产生了诸如刘蜕、李群玉、胡曾、曹松、僧齐己等在全国颇有名气的诗文作家。五代时马殷据湖南为国,使得湖湘文化有了更大发展,特别是在长沙聚集了一批文人,如邓洵美、韦鼎、廖昌图等人,对湖南文学的发展起了重要作用。此外,许多杰出的政治家、思想家、文学家因各种不同的原因来到湖湘地区,如王昌龄、柳宗元、刘禹锡等人都先后贬谪到湖南。湖湘大地各族居民的生产生活实践、山川风物等为这些外籍文人提供了创作的土壤和条件,同时他们又促进了湖南诗歌的兴盛和文学的发展,对湖湘文化的发展产生重大影响。

隋唐时期,湖南还先后开办了石鼓、岳麓两所书院,是见诸记载的中国书院之始,开创了湖湘以崇学重教著称的先河。此外,湖南在唐代出现了全国第一流的大书法家欧阳询、欧阳通父子及怀素，他们都是湖南长沙人。在这一时期，湖湘文化开始以地域思想文化特色而崭露头角了。

由此可见，在秦汉隋唐时期受大一统政治、道教、佛教等因素影响，湖南地区的经济文化得到进一步发展，湖南地区的地域文化初步形成，初具雏形的湖湘文化开始步入中华文化发展的历史舞台。

第三节 两宋时期湖湘文化的成熟

两宋时期，以湖湘学派的崛起为标志，湖湘文化走向成熟，并在全国产生重大影响。

一、经济文化重心的南移与湖湘文化的发展

湖南在唐末五代时曾由马殷建立楚国割据50余年，这是历史上唯一一个以湖南为中心建立的国家政权，应当说为湖南的区域性开发奠定了一个良好的基础。北宋建立后不久，即逐步消灭了南方包括湖南"马楚"在内的地方割据政权，并着力经营南方。

在魏晋以前，中国的政治、经济、文化中心均在北方，代表中国文化主体的中原文化亦产生于北方，但是自东晋以后到两宋之时，由于北方党项、辽、金等少数民族的相继南侵，出现了两晋的永嘉之乱、宋代的靖康之乱，致使中原地区战火不绝，经济破坏严重，迫使以汉族为主体的中原王朝将重心移向南方。南宋时期，北方的广大疆域沦入金人之手，一直居于中国经济、政治、文化中心的北方的地位开始下降，南方在经济、文化各方面逐步崛起，此时南方的经济、文化十分发达，已经超过了北方，湖南更是成为南宋王朝所倚赖的重要地区。

宋代尤其是南宋时期，湖南的手工业、商业及交通得到了较大的发展，当时几乎所有的著名学者都来过湖南，并为湖湘文化的发展作出了贡献。尤其是靖康之乱以后的南宋，那些有名的学者均在南方从事文化教育活动，浙江、江西、湖南、福建等省成为文化最为发达的地方，产生了许多著名的学派，建立了许多著名的书院。北宋形成的"四大书院"在南方和北方各两所，到南宋时期，四大书院已全部移到南方，而北方的文化则大大衰落。这一政治、军事、经济、文化局面的出现，无疑促进了湖南社会经济文化飞跃发展，为湖湘文化走向成熟奠定了

扎实的基础。

二、湖湘学派的兴起

两宋时期是湖湘文化在全国形成自己特色并产生重大影响的时期，其标志是湖湘学派的崛起。

与先秦儒学和汉唐儒学相比，湖湘学者们不单是从社会政治角度或者从人的生活实践方面大量地讨论儒家伦理问题，而是把这一切置于"性与天道"的宇宙论、世界观的哲学角度来考虑，使先秦以来的儒学发展成一种更为精深、具有系统性的学说，重新获得了生命力。

先秦孔孟所创立的儒家学说原本是诸子百家中的一派，通过"百家争鸣"，儒家学说逐渐成为主流学术思想。自汉代起，儒家学说更是成为中国社会的正统思想，并且成为中华传统文化的核心学说。由于先秦儒家只讲其然，不讲其所以然，以致儒者们常常沉浸于寻章摘句、考据训诂的"皓首穷经"的学问中，不能够对儒学的理论思想和伦理价值做出新的阐发。道释两家兴起，也使得儒家思想受到了前所未有的挑战。湖湘学者们在吸收和批判佛、道的宇宙论、思辨方法的基础上，通过重新诠释儒家经典，重建儒学体系，重振儒家信仰，创立理学，形成湖湘学派，为中华传统儒家思想的发展做出了突出贡献。在这一过程中，湖湘学者们表现出了兼收并蓄、会通诸家和致知力行、知行并重的思想特点。

理学奠基人周敦颐的《太极图说》与《通书》奠定了宋明理学的基本体系。《太极图说》将儒家的仁义道德跟道教的宇宙图式结合起来，建立了"无极—太极阴阳五行—万物化生"的宇宙论哲学，将儒家伦理建立在宇宙论基础之上。《通书》则提出了一个以"诚"为核心的道德形而上学的理论体系，从而奠定了理学思想体系的核心——心性论。书中写道："诚者，圣人之本。大哉乾元，万物资始，诚之源也，乾道变化，各正性命，诚斯立焉。"其中，"诚"既是"大哉乾元，万物资始"的宇宙本体，又是"圣人之本"道德人格本体。从而把"天人合一"奠定在哲学本体论的基础之上，为儒家伦理建立起一个终极存在的本体依据。

周敦颐为理学的兴起起到了奠基作用，他的思想备受湖湘学派推崇。湖湘学派创始人胡宏在《通书序略》中确定了周敦颐在"道统"中的地位。胡宏的弟子张栻更是不遗余力地宣传周子的学术地位与成就，并亲自撰写了大量的文章，如

《太极图解序》《太极图解后序》《通书后跋》等，肯定周敦颐是孔孟道统的继承人。湖湘学派的哲学体系和概念范畴也深受周敦颐的影响。胡宏将"性"看作既是宇宙本体，又是人格本体，从而建立起"性为大体"的"天人合一"的本体论哲学。这与周敦颐《通书》中的理论模式十分相似。张栻不仅重视周敦颐的《通书》，还十分重视《太极图说》，他将周敦颐的太极论与胡宏的性论统一起来，提出了"太极即性"的本体论学说。正是由于周敦颐对理学的重大贡献，后来的湖湘学人杨恺运才发出了"吾道南来原是濂溪一脉，大江东去无非湘水余波"的感慨。这种感慨中既有作者的谦虚，也有湖湘文化的自信，它客观地评价了周敦颐对理学和中华学术思想的贡献和影响。

　　流寓而定居湖南成为"湖南人"（祖籍福建）的胡安国、胡宏父子，开创了以"经世致用"为核心理念、以理学为学术特征、并致力于弘扬民族精神的湖湘学统，成为"湖湘学派"的奠基者。胡安国的传世著作有《春秋传》《资治通鉴举要补遗》等。其中《春秋传》是他以毕生精力纂修而成，成为元明两朝科举取士的经义定本，也是湖湘文化的经典著作。他的儿子胡宏曾"优游于衡山脚下余二十年，玩心神明，不舍昼夜"，创立了"性本论"的新理论，作为对其父理学思想的进一步发展。"性本论"将"性"作为连接天、人的中介，即人性是联结、沟通"天""人"的枢纽，是从宇宙论到伦理学的关键。不是宇宙观、认识论，而是人性论才是宋明理学的体系核心，胡宏为儒学的发展提供了一条新的思路，也实现了他复兴儒学的凤愿。胡宏的主要著作有《知言》《皇王大纪》等。其中，《知言》内容涉及哲学、政治、伦理、教育等各个方面，被湖湘学派奉为经典，是传授师说的重要范本。当时，一批批志学求道的青年纷纷来到衡山追随胡宏研经读史。

　　张栻为新儒家思想的传播也做出了突出贡献。张栻年轻时奉父亲之命到衡山拜胡宏为师学习理学，经潜心苦读和四方讲学交友，学业日进。胡宏曾称他："圣门有人，吾道幸矣。"张栻注重"力行"，反对空言，强调道德践履，行至言随。此外，在宇宙论、人性论等方面张栻的议论也有其特点。因而，他成为南宋著名的理学大师之一。1165 年，张栻在长沙城南书院授徒传业，后又主讲岳麓书院，从学者广及江西、浙江、江苏、四川等地，名声远播，湖湘学派规模得到很大扩展，湖湘学派倡导的儒家思想也得到迅速的传播，而岳麓书院则是新儒家思想传播的主要阵地。此外，张栻与朱熹的探讨，成为当时学术思想界最大的盛举，被称为"朱张会讲"。

以"朱张会讲"为标志，湖南已成为重要的学术思想地域和理论学术中心，湖湘文化的思想学术标记从此产生，影响全国并绵延后世。"湖湘学派"所开启的以"经世致用"为核心理念的湖湘学术，成为文人士大夫关心政治、关注民主、着眼社会发展的思想资源，致使近代乃至现代的湖湘文化、湖湘人才群体独步于中华历史。

三、书院教育和学术的一体化发展

以岳麓书院为代表的湖南书院的持续发展，无疑对宋代及以后湖湘文化和湖南教育的发展发挥了重要作用。名列天下四大书院的岳麓书院、石鼓书院在宋代引领着全国书院的发展，使湖湘士人获得了文化的自信，为湖湘文化和湖湘教育的发展奠定了坚实的基础。

北宋时期，湖南至少有12所书院，大多起着替代官学培养人才的作用。人才是文化的重要载体，又是文化积累、创造的主体。人才的兴盛，为文化的发展提供了坚实基础与强劲动力。历代湖南书院卓有成效的人才培养工作，在湖湘文化的传承、发展、更新、创造的过程中发挥了颇为关键的作用。尤其是岳麓书院和石鼓书院，它们以其规制完备而备受世人瞩目，成为各地书院的榜样，引领着全国书院的发展。马端临所谓"后来所至，书院尤多，而其田土之赐，教养之规，往往过于州县学，盖皆欲仿四书院云"，讲的就是这种表率作用。书院的发展促成了湖湘坚持兴学的社会风气和与礼乐之邦洙泗、邹鲁一比高下的自信与自豪。这种社会风气和心理机制，正是湖湘文化得以于宋代趋于成熟，产生重大影响的重要原因。

至南宋，湖湘书院总数已达70所，基本覆盖到了整个湖湘地区。书院的普遍设立，不仅有了人才培育之所，也有了学术研究之所。如胡安国的代表作《春秋传》完成于碧泉书院；胡宏则在书院讲学过程中完成其代表作《知言》，建构其理学思想体系。张栻的主要著作《论语解》《孟子解》，也修订、完成于其主教城南、岳麓书院期间。宋代湖南书院的普及导致主流文化向边远地区不断推进，拓展了湖湘文化的空间分布。同时，宋代湖南书院的各种面向社会的会讲、讲学活动也促进了文化的社会传播。教育的兴盛使得湖南开始出现人才蔚起的现象，据《湖南通志》记载，两宋时期湖南县以上官吏390余人，其中进士达179人。

可见，自宋代以后，历代湖湘士人不仅以书院为基地进行学术研究与创造工作，而且以"教化"为己任，承担着教育的历史责任。这种教育与学术一体化的趋势，表现在湖南书院教育既注重先秦儒家道德，又注重把教育与个人修养结合起来，从而形成了传道求仁、经世致用、兼容并蓄的学风，并使之升华为湖湘文化重要的精神内涵，是中国古代教育史中的宝贵财富。

此外，两宋时期湖南除了湖湘学派兴起和书院教育蓬勃发展外，在经学、史学、地学、文学艺术、医学及考据学等方面也都有非凡的建树。宁乡的易袚、武陵的丁易东、永明的周尧卿等都是宋代湖南非常值得称道的经学家。宋代湖南也不乏才华卓越的史学家和具有较高价值的史学著作，如路振的《九国志》、陶岳的《五代史补》等。地理学、地方志方面湖南也有可观的成就，当时编撰的《南岳总胜记》《岳阳风土记》《辰州风土记》等著作对研究湖南历史有较高的史学价值。南宋时期湖南出现了几位著名的诗人、词人，如潭州人刘翰、宁远人乐雷发、衡山人侯延庆等。宋代湖南书画界较为突出的有刘次庄、单炜、武洞清、释仲仁等。宋代湖南的医学也有很大发展，产生了很多医学典籍．当时著名的医学家有湘乡人朱佐与衡州热门宋永寿等。

第四节　明清时期湖湘文化的蓬勃发展

明清之际，湖湘文化得以复兴和进一步发展，并呈现出蓬勃发展的局面，从而使得湖南成为全国具有重要影响力的地域之一。

一、明朝时期的湖湘文化

元朝统一中国后实行行省制度，湖南绝大部分地区属于湖广行省，其余隶属于四川行省。元朝贵族的政治压迫和民族歧视，使得湖南地区的发展表现出迟滞的态势，湖湘文化的发展也进入短暂的低迷时期。但是由于元朝政府的提倡，元代书院兴盛一时，湖南地区的书院教育也得到进一步发展，除长沙岳麓书院、衡州石鼓书院、南岳邺侯书院等一批旧有书院外，湖南各地新建了一大批书院，如乔江书院、东岗书院、南台书院等。元朝湖南的科举入仕人数在全国比例很高，约占十三分之一，远高于全国平均水平，居于前列。元朝湖南地区乡试中举者271人，成进士者143人，入选为官者86人，并且出现了众多的状元，如衡山何克明、兴宁曹一本等。

经过元代的低迷之后，湖湘文化在明朝得以复兴乃至进一步发展。明王朝建立后，采取了一系列的措施加强中央集权、整顿吏治、恢复生产，湖湘的社会经济文化也与全国一样开始复苏并得以发展。

较之前代，明代湖南的社会经济重大发展首先体现为农业的发展。明代中期开始有"湖广熟，天下足"的民谚，表明其时湖广已取代了苏浙，粮食生产已在全国占有举足轻重的位置。其次是手工业和商业也有较大发展，明代湖南地区手工业和商业的繁荣超过了往昔，例如湖南地区各州县纺织业均出产绢、绫、丝和棉布，其中棉布尤多；制瓷业由岳阳、长沙、衡阳等湘中发达的地区向湖南的边远地带扩展。其他如造纸业，也出现了诸如长沙府的浏阳纸，衡州府的耒阳纸等一些名优产品。并且湖南地区已出现了一些商业重镇与贸易中心，如岳州府的巴陵、湘江之滨的长沙府城等。

随着政治的稳定和社会经济的恢复和发展，明代的教育也获得了空前的发展。明太祖朱元璋提倡"治国以教化为先，教化以学校为本"，元末被兵燹损坏的学宫和书院在明代都陆续恢复，并且还兴建了不少新的学宫和书院。特别是书院，在嘉靖年间兴建最多，湖南书院总数达到 120 余所。书院教育的发展促进了湖湘人才的兴盛，明代举行的会试 82 场，湖南进士题名者计 541 人，其中状元、榜眼、探花各 1 人，分别为华容的黎淳、安仁的邓伟奇、临武的曾朝节。这些进士中官至显位的有在正统年间担任兵部尚书的宜章人邝埜，天顺年间担任两广总督的汝城人朱英，担任礼部尚书的华容人黎淳等。

与前代相比，明代湖南的人才格局已有新的突破，用晚清湖南经学家皮锡瑞的话说是"骎骎始盛"。当时可称道的文学人物，在明前期有文学家、诗人茶陵人刘三吾，湘阴人夏原吉，攸县人王伟；在明中后期有茶陵人李东阳、郴州人何孟春、巴陵人杨一清、宜章人邓庠、善化人黄学谦、益阳人郭都贤等。可称道的经学家有益阳人罗敦仁、罗喻义父子，有衡阳人王介之（王夫之长兄）、临武人曾朝节等；史学家有湘潭人周圣楷、茶陵人谭希恩、醴陵人唐寅、华容人严首升、孙宜等；地学家有华容人黎淳、攸县人陈论、长沙人魏焕、衡州人杨佩、善化人吴道行等。值得一提的还有明正德二年（1507），对程朱理学持批判态度的"阳明学"创始人王守仁贬谪贵阳时途经湖南，曾应邀在湖南醴陵的靖兴寺、泗州寺和岳麓书院讲过学。其后，王派弟子季本、罗洪先、张元忭、邹元标亦在湖南大倡其师门之说，有力地推动了王学在湖南的传播。王学在湖南传播的结果是与湖湘学融合，最终使得湖湘学和王学都得到了改造，同时，王学在湖南的传播对于后来王夫之学术思想的形成也有一定的影响。

二、清朝时期的湖湘文化

清代湖南单独建省，是湖湘文化空前发展的先决条件。今天湖南省区的范围，早在清康熙三年就已经基本确定了，略有不同的只是建省时靖州领有天柱县（即今镇远地区），在雍正四年（1726）划归了贵州。与过去相比，湖南不再依附于湖北，这就使它有可能形成自己的重心和规模，从而为湖湘文化的进一步发展创造条件。

另外，清代湖南人口大幅度增长，是清代湖湘文化空前发展的基本动力。至道光二十年（1840）鸦片战前，湖南人口增长为 1989 万人。人口的增长，自然要促进经济的建设与开发。大批移民的进入，实际上最大限度地开垦了湖南的荒地，使耕地面积显著扩大。耕地面积的扩大，加上注重兴修水利，注重耕作方法的改进，推广双季稻，提高单位面积产量，又种植各种经济作物，使得清代湖南的农业生产发展超过了此前任何一个朝代。明中期民间流行的"湖广熟，天下足"的谚语，到了清朝乾隆年间便一改而为"湖南熟，天下足"。

教育的兴盛与两湖乡试的"南北分闱"，是清代湖湘文化空前发展的重要因素。清代比明代更重教育，除恢复清初被兵燹的各地学宫和书院外，在康熙至嘉庆年间，又在全省各地新创建了 71 所书院。并且湖南在各府州县还广设义学，作为初级教育的场所。这些义学，每州每县少则一所，多则 10 余所。同时遍及到少数民族地区，使教育的发展出现了前所未有的兴盛局面。教育的兴盛与南北分闱，导致了湖南人才群体的蔚起。大约从嘉庆朝开始，湖南参加乡、会试的中式人数，便较之前代有明显的增加。据载清朝自顺治九年开科至道光二十年（1804）共 75 榜（不包括咸丰至光绪朝），湖南成进士者达 441 人，中举者则达数千人。

三、湖湘学人王夫之与中国早期启蒙思想

明清之际是中国早期启蒙思想产生的阶段，湖湘学人王夫之是这个阶段最杰出的代表人物。王夫之，人称"船山先生"，一方面，他是湖湘理学的继承者，

承传了两宋形成的理学型文化，并对理学作了全面系统的总结和批判；另一方面，他又是促进湖湘文化近代转型的先行者。

王夫之一生著述众多，体系浩大，内容广博，在哲学思想、社会政治思想各方面都有自己独到的见解。历史评价他既是充满爱国热忱的志士，又是有着强烈文化关切和文化抱负的哲学家。他的著述存世的约有 73 种、401 卷，散佚的约有 20 种。存世著述主要有《读通鉴论》《宋论》《周易外传》《周易内传》《诗广传》《思问录》《尚书引义》《黄书》《张子正蒙注》《噩梦》《庄子通》《老子衍》《读四书大全说》《相宗络索》《续春秋左氏传博议》《春秋世论》等。在死后 150 多年间，他的著作流传甚少，直到 19 世纪 40 年代情况才发生变化，邹汉勋、邓显鹤整理编校的《船山遗书》问世，此后，曾国藩、曾国荃兄弟又在金陵设局刊印较完备的《船山遗书》，使他的学说为人们所知悉，并立即受到全国尤其是湖南士人的高度尊崇。

王夫之一生以"六经责我开生面"文化使命感自期自许，为中国传统学术文化的发展做出了历史性的总结和创造性的贡献，在哲学观念、政治思想、伦理道德、人格精神各个领域均有新的开拓，尤其是在古代哲学领域，王夫之更是开创了新纪元。他的"天下非一姓之私"的君主政治批判，"天下惟器"的哲学思考，以利为义的伦理观念，"内极才情、外周物理"的美学思想，以及对豪杰人格的推崇等，均代表着那个时代的精神，具有浓厚的启蒙色彩。

王夫之的政治观点接受了程朱理学中关天"礼"的思想，坚持维护封建等级制度，主张"尊其尊，卑其卑，位其位"，同时他又反对绝对君权，认为如果君言不为"天下之公"，以一己私利而获罪天下百姓，就必须革除他的君位，也就是"天下非一姓之私"。王夫之的哲学思想将朴素的唯物论和朴素的辩证法在一定程度上结合起来，达到了中国古代哲学发展的高峰，对中国文化的发展产生了重大影响，可以说是中国"启蒙运动"的先声。此外，他对中国文化传统中的经、史、百家之学以及释、道之学，都有研究并吸取。他可以说是中国思想史上的一位巨人，湖湘文化因王夫之而发扬光大。王夫之作为一个伟大的思想家，在中华文明史上享有崇高地位。当代学术大师侯外庐先生也认为王夫之的思想，"蕴含了中国学术史的全部传统"。王夫之不只是将湖湘文化，而且是将整个中国学术思想文化发展到了一个新的高峰。

以王夫之为代表的早期湖湘启蒙思想的影响，对于近代湖湘文化的转型具有至关重要的意义。贺长龄、魏源、邓显鹤等人最先接受王夫之的思想，并极力宣传船山学说。除邓显鹤刻《船山遗书》外，贺长龄也在贵阳刻有船山著作，魏源还专门研究过王夫之的著作，其《诗古徽》即附了船山的《诗广传》。以曾国藩、曾国荃、彭玉麟等为代表的理学经世派，其学术思想同样受到王夫之的影响，如曾国藩等理学经世思想就是来源于船山理学思潮中的儒家伦理内核"内仁外礼"以及"明体达用"的学术思想。以谭嗣同、唐才常等为代表的维新派也接受了船山学说的影响，故而极端推崇王夫之。谭嗣同甚至说："五百年来学者，真通天人之故者，船山一人而已。"资产阶级革命派章士钊、杨毓麟、易白沙、禹之谟等对船山学说的推崇不亚于维新派，如杨毓麟于1902年发表了《新湖南》一文，提出"船山王氏，以其坚贞刻苦之身，进退宋儒自立宗主，当时阳明学说遍天下，而湘学独奋然自异焉"。辛亥革命的宣传家大多爱看《船山遗书》，辛亥志士利用他的夷夏之辨的民族意识进行反满革命；民国初年，刘人熙等人在长沙设立船山学社，创办《船山学报》，鼓吹保护国粹。

此外，一些现代湖湘人物也受到王夫之思想的影响，如杨昌济及其学生毛泽东、蔡和森均接受过船山学说的影响。"五四"新文化运动时期，在长沙第一师范任教的杨昌济对王夫之的知行学说倍加赞赏，主张力行实践，并影响到青年毛泽东。

直到今天，坐落于长沙闹市区的船山学社旧址和湘江西岸王夫之就读过的岳麓书院，仍吸引着人们去追怀这位杰出的人物。这不由使人想起梁启超所说的一段话："近世的曾文正、胡文忠都受他的熏陶，最近的谭嗣同、黄兴亦都受他的影响。清末民初之际，知识阶级没有不知道王船山的人，并且有许多青年，作很热心的研究，亦可谓潜德幽光，久而愈昌了。"

由上可见，作为中国文化的重要组成部分的湖湘文化，随着中国文化和社会的发展，在明清时期不断地发展与重构，显现出不同于以前的时代文化特征，呈现着蓬勃发展的势头。同时这种发展又有着明显的传承性，表现出固有的地域性文化特质遗传，对中华文明的发展与进步做出了突出贡献。

第五节　湖湘文化的近代转型

鸦片战争使中华民族面临着"三千年未有之变局"，面临着亡种、亡教、亡国的危局。在这种情形下，湖湘士人再次站在文化变革的前沿，以其独特的思想与行为推动着中国的近代化进程。同时，近代也是湖湘文化开始转型的关键时期，近代湖湘文化在这场近代化运动中散发出耀眼的光彩。

一、湖湘经世派与湖湘文化

湖湘文化中经世致用的思想塑造了湖南士人外倾感应型的性格，当面临近代西方文明的冲击时，经世致用的思想使一部分湖湘知识分子得以率先从忧国忧民的角度去认识西方文明，形成了湖湘经世派。

经世派的主要代表人物有陶澍、魏源、贺长龄等。其中湖南邵阳人魏源最具典型性。早在 1842 年，魏源出于对鸦片战争失败的反思，编写了《海国图志》一书，详细介绍了英、美、俄、西等五大洲 90 个国家的历史地理知识，为国人提供了关于世界的崭新概念，并提出了"师夷长技以制夷"的口号。

这一时期清朝由盛而衰，西方势力东来，使得当时的湖湘学者们不得不从汉宋之学的烦琐与空疏中摆脱出来，探求能挽救危机的经世之学，寻找解决实际问题的社会改革方案，如改革漕政、盐政，抑制兼并、流民，乃至杜绝白银外流、西力东渐的种种方法。这是一批学术旨趣相同、政治倾向较为一致，同时又互为师友、互为乡籍、互为同事的湖湘学人，也可以视为一个学术群体。他们的共同学术特征和群体联系，对湖湘士子产生了深刻的影响，也对湖南学术产生深远的影响，实则是湖湘学风形成的标志。

二、湘军之兴和洋务运动与湖湘文化

湘军兴起于清朝咸丰年间，这既是这一时期重大的历史现象，也是这一时期主要的文化现象，它对湖南百年来的历史发展产生了巨大的社会影响，构成湖南近代史重要的一页。湘军的兴起曾被人称为晚清历史上的一大"奇迹"，以为"书生用兵以立武勋，自古以来未尝有也"湘军对近代中国的军事、政治乃至文化产生的影响是巨大的，是无可比拟的，以致时人发出"天下不可一日无湖南"的感叹。"中兴将相十九湖湘"，湘军将领成为当时中国政治、军事、文化的主角，整个湘军系统中 15 人位至总督，14 人位至巡抚。位至总督的湘军将领有湘乡人曾国荃，长沙人杨岳斌，湘阴人左宗棠，衡阳人彭玉麟，新宁人刘坤一、刘长佑等；位至巡抚的湘军将领有益阳人胡林翼，湘阴人郭嵩焘，新宁人江忠义、江忠源，湘乡人刘锦棠、刘蓉、李续宾等。湘军之所以会在湖湘大地兴起，与湖南地区特有的社会经济、阶级状况以及文化传统有着密切的关系，它是在湖南社会历史土壤中孕育出来的。

湘军的兴起乃是以曾国藩为中心的一批湖南洋务派士人为挽救封建末世、中兴王朝、实现经邦治国的宏愿而建立和发展起来的。湘军人物的这种经世致用的学术旨趣、改革政治的经世之志，正是嘉道之际以魏源、陶澍、贺长龄为代表的湖湘经世思想的自然延续，也是他们开创的湖湘学风濡染的结果。就直接的学术渊源而论，二者之间也存在着师承关系。湘军与湖湘文化又是相互联系和密不可分的。湘军可以说是湖湘文化的产物；湘军人物对湖湘文化传统的弘扬与光大，堪称湖湘文化重要发展阶段；湘军深远的影响又成为弘扬湖湘文化的动力，构成推动湖湘文化近代转型的内在机制。

湖南的洋务派实际上是湘军兴起的产物，曾国藩被当作洋务派最典型的代表。在魏源逝世 10 年后，湖南人曾国藩、左宗棠率先将"师夷长技以制夷"的口号付诸社会实践，掀起了轰轰烈烈的洋务运动，通过办军械所、制造局，翻译介绍西书，派遣留学生等去学习西方先进的科学技术（"西学为用"），同时保持中国传统的思想体系和价值观念（"中学为体"），即所谓的"中体西用"。但是由于西方的强烈反对和干预，这时的主流想法已经不再是"师夷长技以制夷"，而是"师夷长技以自强"。1876 年，湖南人郭嵩焘被清政府任命为第一任驻英法公使，他利用出使英法的机会，对西方的历史文化、政治、经济和科学技术进行了深入的考察与研究，大力传播西方文化，成为中国近代史上提倡向西方学习的先驱人物。

三、维新派与湖湘文化

中日甲午战争后，维新派逐步走上中国社会政治舞台。湖湘维新派主要代表人物有谭嗣同、唐才常等。与经世派、洋务派相比，他们主张在更高的层次上和更广阔的范围内向西方学习，在继续强调学习西方科学技术的同时，更多地关注西方的政治体制。因此，他们更加注重引进西方的学术思想。谭嗣同的维新思想就是这种新思潮的典型代表。

由湖南维新人士谭嗣同、熊希龄、唐才常等创办和主持的时务学堂是湖南创办的第一所近代新式学堂，标志着湖南的教育由旧式书院制度转向新式学堂制度,它对湖南近代教育的发展起了巨大的推动作用,这也是湖南近代化教育的开端。时务学堂是由岳麓书院王先谦领衔呈报,巡抚陈宝箴批准,熊希龄等出面报请时任两江总督的刘坤一拨款,建于长沙小东街的新式学堂。时务学堂先后更名为求实书院、湖南省城大学堂,之后与改制后的岳麓书院合并,组建湖南高等学堂,这就是湖南大学的前身。时务学堂的创立是湖南维新运动的重要组成部分,为使湖南成为当时中国最富朝气的省份做出了巨大贡献。这也使得湖南的维新运动成为后来戊戌变法的前奏和实践基础。因此,梁启超多次赞扬:"新旧之哄,起于湘而波动于京师。"毛泽东同志也说过:"湖南之有学校,应推原戊戌春季的时务学堂。时务以短促的寿命,却养成了若干勇敢有为的青年。"

维新人士在一定程度上接受了西方"平等""自由"的思想,这种思想促使湖南维新人士对"人"自身存在意义进行思考。谭嗣同以赞美人的身躯为起点而肯定人的尊严与价值,唤起人格的觉醒。他激昂陈词:"宇宙造成人体,原是要使人顶天立地,做出一番事业来……堂堂七尺之躯,不是与人当奴隶,当牛马的"。谭嗣同对人的尊重,给予了封建伦理纲常最为猛烈的抨击。他认为三纲五常蒙蔽人的理智,禁锢人的灵魂,否认人的"自主之权,是它数千年来惨祸酷毒,愈演愈烈,使中国成为一座'黑暗地狱',必须完全否定和冲决"。可见,人格的觉醒,在谭嗣同身上表现得非常明显。

谭嗣同主张中国要强盛,只有发展民族工商业,学习西方资产阶级的政治制度,他公开提出废科举、兴学校、开矿藏、修铁路、办工厂、改官制等变法维新的主张,抨击清政府的卖国投降政策。并且谭嗣同由忧国救国而舍身变法,这是一种强烈的爱国主义和为国献身精神的突出体现。面对甲午战争后中华民族"风景不殊,山河顿异,城郭犹是,人民复非"的民族危亡形势,他奋起投身维新变法的救亡图存运动,主张激进的改革,坚信"非守文因旧所能挽回者"。当维新改革遇到顽固守旧势力扼杀时,他常说:"块然躯壳,除利人外,复何足惜!"在戊戌政变发生后的危难时刻,他坚决拒绝友人到日本避难的劝说,毅然用自己的鲜血铺就变法之路,"各国变法,无不从流血而成,今日中国未闻有因变法而流血者,此国之所以不昌也。有之,请自嗣同始!"

作为湖南维新运动的中坚人物,唐才常积极参与湖南的维新活动。在戊戌政变、谭嗣同遇害后,唐才常悲愤不已:"满朝旧党仇新党,几辈清流付浊流。千古非常奇变起,拔刀誓斩佞臣头。"唐才常主张忠君思想,拥戴光绪皇帝,组织成立正气会，后改名为自立会，组织自立军，号召人们抵御侵略，奋起救国。唐才常的自立军起义虽然失败，但其申明要废除"所有清朝专制法律""变旧中国为新中国"，采取了武装起义的形式，带有新时代特征。自立军起义既是19世纪末改良运动的继续，又是20世纪革命运动行将高涨的征兆。

四、近代资产阶级革命与湖湘文化

孙中山曾说："革命军用一个人去打一百个人，像这样战争，是非常的战争，不可以常理论。像这样不可以常理论的事，是湖南人做出来的。"的确，在近代资产阶级革命运动中，湖湘士人再一次充当了急先锋。近代湖湘革命派人物的杰出代表有黄兴、蔡锷、陈天华、宋教仁、章士钊等。

黄兴是资产阶级革命实干家，在长沙成立革命团体华兴会，被公推为会长。之后他与孙中山一起创办同盟会，并任庶务，成为同盟会中仅次于孙中山的领袖。黄兴积极发展革命分子，参与策划和组织多次武装起义，如广州起义等，更是辛亥武昌首义的主要领导人之一。中华民国南京临时政府成立后，黄兴任陆军总长兼任参谋本部总长等重要职务。

蔡锷是湖南众多中华民国杰出军事领袖之一，曾经响应辛亥革命，发动反对袁世凯洪宪帝制的护国战争。他注意辨别政治风云，顺应历史潮流，积极投身革命运动，展示出了忧国忧民的湖湘精神和敢为人先的英雄气概，为军事理论和战争实践等都作出了突出的贡献。

陈天华是中国同盟会主要发起人之一，先后撰写的《猛回头》和《警世钟》深刻揭露了帝国主义列强侵略中国和清政府卖国投降的种种罪行。他参加了抗议日本政府《清国留学生取缔规则》的斗争，并在东京大森海湾投海自尽，以死为警世钟，来唤醒同胞，激励国人"共讲爱国"。

宋教仁先后翻译了《日本宪法》《国际私法》等有关国家制度和法律的著作，是中国伟大的民主革命先行者、中华民国的缔造者之一，是中华民国初期第一位倡导内阁制的政治家。

章士钊清末任上海《苏报》主笔，所著《论中国政党内阁当应时发生》《何为政党》等政治论文，对当时关心政治制度改革的人们以巨大的启迪，促进了中国近代先进知识分子群体的形成。

由于这些湖湘先进知识分子对近代中国历史发展的重大贡献，湖南成为引领中国近代社会发展方向的重要地区。

五、马克思主义的传播与湖湘文化

1919 年五四运动前后，以中国传统文化儒学为核心的湖湘文化在近代转型的基础上，开始与西方文化马克思主义融合。这是从思想层面上的中西文化冲突和交融的过程。这种思想层面的文化包容熏陶又造就了许多湖南爱国志士，如毛泽东、蔡和森、李达等，他们在湖南宣传、传播马克思主义新文化。这些湖湘文化传人以最大的能量影响并左右着近现代中国的政治、思想、军事等领域，使湖湘文化发挥了巨大的社会效能。

新文化运动的兴起，标志着近代中西文化的冲突与融合已从制度层面进入精神层面，在这种冲突与融合进程中，湖湘文化得到进一步发展。辛亥革命失败后，五四时期的先进分子认识到"皇权阴魂不散的原因是帝制与儒学相表里，尚未崩塌的旧文化轴心在起作用"。如果不摧毁旧文化轴心，它必然再次成为复辟活动的灵符，使辛亥革命的成果化为乌有。于是以陈独秀、李大钊等为代表的一批新型的知识分子以《新青年》为传播新文化的阵地，在实践当中，他们选择西方的各种学说，把文化重建和社会改造密切结合起来。在先进知识分子中，毛泽东、蔡和森等湖南青年颇具湖湘文化的底蕴。他们创建新民学会，以"改造中国与世界"为己任，反映了湖南志士对振兴中华、改造社会的使命感和自信心。他们还创办文化书社，组织俄罗斯研究会，开始接受和传播十月革命送来的新的思想武器——马列主义。

这一时期的湖湘文化以反孔和传播马克思主义为标记。易白沙在《新青年》杂志上发表《述墨》《孔子评议》等多篇论文，向以孔子为代表的封建礼教宣战，为新文化运动鸣锣开道。蔡和森在赴法勤工俭学期间，从法文翻译了《共产党宣言》《社会主义从空想到科学的发展》《国家与革命》等著作，在留学生中广为散发。毛泽东在长沙创办文化书社，并与上海、北京、南京和省内各地建立联系，发行《共产党宣言》《科学社会主义》《劳动界》《新青年》等书刊，推进五四新文化运动，宣传马克思主义，培养了湖南最早的一批马克思主义者。

从某种角度上来看，这是一次以中国传统儒学为核心的湖湘文化与西方文化（马克思主义）的又一次融合。在新民主主义革命时期，湖南成为毛泽东思想和中国革命的策源地。在这块土地上，爆发过秋收起义、平江起义、湘西起义，创建过湘赣、湘鄂西和湘鄂川黔根据地。成千上万的英烈为着国家的独立和人民的解放贡献了自己的全部力量直至生命。这一代又一代的湖湘文化传人"最大限度地发挥着文化和社会功用"，使湖湘文化发扬光大。江泽民同志1991年3月在湖南考察时说："近代以来，湖南出现了许多爱国志士。中国共产党成立又涌现了一大批无产阶级革命家。在这块土地上，诞生了许多英雄人物，留下了许多可歌可泣的革命精神。"革命战争为湖南造就了一批能文善武的人才，他们进一步将湖湘文化发扬光大，使之如日中天，在现代史上熠熠生辉。

综上所述，我们可以看出，从主张"师夷长技""中体西用"的经世派、洋务派，到学习、宣传以至主张实施西方民主共和制度的资产阶级维新派、革命派，再到马克思主义的传入，湖湘文化完成了近代巅峰时期的转型。在这个转型过程中，湖湘文化自始至终贯穿一种心忧天下的爱国精神、博采众长的开放精神与敢为人先的创新精神。许多湖湘学人站在时代的前列，积极地推动着中国文化的变革和转型，充分展示出湖湘文化对中华文化发展的重大贡献。

第二章

湖湘精神的传承

第一节　心忧天下的爱国精神

湖湘文化心忧天下的爱国精神，无疑深受楚文化影响和屈原遗风的熏陶。同时，贬谪到湖南的迁客骚人，也强化了这种精神。

楚文化的杰出代表是屈原。司马迁认为：屈原精神包括"忠君、兴国、哀怨"。朱熹《楚辞集注》曰："原之为人，其志行虽或过于中庸而不可以为法，然皆出于忠君爱国之诚心。"这是有史以来，第一次用"爱国"来评价屈原。《史记·楚世家》云："楚之先祖出自帝颛顼高阳。高阳者，黄帝子孙，昌意之子也。"所以，"帝高阳之苗裔兮"，其本义应该是：我屈原是黄帝的子孙，应该是中华民族大家庭中的一员，理应分享黄帝子孙的光荣和权利，同时也应承担黄帝子孙应尽的责任和义务。豪言壮语，洋溢着诗人作为黄帝子孙的民族自豪感，更突出了诗人振兴楚国、统一中华的历史使命感。"长太息以掩涕兮，哀民生之多艰"是屈原爱民、重民、关注民生的真实反映。

古代的湖南被视为蛮夷之地，许多有着忧国忧民胸怀、治国安邦抱负的政治家和学者，在政治上受到诬陷或打击时，往往被贬谪、流放到湖南。他们在这里所写的诗文，往往都是抒发自己的政治主张和理想抱负，他们的际遇充满了浓郁的爱国主义精神。

湖南作为屈贾之乡，湘人精神从初始就带有一种悲壮、忧郁的色彩，也透露出中国最早的知识分子骨子里的参政意识和修身、齐家、治国、平天下的远大抱负。

屈原在湖南汨罗怀沙自沉百余年后，又一位政治家兼文学家贾谊被贬谪长沙。他上《治安疏》批评政治，写《过秦论》分析秦之成败得失，其忧国之心，不在屈原之下。他在长沙写下了汉赋名篇《吊屈原赋》，以屈原的遭遇自比，抒发胸中的愤懑。

自屈贾之后，心忧天下的爱国精神也一直是湖湘文化的主流。东汉末，"天下起兵诛董卓"，是"长沙子弟最先来"（唐吕温《题阳人城》）。

唐代因参与"永贞革新"失败被贬为永州司马的柳宗元，在永州关心民间疾苦，多施善政，并将自己的政治抱负蕴涵在诗文中，以致"衡湘以南为进士者，皆以子厚为师"（《柳子厚墓志铭》）。同被贬为朗州（今常德）司马的刘禹锡，勤政亲民，诗风豪放旷达，借诗嘲讽权贵。他在朗州所写的诗歌在民间广为流传，使"武陵溪洞问夷歌，率多禹锡之词"（《旧唐书·刘禹锡传》）。柳宗元、刘禹锡振世济民的道德文章为湖湘民众所敬仰。

宋代范仲淹写的《岳阳楼记》，对湖南人的影响更大。《岳阳楼记》既以"淫雨霏霏"的凄凉景象衬托"迁客骚人""去国怀乡，忧谗畏讥"的伤感情绪，又写了"春和景明"时的欢快与得意。文中提出，有抱负、有理想的"仁人"不应以自己的得失为重，不应以个人际遇和环境的变化而悲、而乐，而应"不以物喜，不以己悲"。以君子的崇高风范超越个人的狭小精神世界，不论升降进退都不忘天下黎民与社稷。"先天下之忧而忧，后天下之乐而乐"成为中国古代知识分子的行为准则和座右铭。岳阳楼成了先忧后乐的精神象征，激励了历代湖湘士子以天下为己任的责任感。

湖南人心忧天下的爱国精神，还表现在抵御外侮、反对侵略的斗争实践中。南宋的湖湘学派在政治上有强烈的爱国主义思想，极力主张抗击金军，收复中原。湖湘学派创始人胡宏一身正气，视富贵如浮云，宁可隐居衡山过清贫的生活，也不与主张妥协的秦桧往来，拒不接受秦桧的召用。张栻把抗金复仇作为政治大纲，在他的影响下，不少湖湘学子投笔从戎，奔赴抗金战场。张栻高足吴猎，淳熙进士，后来成为"开禧北伐"的主要将领。战争开始后，吴猎以荆湖北路安抚使"节制本路兵马"，直接指挥战斗，显示了卓越的军事才能。

明末清初，湖湘文化的爱国精神在学术大师王夫之身上有集中的体现。明朝灭亡后，他在家乡衡阳抗击清兵。失败后，隐居石船山，从事思想方面的著述。晚年身体不好，生活又贫困，写作时连纸笔都要靠朋友周济。每日著述，以致腕不胜砚，指不胜笔。在71岁时，清廷官员来拜访这位大学者，想赠送些吃穿用品。王夫之虽在病中，但认为自己是明朝遗臣，拒不接见清廷官员，也不接受礼物，并写了一副对联，以表自己的情操：清风有意难留我，明月无心自照人。同时，王夫之提出了"扶长中夏"的口号，对传统的爱国主义精神作了创造性的发挥，超越了传统的忠君范畴，他认为国家和人民的利益大于"一姓之兴亡"。王夫之的爱国精神为湖湘学子代代传承。

左宗棠在青年时期就立下了大的志向。他自写对联："身无半亩，心忧天下；读破万卷，神交古人。"在科场失意后，关心国家，致力于经世济民之学。常以"今亮"自称，时人也常以诸葛亮比之。后任湘军将领，洋务派领袖。与曾国藩、李鸿章、张之洞并称"晚清中兴四大名臣"。在晚年时，率兵出师新疆，为维护国家领土完整做出了卓越的贡献。长沙县跳马乡左宗棠墓刻联语："汉业唐规西陲永固，秦川陇道塞柳长青"。

谭嗣同一生致力于维新变法，主张中国要强盛，只有发展民族工商业，学习西方资产阶级的政治制度。公开提出废科举、兴学校、开矿藏、修铁路、办工厂、改官制等变法维新的主张，是维新派中的最激进者。他为戊戌变法慷慨赴义的壮举感召日月。"同样是湖南人，同样是书生救国，稍早的曾国藩走到了传统人臣道路上的最高阶段，而菜市口引颈待戮的谭嗣同，则有一种以身殉道的悲壮。这种悲壮，终结了湘学经世致用精神在传统道路上的努力，开创了湖湘志士新的救国之路。"（《湘学溯源之媒体行谭嗣同：壮飞壮哉》）

湖南人在救国救民的道路上一直走在时代前列。辛亥革命时期，以黄兴、宋教仁、蔡锷为代表的资产阶级革命派是同盟会的核心，是多次武装起义的组织者、领导者。湖南是武昌起义后的首应之省，湖南人又是反袁护国战争的主要发起者和领导人。在新民主主义革命时期，湖南涌现出以毛泽东、刘少奇、任弼时、彭德怀、贺龙、罗荣桓等为代表的一大批无产阶级革命家，更是将心忧天下的爱国精神演绎得淋漓尽致，并将之提升到新的高度。

在不同的历中时期，湖南人都喊出了时代的最强音。这里面贯穿着一个共同的主题，即对国家、民族的热爱和强烈的责任担当。

第二节　百折不挠的进取精神

"百折不挠"，出自东汉《蔡中郎集·太尉桥玄碑》："其性庄，疾华尚朴，有百折不挠、临大节而不可夺之风"。借用"百折不挠"来概括湖南人独特的群体性格，是对湖南人这种中国独无仅有的"霸蛮、血性"等特征的提升。

湖南话中有一个方言词汇，叫作"霸蛮"，它的意思就是知其不可为而为之。也可以说，霸蛮就是一个人挑战自己的极限。湖南人很欣赏"霸蛮"二字，认为自己是"霸得蛮"的人。湖南在古代本是一块蛮荒之地，这里的居民被称为"南蛮子"。也许这是外省人对湖南人的蔑称。不过，湖南人本身并不以"蛮"为耻，而是以"蛮"为荣。因为这个"蛮"字之中，就包含着湖南人的血性。蛮，就是不信邪，不怕鬼；蛮，就是天不怕地不怕；蛮，就是不撞南墙不回头，见了棺材不掉泪。

湖南人的霸蛮是有历史渊源的。湖南人的祖先是好斗的三苗。

炎黄时代结束以后，中原地区最强大的势力是华夏部落联盟，而南方最强的势力则是活动在长江以南地区的三苗部落联盟。"三苗"，湖南人的祖先，在古代史籍中又称"苗""蛮""南蛮"，相传为颛顼氏的后代。三苗部落从一开始就是一个不羁而好战的部落民族。尧、舜、禹在华夏部落联盟当首领的时候，他们率领自己的部落与三苗部落进行了长达百年的战争。

尧与三苗在丹阳大战，打败了三苗，但尧并没有跨过长江"宜将剩勇追穷寇"，而是采用分化的办法，用本身的文化去同化南方的少数民族。

舜将三苗迁移到南方和西南方，也是有记载可寻的。舜为了检验自己实行教化的效果，曾经南巡狩猎，到达湖南永州，死在那里，被安葬在湖南宁远的九嶷山，而这个地方就是零陵。

禹是舜的接班人，看到三苗在汉江流域、两湖流域的势力仍然很大，便集中各部落的力量大战三苗，战斗相当惨烈。他对南方的作战最后究竟打到了什么地方，似乎无从考证，但可以肯定，他的势力范围扩展到了江淮流域。三苗被迫继续向南撤退，开拓南方和西南方。相传后世在湖南、广西、广东以及云南、四川、贵州等地的苗族，其祖先就是三苗。

由此可见，湖南人的祖先就是一个不肯服输、喜欢与命运抗争的种族。在战败以后，他们受到压迫，不得不在一块被封闭起来的蛮荒之地吃力地讨生活。他们当然会思考自己的命运，会对压迫者挣扎反抗，也要与自然环境相抗争，由此而形成霸蛮的性格。湖南人的这种"霸蛮"，其本质是湖湘文化中的百折不挠的进取精神。用"百折不挠"来概括湖湘文化精髓，既能恰当地反映湖湘文化的传统特色，又有很深厚的历史依据。"亦余心之所善兮，虽九死其犹未悔"，屈原在《离骚》中表达了为追求家国富强，坚持高洁品行而不怕千难万险、纵死也无悔的进取精神。这种百折不挠的进取精神湖南人代代传承。

明末清初大思想家王夫之是一个典型。他青年时代举兵抗清失败后，拒绝清政府高官厚禄的诱惑，誓死不降，专心从理论上探讨重振明朝河山的法门。据有人粗略统计，王夫之在如此非人的艰险环境下一生著述达 100 余种、400 余卷、800 多万字。流传至今者还有 73 种，401 卷，470 余万言。这些著述经后人不断整理、流传，产生了极大影响。没有百折不挠的进取精神，王夫之是很难取得如此巨大成就的。

近代史上，各类引领时代潮流、改变民族命运的才俊豪杰层出不穷。从"咸同中兴"到"戊戌变法"；从资产阶级革命到新民主主义革命时期，湖南人总能以大无畏的精神，百折不挠，积极进取。

曾国藩一介儒生，临危受命组建湘勇，历经千难万险，建成湘军。但初次出征，湘军水师在湖南靖港全军覆没，这是石达开一败曾国藩。后来石达开又二败、三败曾国藩。但曾国藩"屡败屡战""打落牙齿和血吞"，最终平定太平天国。

曾国藩、左宗棠、彭玉麟等湘军将领，他们百折不挠，积极进取，扎硬寨、打硬仗、屡败屡战，最终成就了"无湘不成军""中兴将帅，十九湖湘"的佳话。

戊戌变法时期，谭嗣同和他的战友们面对强大的保守势力毫不畏惧，无论办报刊、设学堂、立学会，均百折不挠、一往无前，终使湖南成为"全国最富朝气"之省份。戊戌变法失败后，谭嗣同本可以像康、梁一样外逃避难，但他拒绝友人的劝说，甘愿做"为变法流血"的第一人。

辛亥革命时期，以黄兴、宋教仁、蔡锷为代表的湖湘革命志士将百折不挠的进取精神发挥到了极致。黄兴组织策划多次起义，失败后愈挫愈勇。领导黄花岗起义失败后，他剖白心迹，句句掷地有声："此役明知不可为而为者，迫于革命存亡绝续之交，战则虽败，革命精神不死，国魂光辉照耀古今，是所以坚持否决展期之说，宁死于战场，决不未战先溃。"蔡锷在袁世凯称帝野心暴露时，毅然拒绝高官厚禄的诱惑首举护国大旗，以人数少、装备差之兵力与器械精良的十万袁军进行殊死战斗。据梁启超回忆，在与袁军战斗的头四个月里，蔡锷"平均每日睡觉不到三点钟，吃的饭是一半米一半砂硬吞"，但"全军将官兵卒个个都愿意和他同生共死，没有一个人想着退却"。（梁启超：《护国之役回顾谈》）没有蔡锷这种百折不挠的奋斗精神，护国战争的胜利是难以取得的。

在新民主主义革命中，湖南一大批革命家所表现出百折不挠的进取精神震烁古今。毛泽东是新民主主义革命的领袖，他领导的湘赣边界秋收起义举世闻名，在一定意义上是中国新民主主义革命取得伟大胜利的历史源头之一。但它并非一些人想象中的一路凯歌、捷报频传，而是一次屡屡受挫、愈挫愈勇的武装起义。秋收起义受挫时，毛泽东号召大家坚决以革命的"小石头"打破国民党反动统治那口"大水缸"。尽管秋收起义遭遇诸多挫折，却最终以百折不挠的奋斗精神开辟了一条适合中国国情的革命新道路。

在"左倾"错误路线统治时期，毛泽东多次受到不公正待遇。但他始终遵守党的纪律，注意维护党的团结和统一，不意气用事，不因个人的遭遇而影响党的工作，百折不挠，为全党做出了榜样。

毛泽东许多史诗般的诗篇中更是蕴含有强烈的无产阶级钢铁般的意志、百折不挠的奋斗精神。如："早已森严壁垒，更加众志成城""六月天兵征腐恶，万丈长缨要把鲲鹏缚""红军不怕远征难，万水千山只等闲""今日长缨在手，何时缚住苍龙"等。

百折不挠的进取精神，既有"楚虽三户，亡秦必楚""若道中华国果亡，除非湖南人尽死"式的使命感和"吾道南来原是濂溪一脉，大江东去无非湘水余波"般直冲云霄的豪气，又是湖湘文化筚路蓝缕、奋发图强的深刻写照，是湖湘文化在文化个体身上打下的文化烙印。湖南人正是凭着这种百折不挠的进取精神，在不同的历史时期为国家民族做出了不可磨灭、彪炳千秋的贡献。

第三节　经世致用的务实精神

一、经世致用的务实传统

《辞源》中对"经世"的解释为：治理世事；另外，对"经济"的解释为：经国济民；"致用"为：尽其所用。《辞海》的解释为：明清之际主张学问有益于国家的学术思潮。由此可以给经世致用下一个定义：经世致用就是关注社会现实，面对社会矛盾，并用所学解决社会问题，以求达到国治民安的实效。这一思想体现了中国传统知识分子讲求功利、求实、务实的思想特点以及"以天下为己任"的情怀。

湖湘学派产生之际，南宋正处于内忧外患之际，湖湘士人除了蒙受家破国亡的屈辱外，还多了一层民族文化的危机意识，因而认识到提倡经世致用，既是为了"经邦济世",也是为了挽救理学自身。南宋形成的以"湖湘学派"为代表的理学思想,它的一个鲜明特点,就是把传习理学的学术教育活动同经邦济世、解危救难的强烈经世愿望紧密结合在一起。"湖湘学派创立之初,就强烈反对为学'不充实用,平居高谈性命之际,叠叠可听,临事茫然'的'腐儒'学风,而主张'通晓时务物理''留心经济之学'"。胡安国以《春秋》为"经世大典";胡宏主张"以仁致用";张栻强调"知行并发",无不出于现实的需要。

湖湘学派自宋代发轫一直倡导"求仁履实"。首先,表现为重视人才的品德、操行、性格、情感、意志等素质的磨砺和塑造。湖湘学派第二代大师胡宏便把"有体"作为培养人才的标准。谨守伦理道德规范,谓之"有体"。其次,表现为推崇"治事"能力和才干的培养。湖湘学派第三代大师张栻更强调教育应培养能"传道济民"的人才。南宋绍熙五年(1194),朱熹任湖南安抚使,再至潭州,兴学岳麓,颁布了有名的《朱子书院教条》,使岳麓书院第一次有了正式的学规。在教学宗旨上,朱熹反对当时官学中"务记览,为辞章,钓声名,取利禄"的流弊,反复要求"讲明义理",进而提出"修身""处事""接物"之要,作为实际生活和思想教育的准绳。尤其着重人格教育,提倡言行一致、克己复礼、道德自律等道德修养原则和方法,反映了程朱理学的精髓。清乾隆年间,岳麓书院山长罗典归纳并提出了"坚定德性,明习时务"的教育方针,完整地表述了上述两重含义。

在理政方面,湖湘士子也是"有用之才,固不徒以文章,亦非迂谈道学者比也"。其中有敢于直言规谏的朝臣彭龟年;有善理政事财务、成功治理通货膨胀的"通务之学"陈琦;有热心发展生产、关心人民疾苦的良吏游九言、游九功兄弟等。张栻在《岳麓书院记》中提出的"得时行道,事业满天下",在他的弟子中得到了实现。

明末清初,从岳麓书院走出来的王夫之,又把经世思想推上了一个新的高度。王夫之本以反清复明为头等大事,在举兵起义、出仕南明的政治斗争失败后,才归隐山林,发愤著述,以表达自己的经世致用之志。他把天、道、心、性奠定在气、物、欲等感性存在的基础上,提出"天下惟器""据器而道存,离器而道毁"的唯物自然观,从而抑制了理学走向空疏和虚诞,适应并推动了实学思潮的发展。

到近代,湖湘经世致用传统得到了极大的发展。魏源首开近世风气,在学术上复兴今文经学,打破旧汉学板块而为新学;在政治上提倡"师夷长技以制夷",使湖湘学人从此走出封闭,睁眼看世界。魏源还受当时湖南经世派代表人物贺长龄之托,主持编撰了巨著《皇朝经世文编》。魏源以实用、经世为主旨,选取清代200多年间的论学、论治文献2000多篇,编成120卷。此书刊行后,数十年间风行海内,湖湘士子更深受影响,促进了经世致用思想的发展。

曾国藩深受湖湘经世文化的影响。"理学经世"是曾国藩思想体系的精髓。曾国藩墨经出山,创建湘军。1853年(咸丰三年),借着清政府急于寻求力量镇压太平天国的时机,他因势在其家乡湖南一带,依靠师徒、亲戚、好友等复杂的人际关系,建立了一支地方团练,称为湘勇。8月,曾国藩获准在衡州练兵,"凡枪炮刀锚之模式,帆樯桨橹之位置,无不躬自演试,弹竭思力",并派人赴广东购买西洋火炮,筹建水师。

受两次鸦片战争的冲击,曾国藩对中西邦交有自己的看法,一方面他十分痛恨西方人侵略中国;另一方面又不盲目排外,主张向西方学习其先进的科学技术,领导了洋务运动,在救亡图存的道路上留下了重要一笔。他倡导建立了近代中国第一座以西方生产方式制造武器弹药轮船的兵工厂,标志着新型工业在中国的出现,也揭开了洋务运动的序幕。此外,他力主开办了翻译馆和职业学校,并奏派幼童赴美留学,开创了中国派遣留学生出国深造的先河。

左宗棠年少聪明有抱负,曾就读于长沙城南书院,二十岁乡试中举。但从1833年到1838年,三次赴京参加会试,都榜上无名。之后,他"绝意科场进取",完全致力于"经世致用之学"。左宗棠在家写联自勉:"身无半亩,心忧天下;读破万卷,神交古人。"最初系统研读了明朝顾祖禹的《读史方舆纪要》。这部书综记山川险易,古今用兵战守攻取之宜,兴亡成败得失之迹,具有浓厚的历史军事地理学特色,其核心在于阐明地理形势在军事上的战略价值。这是让他建功立业的基础之书。顾炎武写的120卷《天下郡国利病书》、齐召南(1703—1768年)的《水道提纲》、魏源编撰的《皇朝经世文编》《海国图志》等书也是其研读之书。

1852年(咸丰二年),左宗棠出佐湘幕,初露峥嵘,引起朝野关注,时人有"天下不可一日无湖南,湖南不可一日无左宗棠"之语。自此左宗棠一步一步走上历史的前台,成为洋务运动、收复新疆和经营新疆、抗击法国入侵的主要领导者,历任闽浙总督、陕甘总督、两江总督、东阁大学士等。左宗棠一生功勋卓著，其中收复新疆难度最大，也最能体现左宗棠的能力和历史功绩。

二、从经世致用到实事求是

曾国藩、左宗棠是秉持经世致用这一湖湘文化传统的成功者。而将"经世致用的务实精神"发扬光大并创造性转化为"实事求是"的则是新中国的主要缔造者——毛泽东。

毛泽东在青年时代深受经世致用这一湖湘文化传统的影响，表现出强烈的责任感、使命感和经邦济世的远大抱负。就读湖南一师时，他曾广泛接触包括王夫之在内的清初几位大师的学术思想，并经常到船山学社聆听刘人熙等讲述船山哲学，对前人倡导的"经世致用"学风极表认同和仰慕。他还在"修身"课的笔记中认真抄下了王夫之论圣贤与豪杰的语录："有豪杰而不圣贤者，未有圣贤而不豪杰者也"。并释"圣贤"为既具有高尚的"品德"，又能够成就"大功大名"的"德业俱全者"。这表现出与王夫之同样的以治学与治世并重的人才观。从这一点出发，他称赞曾国藩是不同于单纯传教之人或单纯办事之人的"办事而兼传教之人"。因此，他"独服曾文正"。由于对经世致用学风和内圣外王人格的强烈认同，毛泽东从学生时代起就具有激越的救世情怀，自觉以救国救民为己任。毛泽东的朋友这样形容他："身无半文，心忧天下"。他创立新民学会，确定"以革新学术，砥砺品行，改良人心风俗为宗旨"，并与同学一道"指点江山，激扬文字，粪土当年万户侯"，这是他救世济民伟大抱负的直接体现。

1913 年春至 1918 年夏，毛泽东在湖南第一师范求学。1914 年宾步程（1879—1943）任湖南工业专门学校校长，他将"实事求是"四字书刻成大匾，悬挂在岳麓书院，作为岳麓书院的院训。1916 年至 1919 年，青年毛泽东曾经寓居岳麓书院半学斋，与同伴们研讨革命真理。很自然，岳麓书院的"实事求是"的院训，也深深刻印在了毛泽东的心灵中。他在湖南第一师范的《讲堂录》里记下不少这方面的言语，如"实意做事，真心求学""古者为学，重在行事"等。

第四节　敢为人先的创新精神

时代基因浸润于历史血脉之中，文化繁荣绽放于传统沃土之上。钩沉湖湘文化的脉络，我们不难发现，在各历史时期涌现的湖湘经典和伟人，都蕴含着一脉相承的文化基因，积淀着三湘儿女最深沉的精神追求。这种文化基因和精神追求，最重要的就是敢为人先的创新精神。

"敢为人先"，意味着开拓创新、革故鼎新、求新求变、趋时更新，是勇敢精神和创新精神的统一。湖湘文化中涌动着一种通变求新、与时俱进的创新精神。

湖南道州人周敦颐吸纳佛、道思想，形成新的儒学即理学。王夫之针对"祖宗之法，不可变也"的思想，提出"事随势迁而法必变"和"趋时更新"的主张，这些思想影响了一代代主张因时因势进行变革的湖湘人士。魏源、曾国藩、郭嵩焘等人在西方列强入侵中国、民族矛盾日益激化的形势下，及时提出向西方学习的主张，不但学习西方的科学技术，而且学习西方政治制度。魏源早在鸦片战争时期就明确主张"师夷长技以制夷"，为中国图强御侮提出了一种新的思路。曾国藩是中国近代史上第一个提出要把人才送到国外去培养的人。郭嵩焘是中国近代史上第一个出使欧洲，实地考察西方的政治、经济、军事、文化、教育、科技诸方面成就，并且提出要学习西方政治制度的人。湖南人依靠"敢为人先"的精神，创造了一个又一个奇迹，使湖南成为风云际会之地，开全国风气之先，整体上推进了中国近代史和现代史的伟大进程。

在中国思想史上，曾在三次重要的历史时刻有过重大的思想理论创新。第一次是在宋代，儒学吸纳佛、道思想，形成新的儒学即理学，其开创者是道州人周敦颐；第二次是清初，衡阳人王夫之集中国古代文化之大成，总结和发展了中国历史上的朴素唯物主义和朴素辩证法，使唯物辩证法思想达到了前所未有的高度；第三次是湘潭人毛泽东，在新民主主义革命时期，将马克思主义理论与中国实际相结合，率先将马克思主义中国化，创立了毛泽东思想。

周敦颐是湖南永州道县人，宋朝理学思想的开山鼻祖，文学家、哲学家，著有《太极图说》《通书》等（后人整编进《周元公集》）。他所提出的无极、太极、阴阳、五行、动静、主静、至诚、无欲、顺化等理学基本概念，为后世的理学家反复讨论和发挥，构成理学范畴体系中的重要内容。这是湖南人的第一次划时代的理论贡献。

理学又名为道学，两宋时期产生的主要哲学流派。理学是中国古代最为精致、最为完备的理论体系，其影响至深至巨。理学的天理是道德神学，同时成为儒家神权和王权的合法性依据，理学以儒家学说为中心，兼容佛道两家的哲学理论，论证了封建纲常名教的合理性和永恒性，至南宋末期被采纳为官方哲学。理学的出现对后世政治文化产生了深远影响。

在明末清初大变革的历史时期，湖南衡阳人王夫之对古代传统学术，特别是宋明理学做了集中的批判和总结。王夫之庞大的学术体系中，占据统治地位的是他的哲学思想和政治思想。他发展了中国历史上的朴素唯物主义和朴素辩证法，使唯物辩证法思想达到了前所未有的高度。他在政治上反对绝对君权，强调历史发展有其规律，必须审时度势，顺应潮流。

王夫之沿着湖湘学派开创的学术传统，"建立了一个内容丰富、思想深刻、规模宏大的思想体系，下启近代湖湘文化，对近代湖南的各个人才群体、思想家、学者、政治家均产生了广泛而深远的历史影响。"（陈谷嘉、朱汉民《湖湘学派源流》）这是湖南人的第二次划时代的理论贡献。

清末是中西文化冲突交汇的时代，中国面临"三千年未有之变局"。近代湖湘经学经世派代表、启蒙思想家魏源第一次提出"师夷长技以制夷"的观点，成为近代"睁眼看世界第一人"。魏源一生最大的贡献在于将传统的学术与现实社会政治相结合，编撰了《皇朝经世文编》《圣武记》《海国图志》等巨著，其目的在于"经世致用"，匡扶国家。魏源提出的"以夷攻夷""以夷款夷"和"师夷长技以制夷"的观点，是洋务运动的指导思想。曾国藩、左宗棠等认真研究魏源的著作，学习其实干精神，开启了民族自救运动的先河。

曾国藩（1811—1872）既是理学大师、军事统帅，又是洋务派的首领。曾国藩于咸丰年间创办湘军，在治军期间，认识到西方科技的重要，遂于1861年兴建近代第一家军工厂——安庆内军械所。湘军将领左宗棠（1812—1885）于1862年创办了第一个船舰制造机构——马尾船政局。由此开启了救国自强的洋务运动。曾国藩于1872年奏请朝廷向美国派出了第一批留学生，这批留美生多为广东人和湖南人，由此开启了留学的先河。

郭嵩焘（1818—1891），字筠仙，中国湖南湘阴城西人。湘军重要人物。他是近代中国"走向世界"的代表性人物之一。郭嵩焘也是中国首位驻外使节，曾任驻英国、法国公使，他在清代封闭、麻木的社会环境中，毅然前往被封建统治者视为"犬羊之地"的西方，寻求救国真理。郭嵩焘将使英途中的见闻写成《使西纪程》，称赞西方民主政治制度、对中国内政提出效仿的建议。郭嵩焘是近代中国第一位提出学习西方政治制度的人，由一名封建士大夫转变成新时代的探险者，表现出强烈的爱国精神和追求真理的巨大勇气。

维新时期，湖南人的开拓创新也走在全国的前列。谭嗣同写有维新派的第一部哲学著作《仁学》，抨击封建制度，倡导维新变法。谭嗣同在巡抚陈宝箴、按察使黄遵宪、学政江标的支持下，与湖南浏阳的唐才常（1867—1900）等倡办时务学堂。在湖南大胆进行改革，发展工矿业，建立现代城市的行政制度和管理制度。中国当代的警察制度从长沙开始，是黄遵宪从日本引进来的，黄遵宪是清朝政府驻日本的公使。湖南开办了湘报、湘学报，创办了南学会，在全国风生水起，一马当先，被誉为"全国最富朝气的一省"。

辛亥革命时期，湖南人也在全国创下了多个第一。宋教仁（1882—1913），字钝初，号渔父，湖南省常德市桃源人，称为中国"宪政之父"。他是伟大的民主革命先行者，是中华民国的主要缔造者，也是民国初年第一位提出内阁制体制的政治家。宋教仁为民主共和国捐躯，举国恸悼，孙中山先生为宋教仁撰写挽联："作公民保障，谁非后死者；为宪法流血，公真第一人。"蔡锷（1882—1916），原名艮寅，字松坡，湖南邵阳人，近代伟大的爱国者，著名政治家、军事家、民主革命家，中华民国初年的杰出军事领袖。袁世凯复辟帝制的活动，让蔡锷气愤已极，他决心以武力"为四万万人争人格"。蔡锷率先宣布云南独立，组织护国军，发动护国战争，亲任护国军第一军总司令。"蔡松坡带着病亲领子弹不足的两千云南兵，和十万袁军打死战"，最终迫使袁世凯取消帝制。蔡锷是民国再造共和第一人。

在新民主主义革命时期，敢为人先的创新精神在毛泽东身上得到了淋漓尽致的发挥。1930年5月，毛泽东在《反对本本主义》中，阐明了坚持辩证唯物主义的思想路线即坚持理论与实际相结合的原则的极端重要性，提出了"没有调查，没有发言权"和"中国革命斗争的胜利要靠中国同志了解中国情况"的重要思想，表现了毛泽东开辟新道路、创造新理论的革命首创精神。并且在此基础上熟练地运用马克思主义的世界观和方法论，通过调查了解中国的基本国情，研究和总结党和人民集体奋斗基础上积累的丰富经验，批判地继承和汲取中国历史文化的优秀遗产，创立了中国化的马克思主义理论——毛泽东思想。

毛泽东思想是马克思主义中国化第一次历史性飞跃的理论成果，是新民主主义和社会主义革命取得胜利的理论基础，是中国共产党和中国人民历尽艰辛获得的宝贵的精神财富，是中国革命和建设的科学指南，是中华民族的精神支柱，也成为建设中国特色社会主义的理论基础。这是湖南人的第三次划时代的理论贡献，也是湖南人做出的最伟大的理论贡献。

第三章

湖湘民俗风情

民俗风情是民族性格、心理习惯和精神特质的表征，是最显示地域特色的元素。湖湘自古就是多民族集中的地区，除汉族外，湖南境内至今已经居住着 50 余个少数民族，其中土家族、苗族、侗族、瑶族等居住时间最长、历史最为悠久。湖南境内人口较多的几个少数民族大都分布在湘西、湘南和湘东地区，在不同的地理和社会环境、经济和生活条件、历史渊源和文化积淀的作用下，各个民族都形成了自成体系、特色鲜明、风格各异的民俗文化，并融汇成为具有深厚社会历史底蕴和浓郁地域特征的湖湘民俗风情。

第一节　湖湘民俗的基本特点

风俗习惯，民情风尚，是一个民族共同体在长期的历史发展、生产生活实践中所形成的生命意识、文化心理、价值观念和独特的生活方式的具体表现。民俗作为一种社会文化现象，往往以最初始、最广泛的形态，具体而深刻地反映社会的物质生产水平、人们的生活方式和思想意识及精神心理状况。世界如此，中国如此，湖南亦如此。但是，湖南特定的自然环境、特定的历史文化又决定了湖湘民俗独具的特征。

一、丰富多样

湖湘不同的民族都有着自己独特的生活习惯与民情风俗，表现出其民族独有的特征与个性。但在漫长的历史发展过程中，各民族的民俗文化也不可避免会随着时代的变化而有所演化，从而使湖湘民俗风情呈现出多元共构、相互融合又差异明显的丰富多样性特征。

最能够反映出湖湘民间习俗丰富多样的是民间的宗教与世俗信仰。在湖湘汉民族聚居区，受儒家文化影响，直到如今，很多家庭堂屋都设有"天地君亲师"的牌位。与此同时，人们也崇拜各种自然神和社会神，佛家的菩萨、道家的各路神仙、土地、城隍等都是人们所崇信的对象。在南岳，儒释道三家甚至共处一山，一同接受人们的顶礼膜拜。湖湘少数民族则崇奉本民族的英雄或者部族首领，或者有着独特的图腾崇拜。如苗族崇奉"人身牛首"的部族首领蚩尤，土家族人敬拜白虎，各地都有白虎庙，有的家中神龛上还有白虎的神位。"盘瓠"则是苗族、瑶族共同的图腾崇拜对象。在民间信仰方面，东部湘资流域有朝岳的习惯。但在西部沅澧流域，没有像南岳这样区域性的崇祀对象．许愿还愿比较分散。信仰的民间神祇，也有比较大的差异。

湖湘大地东南西三面皆山地，中部和北部多为低矮的丘陵、盆地和河谷冲积平原，整体地势呈向北开口的马蹄形。各区域地理环境以及文化传统的差异，也对湖湘民俗的多样性特征产生影响。早在汉代扬雄编著《方言》时，就已指出湖湘文化存在着，"江湘之间"与"江沅之间""沅澧之间"的明显差异，也就是东部地区与西部地区的差别。相应地，湖湘民俗亦存在着以长沙地区为代表的东部汉民族聚居地区和以湘西、湘西南地区为代表的西部少数民族聚居地区的差别，这种差别体现在饮食习俗、岁时节日文化、礼俗文化、文学艺术、生产方式及成就等多个方面。例如，东部地区招待客人多用盐姜茶，西部少数民族地区有的用油茶，有的用擂茶。在婚姻礼仪方面，东部湘资流域许多地方歌堂风俗非常盛行，西部沅澧流域哭嫁习俗比较突出。湘资流域送亲客一般都是男性，长沙地区甚至有"姐送妹，送绝代"的说法。沅澧流域多是女性，尤其是娘家嫂子必往。湘资流域新婚夫妇多在婚后两三天回门，沅澧流域很多地方在第九天或者一个月后回门。湖湘有些民俗甚至还有一县之区别，有的风俗，其细枝末节的差别，可以存在于一乡一村之中。

与传统文化的多元化特征一样，湖湘民俗也具有多样融合的特性。湖湘不同民族、不同区域的人们，在长期杂居，并不断地加强往来与交流的过程中，最终在日常风习上不可避免地出现了诸多的互渗与融合，呈现出多样统一的特征。例如饮食，土家族有道"盖面肉"，汉族有道"扣肉"，其做法大体相同。长沙一带也把"扣肉"称作"盖碗皮子"。在茶饮方面，东部汉民族聚居区的吃芝麻豆子茶与苗族、侗族地区的喝油茶两者之间虽然茶的用料与具体做法各自不同，但在许多方面还是有些相似。在节日习俗上，湖湘少数民族也与汉族一样有着春节、端午节、中秋节等传统节日，但同时又有着各自独特的节日。如瑶族的六月六过半年、土家族"过赶年"。湘西特别重视端午节，有大端午、小端午之分等。

二、和洽乐群

湖湘人热情乐观，热爱生活，生活中实用主义色彩比较浓厚，但骨子里亦不乏浪漫的诗性气质。因此，湖湘日常礼俗、岁时节日习俗、平时的人情交往、甚至宗教信仰，在注重实用的同时洋溢着和洽乐群的愉悦，散发出浓厚的生活气息与人间温情。在湖南，人们非常讲究睦邻友好，互信互助，团结协作。邻里有困难或有需要，多自动热情相助。比如农村建房屋，左邻右舍和周边村子里的人都会来帮忙，不但不需要付工钱，有的还带来豆腐、鱼肉等礼物，叫"助工""兑工"。遇红白喜事亦是如此，大家都不计报酬地来帮忙。"兑工"所出的力不一定完全对等，但绝不会有人计较。遇到不对等的情况，自觉占了便宜的一方会主动补偿，绝不会有意识地去占别人家的便宜。遇其他大事，如乔迁、升学、荣调、荣归、寿诞、三朝、满月等，亲友邻里都会上门道贺，馈赠钱物。当然也有因鸡鸭蝇头小事而闹得老死不相往来者，故有"若要邻里和，少养鸡鸭鹅"之说。

湖南人好客。湖湘农家的房屋大都是开放式的俗称"一担柴"的结构，对外人毫不设防。厨房内一般设有"火塘"，既是煮饭、烧水的地方，又是烤火和接待客人的地方。特别是冬天，客人来访，递上一杯热茶，烧旺一炉柴火，让来访之人顿感寒意全消。冬季一家人常围炉夜话，闲话家常，沟通感情，呈现出一种和睦安闲的温馨气氛。长沙地区乡村人还喜欢走人家，一有空就到邻舍家坐一坐，聊聊天。主人家也必会泡上一碗碗热茶招待，决不会表现出丝毫不耐烦。大年三十做年糕，如有人来访，必奉上一块年糕，吃得客人打嗝，心里才舒坦。

湖南人也爱热闹，在农村，平时喜欢三五成群凑一块嘻嘻哈哈。在生产劳动的时候，喜欢三荤五素地开些无伤大雅的玩笑，追逐打闹。结婚办喜事，不把新郎脸涂得跟李逵或关公似的绝不罢休。准备过年时最为热闹，家家户户捞鱼杀猪，吃"杀猪菜"，热热闹闹，一派喜气洋洋，表现出和洽乐群的生活情调。

三、尊礼重情

湖南人尊礼重情，讲究情义。在汉族地区，因受中国传统儒家文化的影响，人们多重伦理君权、师道德行，崇奉孔子，"师"甚至与"天地国亲"一起上了每家供奉的牌位，同享世人崇奉。拜师学艺，对师父师娘毕恭毕敬，有"三代不忘媒，九代不忘师"之说。无论是城里还是乡下，男女老少待人接物都比较注重礼节。邻里称谓，对辈分高的不能直呼其名；与老人或长辈同桌吃饭时要将老人或长辈安排在尊位，好的菜肴要摆放在老人或长辈面前，长辈没动箸就不能动箸；出行时路遇长辈或老者要主动打招呼，并让到路的下方；在老人或长辈面前，不跷二郎腿，不说污秽话；不对着他人吐口水。婚丧喜庆更有一整套礼仪，不得轻易逾矩。

湖湘少数民族在讲情礼文明上比汉民族有过之而无不及，土家族、苗族、瑶族等民族在日常生活和社交活动中都很注重礼仪。不仅亲族往来，有优良的礼俗风尚，就是与一般人往来，也很讲究道德规范。一切都讲究文明礼貌，维系民族传统美德。

第二节　湖湘岁时节日文化

岁时节日民俗由岁时民俗和节日民俗两个部分组成。所谓岁时民俗，指的是一年中伴随着季节和时序的变化而相继出现的一些风俗。所谓节日民俗，是指人们约定在某些具体的日期进行某种活动或者仪式的民俗。岁时民俗与节日民俗有一定联系也有一定区别。其联系是，两者不仅多以一年的时间为周期，周而复始地出现，而且有些节日民俗是由岁时民俗发展变化而来。两者的区别在于，岁时民俗受自然因素的影响发展而来，节日民俗则带有明显的人为因素，文化色彩更为浓厚，是一种带有政治的、经济的、艺术的、宗教的、民族心理的乃至自然的多种因素的综合性民俗文化现象。

湖湘民俗文化中覆盖面最广、影响最大而又最具地域特色和民族风情的，是岁时节日民俗。湖湘岁时节日众多，除传统节日春节、元宵节、清明节、端午节、中秋节、重阳节，以及现代的五一国际劳动节、十一国庆节、元旦等较大型节日外，还有立春节、二月二"龙抬头"、三月三上巳节、四月八姑娘节、四月十八牛王节、立夏节、尝新节、六月六（"过半年"、晒龙袍）、六月十六倒稿节、十月初二"啪嘎节"、腊八节、辞灶节、过"赶年"，等等。此外，还有一些与巫风祭祀文化密切相关的节日，如南岳圣帝爷爷生日、土地公公生日、观音菩萨生日、还盘王愿等。近年来，湖南公祭炎帝、舜帝的庆典活动也大有演变成湖湘固定节日之势。湖湘岁时节日可以说名目繁多，从节日的起源看，有的节日是从湖湘之地兴起，尔后以湖湘为中心向中原乃至全国各地传播，如端午节，有一说是为纪念伟大爱国诗人屈原而设；有的是受中原文化影响而生的传统节日，如春节、中秋节等；有的是只有湖湘本土才有的岁时节日。从其具体特征来看，湖湘的岁时节日习俗同样表现出丰富多样、巫风文化等特征。如与汉民族同样过春节的湖湘少数民族，在过年的时候除了祭祖、祈愿、吃团年饭等外，土家族还有"抢贡鸡"、跳"摆手舞"的习俗，侗族还有"抢花炮"的习俗。"端午节"食粽子、喝雄黄酒、赛龙舟等，都是古老的巫文化流传下来的习俗。即使是受中原文化影响较深的一些节日，在历史发展的过程中，也不可避免地烙上了湖湘文化的印记，具备了独特的地域色彩与湖湘民族风情。岁时节日习俗蕴含着浓浓的湖湘文化气息，也承载着深厚的湖湘文化内涵，直接代表着或反映出湖湘悠久的历史文化传统与湘人的精神特质，是湖湘文化极为重要的组成部分。

一、湖湘汉民族传统节日文化

与全国各地一样，湖湘汉民族的传统节日主要有春节、端午节、中秋节。

（一）春节

春节，俗称"过年"，是中国最大的节日，有"百节年为首"的说法。春节不仅是汉民族最重要的一个节日，同时也是少数民族最重要的节日。从其起源来看，年应该与中国作为一个古老的农业大国密切相关。与节日相关的"年"字，就是根据农作物生长周期而逐步确定的。在《说文解字》里，"年"的最初解释就是"谷熟也"。《穀梁传》里说，五谷皆熟为有年，五谷大熟为大有年。从时间来看，狭义的春节指农历正月初一，广义的春节包括年前年后连为一体的时间段，即年前腊月二十三或二十四日过小年之日起，到正月十五元宵节止。在民间，春节是最受重视的传统节日，与端午节、中秋节并称中华民族最重要的三大节日。

在湖湘大地，"过年"有小年和大年之分，小年一般指腊月二十四，大年则是三十。小年在一般意义上是为小孩过的，大年则是全员的。俗谚中有"小孩过年一个蛋，大人过年一顿饭"的说法。从腊月二十四过小年开始，过年的序幕就拉开了。大年之前，人们多对家里家外进行一场彻底的清扫，疏浚阳沟、打扫扬尘、蒸年糕、打糍粑、做豆腐、备点心、贴春联、扎灯笼，大部分的家庭成员都要添置新衣，有的家庭还宰杀年猪。小年要"辞灶"，民谣曰："辞了灶，年来到，妹子要花，份子要炮，妈妈要新衣，爹爹要新帽。"是日起，长工下工，匠师不再上门，家家筹办年货，忙得不亦乐乎。

年关将近，小孩子多喜欢放鞭炮，在时断时续的鞭炮声中，年味便一日浓似一日。过去，人们流行家家贴年画，邵阳滩头的年画就非常有名，销往国内数十省份，甚至还远销海外，无论是质地用料，还是色彩图案，都堪与杨柳青的年画并称。现在人们多用挂历，也有很多悬挂中国结的。大年三十，一家人热热闹闹地准备丰盛的饭菜，出门在外的家庭成员也都要在除夕夜赶回家团聚。大年三十的白天，要去亲人的坟上清理杂草尘土，点亮蜡烛，称"送亮"。也有在大年三十这天一定要洗发、洗被帐的说法，寓意来年发财、不欠账。除夕夜，旧俗有"吃团年饭""辞年""守岁"等活动。掌灯时分，吃团年饭之前，焚香鸣炮，拜祖先家神，叫"辞年"。祭祖时，供品必须是单数，牛肉、鲤鱼不能用来敬神。大年三十晚上，长沙一带农村家家火塘中燃着一个俗称"年财佬"的枫树蔸（或松、栗等树蔸），铁炉锅里炖着猪脚萝卜，所谓"有钱无钱，萝卜过年"，男女老幼围炉共话，长辈给小孩压岁钱（如果小孩子熬不住睡了，就放在孩子的枕头边或底下，孩子醒来的第一件事就是看看枕头边或下面是否有钱物），彼此忌说不吉利之语，一晚上其乐融融，欢坐待旦，叫"守岁"。大年初一，家家于鸡鸣时分即起，男女老幼换上新衣，由辈分最高的男主人燃香开大门，鸣放鞭炮，叫"出天行"，或说开财门。然后进入厅堂，秉烛敬拜祖宗，再向外拜天地神明，择吉时向吉方三揖，或向四方揖拜，祈求新年方方得利。接着儿孙依次向长辈拜年。正月初一早餐吃剩饭，叫"吃隔年粮"，寓意衣食有余。菜肴往往有青菜、芋头、豆腐等，寓意人丁清吉，万事遇头，清白传家。随着物质生活的丰富，现在人们已经没有这些习俗的约束了，想吃什么吃什么，当然，寓意或谐音不吉利的食物还是不会上桌的。饭后晚辈向家族长辈拜年。大年三十晚上，精力旺盛的小孩子们往往成群结队打着灯笼依次去邻里人家拜早年。这时，家家户户都热情迎接，早茶零食塞满孩子们的口袋，很多孩子回家卸完口袋后，又迅速加入辞岁队伍，有时一个晚上可得一两瓷坛的美食，这对孩子尤其是那些家境不太富裕的孩子来说是难得的、不小的收获，个个乐得合不拢嘴，难怪谚云："小孩望过年。"除小孩子外，正月初一一般不外出拜年，有所谓"初一崽，初二郎，初三初四拜地方"的说法。亲戚们都会互相走动，请吃或回请。不过这种互请一般会在初八之前结束，俗语说："拜年拜到初七八，洗了锅子尽了坛。"意思是到初八左右，过年准备的东西都快吃完了，人们的心思不应该再放在吃上。

春节期间，湖湘民间的讲究颇多。有的于除夕在大门合缝处贴红纸"财"字，在当眼处贴"开门大吉""对我生财"之类的吉利语，初一开门时高声诵之，叫"开门见喜、开门见财"。出天行时，观风向天色，卜来年收成，认为"北（风）主丰，南（风）主歉"；阴多晴，暗多雨。在阶基和柴湾堆很多柴，谐多财。初一抱柴进门，意"进财"。初一不倒垃圾不扫地，非扫不可时，扫帚不向外而向柴湾扫。有的读书人则书写"人寿年丰""五谷丰登"之类的吉利语，叫"新年发笔，大吉大利"。初一特忌粗俗不雅之言，以为此日挨了骂，要挨一年的骂。大人总要事先叮嘱小孩：初一要说好话！万一小孩说漏了嘴，大人马上解说："童言无忌。"如不小心摔破了东西，要说"打发打发"；若酒杯倒了，要说"酒泼红地"。新年出行要择吉日，有"初三不出行"一说，不过又说只要初一出了门，就随便哪天都可以出行。

湖湘民间春节的文娱活动非常多，各地区各民族都有一些独特的民俗节庆活动，例如舞狮、舞龙灯、迎神、灯会和猜灯谜等。有的地方文艺人员还会"赞土地""打花鼓"。春节各种娱乐活动中最热闹的莫过于舞龙灯和舞狮。

长沙作为省城，年关的娱乐活动往往拔得头筹。旧时舞龙灯一般是初七之后开始"出灯"，正月十五收灯。"开灯"与"收灯"都有非常隆重的仪式，长沙俗语说："三十夜的火，元宵夜的灯。"这里所说的"灯"当包括龙灯，可见其重视程度。届时，四周乡民组建龙灯队应商贾之邀麇集省城。龙灯队伍由执事擎"火神庙"大纛前导，旗牌手提长方形灯笼，执掌灯笼者必定是当地见多识广的长者或者头面人物。进门时道声"恭喜发财"，于是金鼓唢呐齐鸣，龙身蜿蜒翻腾进入到主家客厅。主家撒果品、放鞭炮，为舞龙灯者助兴。舞龙者迎着节拍与先前所练习的动作，舞出各种造型，小孩子跟着吆喝，主家更是喜笑颜开。临走时，主家为舞龙者准备一份礼金，并用鞭炮相送。如果哪人气度不凡，衣服华贵，舞龙灯者还会围绕着此人不去，并要出种种花样，直到该人拿出彩头来，他们才欢闹着离去。位于长沙城内的定湘王和郎公元帅等神庙，每岁新年时都要扎一纸龙，沿街行走，鸣锣击鼓，热闹非常；家家户户烧香顶礼，就像迎接真神一样。如有妇女多年不生育者，每当龙灯游行至其家时，必加封红包，舞龙者以龙身围绕妇人一次，再将龙身缩小，上骑一小孩，在堂前绕行一周，这就是"麒麟送子"。《长沙新年纪俗诗》有诗云："纸扎龙灯奉作神，香花处处表欢迎。堂前一度兜圈子，步步龙行百草生。""妇女围龙可受胎，痴心求子亦奇哉。真龙不及纸龙好，能作麒麟送子来。"正月十五，舞龙灯者彻夜狂欢后，便将纸灯烧毁，龙头放庙归位，名曰"完灯"，至此，新春舞龙活动结束。舞狮活动同样热闹，除道具及动作外，舞狮与舞龙最大的不同是：舞龙时执掌灯笼者的主要作用是前导接洽，接收礼金红包，充当主事，看头都在舞龙人身上。舞狮时提灯人不光起上述作用，还需充当"唱赞词"角色。提灯人按所到家户家境应景赞颂，幽默生动，舞狮者随之动作，不光有看头，而且有听头。

正月十五是传统的元宵节，在这一天夜里，龙灯、狮子都会终止。家家户户都要吃上元宵，燃放鞭炮，但在湖南一些地方还有一种独有的活动——烧元宵。在元宵的晚上，人们多将晒干的稻草、收集的木柴等堆积在田塍上或者地头边点燃，有时还可能在屋檐下、水井边，甚或是在狗窝、鸡窝边点燃。这种做法有两层意义：一是能将鸡窝或者动物圈栏中的寄生虫、病菌烧死；二是寄望着来年家人红火、六畜兴旺。同时，在湖南一些偏僻的平原山村，人们还有一种极富意味的"偷青"的习俗。正月十五夜，女人们成群结队地去菜园子里"偷青"。这一习俗是源自一个古老的传说。传说孟姜女的丈夫被秦始皇拉夫征走，她千里迢迢地去寻夫。一路上风尘仆仆，忍饥挨饿。万般无奈之下，她为了活命只能在菜地里趁着夜色偷些青菜充饥。后世之人为其坚贞与执着所感动，也就形成了"偷青"的习俗，以示缅怀。当然这其中也表现出民间文化中妇女对自我命运的同情之感与身世之叹。

（二）端午节

端午节又称端阳节，是中国最古老的节日之一。端午源于农耕文化，最初充其量也就是个古老的疾病防控日。因为端午是入夏后第一个节日，气温上升，正是疾病多发的时期。燥热的天气，湿邪之气上升，人容易生病，瘟疫也易流行，加上蛇虫繁殖，易咬伤人，因此，在人们心目中，端午是毒日、恶日，最初的端午习俗都是用来驱病、辟邪、防虫的。只是在屈原投江自尽之后，这一节日的文化内涵才得以提升，并随着时间的推移，逐渐成为各地区、各民族共同的节日。随着历史的发展和文化的积淀，至今已形成蔚为壮观的端午文化，端午甚至一度在中韩两国之间引发一场"端午申遗之争"。日本虽未参与申遗，但日本的端午节与中国的端午节之间也有着千丝万缕的联系。

但凡一种习俗，随着历史的积淀，成为人们生活的必需，以致影响人们的生活、思想，乃至社会发展时，这种习俗也就形成了一个独特的文化现象。"作为一种历史现象，文化的发展有历史的继承性；在阶级社会中，又具有阶级性，同时也具有民族性、地域性。不同民族、不同地域的文化又形成了人类文化的多样性。作为社会意识形态的文化，是一定社会的政治和经济的反映，同时又给予一定社会的政治和经济以巨大的影响。"端午文化的形成和发展，以致对人们生活、社会经济的影响，也正是如此。随着历史的发展，它正在日益扩大和深化，并在其特定的社会环境、地理环境、人文环境和不同的时代，都有其鲜明的时代特色、地域特色和功能。

关于端午文化的起源有多种说法，但后来逐步普遍认同为纪念我国伟大的爱国诗人屈原。唐代诗人文秀《端午》诗中说："节分端午至谁言，万古传闻为屈原。堪笑楚江空渺渺，不能洗得直臣冤。"相传人们得知屈大夫投江后，自发争先划船去寻找他的遗体，并在河流中投入"角黍"，避免他的遗体被鱼吃掉。后来，屈原投江的这天就被定为端午节，两者之间的密切关系被进一步固定下来。之所以如此，也许与屈原的爱国精神为全国各民族所接受不无关系，因为爱国是不分民族、不分地域、不论时间先后的。屈原与端午节关系的固化提升了端午文化的内涵，端午文化反过来在意识形态领域产生了巨大的力量与效果，在提升全民爱国意识、增强民族凝聚力、拓展诗歌题材、影响文学艺术风格等方面，其作用均不可小视。随着文化的传承与发展，端午节与屈原之间的关系虽然被进一步巩固，祭祀的意味却大大的淡化，逐渐转向到民众文化娱乐活动的方向去了。这实际上也是文化发展的一个重要的路向。

端午节习俗在全国各地有着十分丰富多样的内容和形式，同时存在着普遍性与地方特异性并存的现象。端午吃粽子、饮雄黄酒、吃咸鸭蛋，门窗上悬挂菖蒲艾叶，用特别配置的中草药煮水沐浴，身上戴香囊，儿童戴五毒兜兜等都是最常见的习俗，目的是避五毒、益健康。民谣曰"荒坡艾叶喷喷香，溪边菖蒲伴石长。青烟剑叶能驱疫，岁岁端午站门岗"。但最有特色、大众参与性最强的传统民间娱乐活动应数龙舟竞渡，自古至今盛行不衰。南朝梁吴均《续齐谐记》载："楚大夫屈原遭谗不用，是日（五月初五日）投汨罗江死，楚人哀之，乃以舟楫拯救。端阳竞渡，乃遗俗也。"唐代诗人张说的《岳州观竞渡》描绘了当时端午节的赛龙舟场面："画作飞凫艇，双双竞拂流。低装山色变，急棹水华浮。"描绘龙舟竞渡最为生动的诗作，当推唐代诗人张建封的《竞渡歌》："五月五日天晴明，杨花绕红啼晓莺，使君未出郡斋外，江上早闻齐和声。使君出时皆有准，马前已被红旗引。两岸罗衣破晕香，银钗照日如霜刃。鼓声三下红旗开，两龙跃出浮水来。棹影斡波飞万剑，鼓声劈浪鸣千雷。鼓声渐急标将近，两龙望标目如瞬。坡上人呼霹雳惊，竿头彩挂虹霓晕。前船抢水已得标，后船失势空挥桡。疮眉血首争不定，输岸一朋心似烧。只将输赢分罚赏，两岸十舟五来往。须臾戏罢各东西，竞脱文身请书上。吾今细观竞渡儿，何殊当路权相持。不思得岸各休去，会到催车折楫时。"诗作将龙舟竞渡的场景描绘得具体逼真，其热烈的竞渡气氛扣人心弦。船上岸上，紧张热烈、锣声、鼓声、吆喝声、水波声，此起彼伏，一派热闹非凡，组合成一幅动人的民俗风情图画。古代描绘端午节的诗歌还有很多，刘禹锡的《竞渡曲》、梅尧臣的《五月五日》、欧阳修的《端午帖子》、文天祥的《端午感兴》都是千古传诵的名篇。现代著名汨罗籍作家康濯的《咏故园端午节》饱含深情，抚今思昔，令人感奋。这些卷帙浩繁的端午诗词都与怀念直臣屈原有关，"唯有烈士心，不随水俱逝"。

端午这天，湖湘民间除了赛龙舟、吃粽子等传统习俗外，还有踏百草、斗百草的习俗。《荆楚岁时记》中写道："五月五日，四民并蹋一百草，又有斗百草之戏。"踏百草是在初五的早晨进行。人们或赤足或穿上新做的布鞋，在有露水的草丛中行走。大人斗草，或以花草之名相对，以较个人的文化修养之高低，或以各人采集花草的品种多少为胜负；儿童斗草，则比斗草茎的韧性强弱，以屡斗不败者为胜，胜则欢欣雀跃。攸县端午节，孕妇家富者用花币酒食，贫者备鸡酒，以竹夹楮钱，供于龙舟之龙首前祈求安产。岳州府竞渡以为禳灾、去疾。又作草船泛水，称为"送瘟"。如今，"汨罗江畔端午习俗"已成为世界非物质文化遗产。

（三）中秋节

中秋节，又称"团圆节"，是中华民族传统的节日。湖湘之地，人们早就对此节日情有独钟。是日，家家户户多赏月和吃月饼、桂花糖、花生等食品。在湖区，人们还经常吃菱角、莲子或者喝藕粉。一家人吃罢晚饭，在院子里摆上几案，备好茶点，边闲话家常，边等待玉兔东升，全家人一起赏月。中秋之夜因秋高气爽，空气清新，明月也往往分外皎洁。在这样一个月明风清的节日夜晚，民间还演绎着许多极富人间趣味的习俗。其中衡阳等地有一种"偷瓜送子"的习俗就是在这美好的节日晚上演。中秋之夜，那些家中妇女未曾生育者，她的亲友就会帮她从附近的瓜棚菜园中小心翼翼地避着园主，偷一个冬瓜回来，然后精心将冬瓜描绘成一个婴儿的样子，还给它穿上小孩子的衣服，装扮成一个小孩子，由一位年龄比较大的长辈在一阵锣鼓鞭炮的热闹声中将这个"婴儿"送到妇女的家中，并一径放到床上，口里还小声地默念着"种瓜得瓜，种豆得豆"，意图给这家送来子女。有的稍微有些不同，是在一些热心肠亲戚的帮助下，要自己的儿女在中秋之夜偷瓜送到自己熟悉或关系密切的未孕妇女家里，以期盼她家早日生育孩子。与此有些相似，新晃侗族妇女们在中秋之夜也有结伴外出去"偷月亮菜"的习俗。在这一习俗中，人们多钟情于"偷"南瓜、豆角等，如果"偷"到的南瓜和毛豆比较大，就满心欢喜，因为这预示着她们家的孩子会长得非常的强壮健康。如果"偷"到成双生长的豆角或并蒂的瓜果，便认为是喜兆。姑娘们往往爱到自己心上人家的菜地去偷，偷摘完后，并不就此作罢，还要在人家菜园里故意高声地叫喊。于是随行的那些女伴就会给对方以提示，有时还说出女孩子的名字，有时还说："××哥哎，你的瓜菜被××姑娘偷走了，到她家去吃油茶吧！"被偷的小伙子如果有意，就会去姑娘家做客，男女双方就在这样一种活动中建立了情感，尔后随着关系的深入就能男婚女嫁，组成家庭。

在湖南湘潭，过中秋的时候有"游宝塔""烧宝塔"的习俗。在湘潭市河东宝塔岭上有一个七层的宝塔，是一个标志性建筑。中秋节之日，宝塔岭上到处张灯结彩，塔旁搭有戏台演戏，玩龙灯、耍狮子、打地花鼓、踩高跷者聚集于此。男女老幼倾城而出，去游宝塔；夜晚来临，小孩子在宝塔下聚集些木材、树叶或者其他燃料，再在这些上面浇一些油料或者其他燃料，在空地上用瓦石搭成一个下大上尖、外圆内空的塔状物，点燃燃料，然后焚烧。如果宝塔烧不红，便认为一家将不会安宁，所以大人往往都会向小孩供给木材和油料。宝塔烧红后，孩子们一边唱着"八月十五烧宝塔，保佑癞子生头发"等歌谣，一边用乱砖将宝塔打倒以取乐。

湖湘汉民族除了上述三大传统岁时节日外，还有其他一些节日。如立春之日的立春节，民间有打"春牛"、喝春酒、吃春饼的习俗。清明之日，民间有踏春和扫墓的习俗。九月初九日重阳节，民间有酿造重阳酒、蒸米糕、携酒登高望远的习俗。在一些具有雅趣的人那里，还有邀请好友一起欣赏菊花的习俗。十月初一至初十的"十月朝节"，民间也有在这一天来到先人坟墓之前，放一串鞭炮，斟两杯酒，进行祭奠的习惯，称为"挂十月朝"；大姓家族，多备酒肴于宗族的支祠，祭祀家族的支系祖先，称为"朝祭"，朝祭过后，开始进入冬闲的日子。在这些日子中，多进行嫁娶活动。至于其他赛神、还愿的活动也比先前多了许多。农历十二月（腊月）初八日的腊八节，民间常在此日以糯米、腊肉、红枣、核桃等做"腊八饭"；湖湘最有特色的菜肴"腊八豆"，也是以此日所做最佳；湖湘农家甚至连一些城市居民，也于此日开始熏制腊肉。

随着国家对传统文化的重视，其中清明节已成为中华民族一个非常重要的共同的节日，扫墓、踏青等传统节目必不可少。其实清明也是一个紧贴天时、农时的一个节日，湖湘民间有"清明齐下种""清明前后，点瓜种豆"之说。意思是到了清明，天气转暖，适合所有的农作物发芽、生长，这个时候，人们就应该尊重自然规律，不违背天时，努力耕作，争取一个好收成。可见，岁时节日，与大自然经常是密不可分的，也说明中国传统文化与自然的关系。岁时节日文化，凝聚了中华民族先祖的智慧。

二、湖湘少数民族岁时节日文化

不同的民族因其文化传统不同，历史社会文化等方面的独特性，往往各自有着属于本民族的节日。湖湘少数民族岁时节日主要有六月六日"过半年"、吃新节、还盘王愿、过赶年、冬节、四月初八"姑娘斗牛节"等。

在湘西南、湘中等地，瑶族、土家族同胞有六月六日"过半年"的习俗。每年六月初六，瑶胞们每个人都喜气洋洋，穿上节日的盛装，备齐丰盛的食品，接来亲戚特别是外戚一起过节。在瑶族聚居的地方，人们有时还会举行盛大的集会。但不同民族对于这个节日有着不同的说法，民俗活动也不尽相同。瑶族相传古时有专管疟疾和发痛的两个瘟神下界传播疾病，不少瑶民染上瘟疫，死伤惨重。当人们知道瘟神要在过年之后才会回到天庭，于是人们就开始改变先前的过年要到腊月三十的习俗，而改为六月六日过年，这样就能够让瘟神早点离去，从而为人间减少许多的病痛与灾难。于是他们在六月这样的大热天赶着杀猪宰羊，用葫芦当成萝卜，刮去青皮，代替冬天才有的萝卜，又在田间遍撒石灰，如同下雪，瘟神以为过年了，便离开人间返回天庭。湘西土家族的"过半年"之来源有三种传说：其一，相传其祖先于此日从外地迁徙而来，定居湘西；其二，传说土王覃垕于此日被皇帝杀害；其三，说此日为麻麻（姑妈）节，要把出嫁了的姑妈接回来歇伏。湘西苗族相传远古神犬盘瓠与高辛帝之女结婚，生下六男六女，自相婚配，繁衍后代，成为苗族祖先，故于此日进行纪念。其实湖湘汉民族虽没有于六月初六过年的习俗，但有"六月六，晒红绿（衣服）""六月六，人洗痱子牛洗毒"的做法。只是前者更具社会性，而后者则更贴近自然、天时。

吃新节又称"吃新""尝新节"，是农家每年举行的一种庆丰收活动。各地区、各民族历史文化与传统习俗不尽相同，吃新的日子也有不一样，大致在农历六七月间新谷收获时。其用意是感谢上天与神仙的保佑以及对于先人的虔敬与追思。在"吃新"这天，人们多用苞谷或新米煮饭以敬"谷娘（谷神）"，并以鸡、鸭、鱼、酒等祭供土地和祖先。瑶族除了过尝新节外，还有更为隆重的"丰收节"，江华县一带的瑶家人称为"倒稿节"。这一节日的时间是在阴历六月十六。邵阳洞口的瑶族人家也过类似的节日，不过他们称之为"啪嘎节"，时间是农历十月初二。两者的名称虽然不同，但意思都是庆贺丰收。在过节的那天，人们忙着宰鸡、杀猪、做粑粑、酿米酒，准备各样丰盛的食物，并且把这些食物都染成红色。节日的早晨，寨子里男女老少聚集一堂，由长者主持给每户分一块猪肉和一条染红的鲜鱼，既庆贺当年的丰收，又预祝来年风调雨顺、五谷丰登。然后，老年人便走村串寨，探亲访友，男女青年则唱歌跳舞，尽情玩乐。江华县过"倒稿节"还有一项最为重要的活动——斗牛。瑶胞们吃过早饭便汇集到一处空旷的赛场。斗牛前，寨中长辈给斗牛者的头上扎上"英雄结"，并为其祝福，然后斗牛者手持棍棒与牛角斗，直至牛被斗败为止。晚上，男女青年集聚一起唱《倒稿歌》（丰收歌），有的集合在一块坪地，围着篝火唱歌；有的小伙子在心仪的姑娘门前唱"引歌"，姑娘在屋里唱"迎歌"，将小伙子迎进屋内，以瓜瓢斟满酒和土特产款待，边吃边唱，通宵达旦，洋溢着青春的气息和美好的祝福，有时还暗传着情意。

土家族还有一个特殊的习俗，那就是过"赶年"。在湖南、湖北、贵州、重庆等地聚族而居的土家人有时要过三个年，它们分别是：农历腊月二十九日（或二十八日）"过赶年"；六月二十五日过"六月年"；十月初一日过"十月年"。这三个年中最有特色的是"过赶年"，即在腊月三十除夕前一天过年。对于这样一个节日，有三种说法：其一，嘉靖年间倭寇常年骚扰我国东南沿海，为了抗击这些侵略者，湖南永顺土家族人听命于朝廷前去征讨。出发时是一年将尽之时，为了及时赶赴战场，人们提前一天过年。这样，不仅赶到了战场，而且沉重地打击了入侵的倭寇，大振了土家族人的英名。为了纪念这一具有历史意义的事件，人们就将其作为习俗而沿袭下来，以表现土家族人的卓越与英勇。其二，在很久以前，一个土家族部落遭到异族的攻击与侵略，为了抢得时间并出其不意攻击敌人，土家族人提前一天过了年。而这时，敌人却毫无防范，并没有料到攻击会在大年三十降临，结果大败而逃。其三，在民族压迫的年代，土家族人多被迫在一些汉族地主家打工。东家过年需要许多人来操办，也就不愿意土家族人回去，于是，为了既能与家人团聚，又能按照主家的要求在年节期间照常帮工，他们就提前一天回家过年。这一说法从一个侧面反映了土家族人在旧时代所遭受的剥削与压迫。这种"过赶年"的习俗至今已经持续了数百年。由于这三种说法都是将"过赶年"设定在一种严峻的情境，故旧时土家族人过年呈现一种严肃紧张的气氛。其风俗有，家中杀了年猪要藏在屋角里面用蓑衣盖住，牛羊等牲口要往山洞里赶，家门外要插上削尖的硬木标枪，将大块肉、萝卜、白菜、粉条、豆腐、猪杂等煮成一锅"合菜"当年饭，等等；天黑后，由一人手持梭镖站立门口，发现有人路过，立即上前"抓住"，请进屋内一同过年；祭祖和吃年饭每于深夜进行，用竹篝或帐子遮住，表示在营幕之中。当然，随着历史的发展变化，先前的现实性的东西都退居为形式上的东西，先前的苦难性的内涵都向娱乐性的方面演变，欢乐与愉快是所有节日的整体追求。如今，土家族"过赶年"之夜，土家族儿女们还会在聚会的禾坪上烧起篝火，男男女女围着篝火跳摆手舞，唱调年歌，跳起神秘而粗犷的"茅古斯"，甚至通宵达旦；守候在家里的土家族人则在火塘中烧着枫木树兜，围炉聊天或静坐。

在怀化通道侗族聚居的地方，还有一个传统节日，叫作冬节。这一节日一般是农历十月入冬至十一月底，具体日期不一，由各姓氏宗族、屯团村寨自己决定。有的过十月十二日、十三日，有的过十月初一日、初四日。届时，人们放鞭炮、玩龙灯、耍狮子，尽情欢乐；不分生人熟人，都可以去别人家"吃冬"，主人家必杀鸡宰鸭、备办酸鱼腌肉款待来客。

湖湘少数民族还有一些其他的特色节日，如湖南江永一带瑶族于农历四月初八日还过一个特殊的节日"姑娘斗牛节"。此活动有一个特殊的规则，那就是只有未曾出嫁的姑娘才能参加，因此又称"阿妹节""女儿节"。所谓"斗牛"，与一般的斗牛不同，不是牛与牛相斗，也不是西班牙那样人与牛相斗，没有任何血腥和暴力的场面，而是一种竞赛性的游戏活动。每逢节日来临，瑶家姑娘身着艳丽的民族服装，成群结队找一处美丽的河边或者风景优美的地方举行野餐。参加者均自带自制食物，其中三种食物必不可少，即在蛋壳上描绘了花纹图案的花蛋、用小刀刻画出各种花样的花糍粑、用蜂蜜敖干加熟米粉压块以黑白芝麻镶出各种图案的花糖。参加这个节日的姑娘们将各自带来的东西悉数拿出，让大家一起品尝、评价，相互交流技艺与经验，然后举行各种竞赛性的游艺活动。姑娘们的"斗牛"是不让男青年加入的，并且还不让他们旁观或者窥视。小伙子们往往忍不住好奇，也有小伙子想见见美丽的姑娘，就躲在附近窥探，但一旦被姑娘们发现，姑娘们就会对其进行惩罚。这种惩罚也是娱乐性的，让小伙子们捡柴、烧火、烤食品、采山花等，彼此打打闹闹，好不热闹。有的小伙子与姑娘在这一活动中可能互生爱慕，留下一段美好恋情，甚至喜结良缘。

第三节　湖湘少数民族民俗文化的演变

风俗产生和演变的规律，一般都有由野而文，由丑而美，由繁而简，由恭到亲和由俭到奢的过程，与人类社会的发展和进步相始终，湖南境内的民俗演变也具有这种规律性。由蒙昧野蛮时代进入文明时代，由原始社会进入阶级社会，由狩猎采集社会进入农业社会，由农业社会进入工业社会，由自然经济到商品经济的变革时期，恶规陋俗逐渐被革除，良风美俗、流行时尚也随之而生，这其中受到民族融合和移民运动的诸多影响。

一、先秦时期湖南少数民族与楚民族的融合

湖湘文化的初级阶段是楚文化。今湖南地区春秋战国时期的楚民族是由来自北方的楚先民与南方土著"蛮夷"诸民族融合而成的。这个长期而复杂的过程，既是楚国在政治、军事上结夷夏为一体的进程，也是在民俗文化上熔夷夏于一炉的进程。

商周时代南方庸、蜀、羌、髳、微、卢、彭、濮等少数民族（部族）都曾参加过周武王伐纣的战争。但是，周王朝政权建立以后，这些分布在江汉、洞庭一带曾经在灭商战斗中立过汗马功劳的诸"蛮"却未得到什么好处，反而成为周王室不断征讨、奴役的对象。因此，这些"蛮夷"从支持周朝建国转为对抗周朝，并成为一支强有力的反周力量。周昭王、周穆王、周宣王等都曾大肆征伐过"蛮夷"，然而，他们不仅没有建立显赫战功，有时反而被诸"蛮"打得落花流水，损兵折将，甚至断送国君性命。可见其时"蛮夷"力量之强大。

周室东迁之后，诸夏大统一、小分裂的局面已向小统一、大分裂局面转变。

周王丧失了军事盟主的实力，周公东征、昭王南征之类的赫赫壮举再没有重演。此时，从北方迁徙到江汉、洞庭一带的楚民族日益强大，楚人也用不着再为来自中原的威胁而担忧了。至于江汉地区的小国，虽然武力强悍，但彼此不相统属，偶尔组成松散的临时军事同盟，也形同乌合。只有曾国为汉阳诸姬之首，是楚人东进的主要障碍。武王末年，楚国大举讨伐曾国，迫使曾国与之订立城下之盟，从此，楚国对汉阳诸姬的影响就超过了周朝，反周向楚成为当时的潮流。楚成王三十二年（公元前640年），曾国策动汉东的小国反叛楚国，被楚国击败，曾国从此成为楚国的附庸。还有百濮、群蛮、百越等，虽部落林立，但势单力薄，更容易被楚国各个击破。西周末年，楚王熊渠已"甚得江汉间民和"，江汉间的主要部落"三苗"已归附楚国。

到了春秋时期，楚国又先后灭掉庸、濮、罗、卢等苗蛮集团六国，并征服了扬越。至此楚民族已与江汉、洞庭等地的诸"蛮"联合起来，实际上已融为一体。楚国从而成为南北联盟之"长"，得以逐鹿中原，成就霸业。可见楚民族的兴起与繁盛，其强壮的肌体里既凝聚着华夏威严而风雅的精魂，又奔流着"蛮夷"劲悍而野朴的血液。

楚民族是先秦时期（其时间为数以百年计乃至数以千年计）在芈姓氏族（来自华夏）的统领之下，由苗（"三苗"）、越、濮、巴等部族渐次融合而形成。具体到文化来说，芈姓氏族从中原带来了虞、商文化和夏文化；江汉、洞庭等地的诸"蛮"则以苗蛮文化、百越文化、夷濮文化、巴蜀文化、氐羌文化予以丰富充实，从而凝聚形成了熔华夏文化与蛮夷文化于一炉的楚文化。随着夷夏文化的相互吸纳和激荡，楚文化进入了它的生长期。楚文化的一切重大成就，都是师夷夏之长技而力求创新的结果。

楚人进入江汉平原之后，受到土著蛮夷的影响，文化面貌开始发生显著变化，据考古资料，这个变化首先体现在陶器上。大约从西周晚期到战国中期，楚人的主要烹饪器是一种高腿锥足红陶绳纹鬲，即考古学界所称的"楚式鬲"。它的基本结构和特征，同曾流行于中原地区的"殷式鬲"和"周式鬲"迥然不同，而自成体系。"殷式鬲"和"周式鬲"器体的腹足结构连为一体；而"楚式鬲"器体的腹底连接一起，空足由核心和外壳两部分构成。

体现在农业生产上，楚人向种植水稻历史悠久的南方民族学到了筑陂的技术，而且有所改进，有所创新。孙叔敖筑的期思陂，其特点是截引河水，而先前的陂大概只是积雨水或引沟水的。如《国语·吴语》记伍员说，楚灵王筑章华台，"阙为石郭，陂汉，以象帝舜。"韦昭注："舜葬九嶷，其山体水旋其丘，故雍汉水使旋石郭，以象之也。"

在精神文化方面，楚人栉蛮风，沐越雨，潜移默化，加上他们对自己的先祖作为天与地、神与人的媒介的传统没有忘怀，因而，他们的精神文化就比中原的精神文化带有较多的原始成分、自然气息、神秘意味和浪漫色彩，逐渐形成了南方的流派。楚人接受了华夏的许多理念，然而他们从楚国的实际出发，往往有所改变，有所变通。如政治思想上强调忠君和抚民，军事思想上侧重外线作战，民族思想上主张混合夷夏，都可以说是自成一家的。至于社会习尚，则有久盛不衰的巫风、崇火尚赤的习俗；艺术风格上，则追求挺拔与诡奇、清秀与缛丽的结合。一言以蔽之，就是精神文化方面的楚派与楚风。这从楚汉帛画、楚汉器物纹样（含青铜器、铁器、丝织、刺绣、木雕、竹器、漆器、料器等的样式及纹饰）、楚汉画像石等楚文化瑰宝所蕴涵的内容及其独特的风格完全可以窥见，亦可从《楚辞》中得到印证。

二、湖南楚风俗的汉化

战国后期，随着楚国的覆灭，楚民族相当多的一部分，包括诸"蛮"的一部分，逐渐被汉族所征服并融合，秦汉以后成为统一的汉族的新的有机组成部分。但是，当时逃往及后来迁徙武陵山区、雪峰山区和邻近的九嶷、五岭南北等地的苗蛮、濮越诸部族，兼及今黔东、川东、鄂西、黔川滇一带的"土著"民族，情况却相当复杂，他们大部分并未被汉族完全征服，更未被汉族所融合。如聚居于湘西的苗蛮、濮人和入湘的巴人，到秦汉时成为"武陵蛮"和"五溪蛮"的重要组成部分。他们作为楚（越）裔族而各自向着单一的民族发展，渐次形成同源异流、各有特色的本民族文化，这就是现今的苗、瑶、侗及土家、布依、伬佬等民族。

这些被迫一再迁徙的少数民族，长期居住于深山老涧，并且不断受到汉族统治阶级的追剿与敌视，处境极其艰苦，生产极其落后，同外界联系甚少，以致他们不少人"不知有汉，无论魏晋"。他们世世代代，依然按照原来的生产方式和生活方式劳作、祭祀、婚娶、饮食、装饰、娱乐，自然而然地把许许多多的楚俗乃至原始遗风较为完整地延续下来，对他们进行同化、汉化成了封建社会统治者安邦固本的一项任务。

移风易俗为大势所趋。历代的统治阶级也总以正人心、端风俗为执政教化之本。而外来文化的冲击和交融，也是湖南民俗变化发展不可忽视的原因。秦以后湖南民俗的变化过程就是汉化的过程，也是湖南作为边疆和蛮俗地区融入中华文明的变化过程。

湖南民俗的汉化可以划分为三个时期：第一期，隋代及隋以前；第二期，宋元时期；第三期，明清时期。第一期完成了洞庭湖及其周围湘江下游右岸地区的汉化。第二期完成了资水中游及其毗邻的湘江下游左岸、沅水下游的右岸地区的汉化，并奠定了沅水中上游及毗邻的资水、湘水上游的格局。第三期加深了湘南的汉化，并通过"改土归流"确定了湘西的格局。

政府推行移风易俗的文献记载始于东汉。《后汉书》记载，在湘江上游的桂阳，卫飒任太守后，"修庠序之教，设婚姻之礼，期年间邦俗从化"。武陵太守应奉任内"兴学校，举仄陋，政称变俗"。宋均到辰阳履任，针对当地"其俗少学者而信巫鬼，均为立学校。禁绝淫祀，人皆安之"。

到宋代，湖南一些地区还流行一种杀人祭鬼的恶习，甚至有个别出门在外的儒生被杀成为祭品，这是一种典型的淫祀，严重危害社会的稳定。宋仁宗、宋神宗、宋高宗等多次御批，严饬湖南各级官员全力查禁，并警告办理不力的官员，使这一野蛮恶习经过百余年的努力终于被禁绝。

对湘西地区，清朝雍乾时期实施改土归流的政策，虽然带有明显的民族压迫性质，但对苗族地区的风俗改良起到了十分重要的作用。如舅霸姑婚的风俗遭到禁止，在靖州除合款立碑外，还制定了不许舅家霸婚索诈的条款。苗族地区流行的悬棺葬、崖葬和拾骨葬，以及"初遭丧，三年不食盐"的习俗，也发生了根本性的变化，代之以相对文明的生活方式。嘉庆年间还对苗人的椎牛祭祖活动进行查禁，到乾嘉起义后，湖南苗族地区椎牛祭祖习俗虽未完全消失，但有所改变，一般已不再兴大规模的合寨公祭，而只是由各户分别举行了。咸丰、同治以后，清朝进一步实施对湘西苗族的同化政策，一再申令无论"生苗""熟苗"，一律剃发，改变服色。各地苗族的生活习俗发生了明显的变化，湘西南地区的城步、绥宁、通道、靖州等地，苗族男子的服饰与当地汉人没有什么差别，进入民国以后，女子穿裙子的越来越少，穿衣裤的越来越多。苗族男子也不再留发椎髻、不再戴耳环。据邵阳市图书馆藏抄本《五溪苗民古今生活集》，民国初年传教士陈心传记载，"今无论苗、伝，察其男子之凡与汉族接近或居处接近者，已多与汉民同""惟僻处深山而少入城市者则略异"。

第四节　湖湘服饰习俗

湖湘汉族服饰与其他地区汉人的服饰大致相同，在不同的历史时期有着不同的样式特征，时间的变异性较大，但仍然有一些传统的样式，尤其是婴幼儿服饰及死者的装殓衣（寿衣）较具特色，其中保留着许多民间俗信的成分。各少数民族的服饰则各具特色，并且有些千百年来变异性不是很大。

一、汉族服饰特色习俗

就像未离母体的胎儿还保留着人类远古进化的遗传密码一样，汉族民间服饰的历史记忆大多保留在婴幼儿的衣着，尤其是在帽子上。例如，全省各地民间都流行一种，"狗头帽"，即在帽子的两边饰有狗耳，帽子的前沿钉有"长命富贵""金玉满堂"等字样的银饰，或用五彩丝线绣上类似吉祥字样。此帽男女婴儿均可戴。俗信认为戴上这种帽子可以像狗儿一样"贱"——在民间，"贱"有一种特殊涵义，表示哪怕在最低贱艰辛的环境里都不容易夭折，从而健康成长，灵活敏捷。这是一种特殊的俗信祈福方式，如同后面还要谈到的将儿童拜寄给树木、山石为干儿女一样。类似的帽子还有"老虎帽"，是一种用彩色丝线在帽子上绣出老虎眼眶、睫毛、虎鼻、虎嘴、"王字"，并在额头左右缝上两只虎耳的虎形婴儿帽。俗信认为虎为百兽之王，婴儿戴上老虎帽，可以辟百邪、利生长。湘西汉族及侗族则有一种"罗汉帽"，即在帽檐上饰有银制的十八罗汉，认为有十八罗汉护身，鬼神均莫敢接近。此帽的两侧或后面还系有若干根银链或彩绳，末端吊有银铃、方印等具有辟邪寄寓之装饰物，小孩活动时，铃铛发出清脆悦耳的响声。

全省各地还流行一种结构极为简单的儿童连衣裤"蛤蟆衣"。此衣可用一块整布缝合而成，亦可用几块布拼缀。前胸如兜肚，后背空缺，自腰的两侧从后面往对侧的领下斜系带子，下连三角开裆短裤，利于大小便，适合三四岁以下小孩穿用。因穿上形如蛤蟆，故名。又因蛤蟆俗称"麻拐"，亦称"麻拐衣"。此服既凉爽，又能护住胸肚不致受凉，为传统夏日童装，至今仍在民间盛行不衰。汉族传统婴儿服装还有"抱裙"等。

因人死俗称"寿终正寝"，故称死后装殓所用之衣服为"寿衣"。这也是一种保持着汉民族历史记忆的服饰。约定俗成，寿衣穿单不穿双，或一条裤子两件衣，或两条裤子三件衣，余依此类推。永州地区在单数中又不穿五件和七件，俗信认为如果穿五件，将导致子孙日后五脸不笑、无情无义；穿七件则会使妻离子散；最好是穿九件。湘中地区最外层的寿衣多为唐代襜衫样式，为蓝色、大襟、斜领、领袖镶白边的长衣。此俗形成的原因，相传是当年清兵入关后，强制汉人篦（剃）发着旗装，违者立斩。汉人不服，但又无法违抗，便采取"男降女不降，生降死不降，方外（出家）之人不降"的办法对付，以示不忘记祖先是汉人，故死后不分男女均着襜衫，戴唐中冠。

旧时民间还有穿红的习俗。据说红色具有辟邪的作用，故男男女女，尤其是被认为容易受到邪害侵袭的妇女和婴儿，大多在贴身处系上红兜肚；妇女还有穿大红外衣，尤其是红棉袄的习俗。近些年来，此俗又在社会复苏和蔓延，多为女性穿红内衣和红内裤，男性穿红内裤。以致家家超市大都设有此类衣裤的专柜。由此事例可以看出传统民间俗信之生命力的顽强。此类俗信显然并无科学依据，但亦无大害，又不妨碍他人，可听之任之。

二、土家族服饰习俗

在土司制度时期，湘西土家族的男女服饰样式区别不大，一般为：头裹刺花巾帕，身穿无领大袖满襟衣和八幅罗裙；衣裙多绣花边。男女之间的差别仅仅是：男衣花边较少，女衣花边较多；男裙较短，女裙较长。男女均佩戴首饰，男人左耳戴银耳环，左腕戴玉镯，头巾一端垂右耳后齐肩。

清代"改土归流"后，由于受到汉族服饰的影响，男女服饰逐渐有别。一般男人穿无领对襟上衣，中间安 5 至 7 对布扣，称为"琵琶襟"；下穿青、蓝色加白布裤腰的镶边筒裤；头缠 7 至 9 尺的青丝帕或青布帕，包成人字形；足穿白底便鞋；劳动者不大穿袜子，冬天只缠一副青、蓝布裹脚，老人则在冬天穿一双白布袜子；佩戴各种金、银、玉质饰物。

一般女子上穿立领左襟阔袖衣，下着镶边汉式筒裤或八幅罗裙，衣裤均镶有较宽的花边并施以精美的刺绣；系围腰；头帕为精美的"西兰卡普"，缠在头上呈筒状；脚穿绣有各种花草、蝴蝶、蜜蜂等图样的绸面花鞋；劳动妇女也不穿袜子，冬天喜缠一双白布裹脚。姑娘的素装为外套黑布单褂，春秋季节多穿白衣、外套黑褂，因色似鸦鹊，称为"鸦鹊衣"，未婚少女梳辫子，已婚妇女挽髻于脑后。传统银饰有头簪、花插、项圈、手镯、耳环等。

儿童衣裤多不讲究，只是点缀些花卉图案；胸前围有花兜肚；帽子则样式很多，春季多戴紫金冠，夏季多戴圈圈帽、蛤蟆帽、凉帽，秋冬季节多戴冬瓜帽、风帽、八角帽、凤尾帽等，均以多种彩丝绣以"喜鹊闹梅""风穿牡丹"等花鸟及"长命富贵""易养成人""福禄寿喜"等字样，钉以银质"文八仙""武八仙""十八罗汉"等装饰品；脚穿"粑粑鞋""猫头鞋"，均绣五色花卉；颈项戴有项圈，上系银质响铃和"百家锁"等饰品；手脚上戴系有空心银槌、银铃等饰物的银圈。

以上均为土家族传统服饰。新中国成立后，土家人平日着装已与汉人没有多大区别，只有在喜庆节日、隆重集会或边远山村，才有展示传统民族服饰风采的机会。

三、苗族服饰习俗

经数千年的历史大迁徙，苗族形成了如今分布在湘、黔、滇、川、鄂等地与其他民族大杂处小聚居的格局，由此形成了众多的苗民族支系。就服饰样式及色调而言，可以说，苗族有多少个支系，就有多少种服饰。至今人们一直尚未弄清全国苗族的服饰类型究竟有多少。

大致而言，清代之前，湖湘地区苗族男女之间的服饰差别很小，服装的材质均为自织的彩色斑斓布；上穿大筒短袖无领满襟花衣，下着百褶裙，蓄长发，编辫子，包头帕，缠裹腿，穿船形鞋，佩戴各种银饰。清康熙年间，政府指令"服饰宜分男女"。初始男女上衣尚无多大区别，均为无领满襟，袖短而大，糸黄、红两色围腰，胸前袖口均绲边绣花，下摆及开叉处加栏杆、绣花、数纱或挖云钩。直至民国时期，男人才逐步改穿对襟衣，外套小背褂；衣袖长而小，裤脚短而大。妇女服装亦由繁变简，下装由百褶裙改为筒裤，衣裤均镶有花边。新中国成立后，不少苗胞改着汉装，尤其是男子服装与汉人几无差异。

下面看看湖湘境域内几个具体地区的苗族服饰。

湘西花垣县苗族男子均头缠布帕，雅酉一带为花帕，其他地区为青帕，帕长3至9尺，呈多层"人字形"；身穿对襟衣，袖长而小；裤筒短而大；包青色裹腿。衣料多为自织"家机布",颜色有花格、全青、全蓝等;以花格衣最具特色。妇女衣着较为复杂,衣服一律满襟,腰大而长,袖大而短,无衣领;裤短而大;腰系围裙;胸前、袖口、围裙、裤脚均绲边、绣花或排纱,并加栏杆于其间,五光十色,焯烁炫目;头帕颜色与男子相似,但包法不同,多为折叠式,由前额向后脑延伸,下小上大,成扁圆形,形似古代汉族官妇发髻。雅西一带妇女喜包花帕,包法又有区别,层层相叠,如峨冠秋菊。夏天,青年男女喜戴羊毛斗笠,脚穿麻板鞋。盛装时多佩戴各种银饰。

与许多少数民族一样,苗族没有自己的文字,故其历史文化的传承主要靠口耳相传的口述文学和日常生活中的装饰艺术图画来记录,其中尤以苗族服饰的刺绣图案中所记载的历史文化信息最为深厚丰富,并且是最能代表该民族特征的物品。湘西花垣苗族衣服绣花和银饰的题材种类繁多,样式各异。苗家女子多在少女时代就开始绣花,一生绣花的高潮期是在将要出嫁时。绉绣、散绣、堆绣为苗族特有的绣法:绉绣花纹呈浮雕状,装饰效果强烈;散绣花纹精致漂亮;堆绣则指由各色三角绫子堆绣而成,装饰效果奇特而美丽。用这三种绣饰方法制作的上衣均为盛装礼服,称为"花衣",并须钉上银饰才算最后完成,故又称"银衣"。绣花题材有寓意吉祥如意的"双凤朝阳""双狮滚球""喜鹊闹梅"等,有反映生产的"五谷丰登""六畜兴旺""瓜秧绵绵"等,有歌颂爱情的"鸳鸯戏荷""鱼水相怜""日下对歌"等。妇女佩戴的首饰也种类繁多、造型美观,有金饰、银饰、铜饰、玉饰之分,以银饰最为普遍。苗家认为银饰不仅可以辟邪,更可给人带来吉祥幸福,同时也是财富的象征,故苗家少女全身佩戴的银饰,多的可达数公斤乃至十余公斤;其种类繁多,造型奇特,工艺精致,在中国各民族中首屈一指。银饰有银帽、银盆、凤冠、耳环、项圈、手镯、戒指、牙签、扣绊、银花、银牌、披肩之别;以耳环、项圈、手镯、戒指为常戴之物。各种银饰还有不同造型,如项圈有轮圈、扁圈、盘图等,耳环有瓜子耳环、石榴耳环、梅花针耳环、圆圈耳环、龙头耳环、粑粑耳环等。苗族妇女每当出嫁、串亲、做客、赶集、节日赴会等均佩戴银饰。新中国成立后,湘西苗族服饰习俗逐渐改变,现除吉卫、补拙、雅西、排碧、排料、董马库等乡镇仍然穿苗装者居多外,其余乡镇男女青年衣着基本上与汉族没有多大区别。

比较而言,怀化靖州苗族的服饰则要简朴得多。旧时男女服饰差异不大,上衣环胸镶花边,佩以各种银饰,下穿绣花百褶裙,男女均蓄长发,挽髻或扎辫子。男穿对襟衣，以裤代裙，裹绑腿，头戴花边帕，系围自织花带，足穿绣花鞋；"青衣苗"妇女头戴绲边白帕，着右衽襟衣。青衣苗和白头苗衣着和银饰均较为简单。

四、侗族服饰习俗

唐宋以前就已有侗民定居于湖湘之地。侗族先民很早就用一种手摇纺车织布，开始了原始的纺织业，采用野麻纤维织成布匹缝制衣服。据史料载：靖州等地纺织的斑细布、白练布、白绢等在北宋时早负盛名，有的还成为贡品。服饰历来是侗民追求美的重要组成部分，也是侗族社会发展的重要标志。因各地生活习惯有所不同，侗族衣着服饰也样式各异。一般而言，湖湘侗民衣着多为青、紫、蓝、白、浅蓝等颜色；男子多穿对襟衣，女子则因地域不同而样式风格迥异。侗族女性服饰分为盛装和便装两种，盛装尤其荟萃了民族工艺的精华，具有传统的民族特色。

怀化靖州寨牙、江东、横江桥、平茶一带侗族服饰为：男子短衣长袖，老人为右衽襟衣，青年为对襟衣；长裤裤脚筒大而不盖脚面；以长青布包头。衣料多为棉质自纺自织自染的侗布，有粗纱、细纱之分，现在则用市场销售的机织布料；色为深紫、深蓝、浅蓝、黑青、白色数种。妇女穿着绚丽多姿：未婚姑娘着右衽斜襟上衣，蓝色长裤；已婚妇女穿长裙或蓝长裤。发式头饰为：未婚姑娘梳辫，戴绲边花头帕；已婚妇女挽发髻，插银簪戴项圈、耳环。与苗族杂居之地如藕团乡新街村的侗族姑娘，逢喜庆节日和传统社交活动，则用红、蓝、白三色绒线和头发缠绕织成花瓣盘头，辫上插银花、银蝶，前额垂一圈银铃，并戴银手镯、银环、银戒指等，颈项上戴大小不一之四个扁平形的银项圈，胸前佩有银盾牌，身穿斜襟花边衣。儿童一般头戴蛤蟆帽、猫头帽，帽前沿有银佛装饰，帽后吊铜钱或银铃，脚穿猫头鞋。

邵阳绥宁、城步等地侗族服装的衣料材质与前述相同，颜色或蓝或青。男子以丈余布匹缠大圆盘青包头；身着对襟衣、大管裤；脚扎青色三角绑腿，惯于赤脚；劳动、行旅喜戴竹斗篷。老年妇女多以二丈长的青丝帕缠头，称"丝包头"；身着大襟衣，衣长过臀；裤脚绲边；足裹脚布或穿布袜，布袜筒外缠二角绑腿，穿勾鼻绣花鞋。年轻女子喜戴短纱帕，衣短裤长，较少穿裙；衣边、衣袖、裤脚多镶梅条花边；冬穿绣花鞋，夏着布凉鞋；喜戴手镯、耳环。发式饰物为：未婚姑娘剪短发或结双辫；已婚妇女留长发，脑后挽髻，髻插银簪，胸前喜缚围裙，裙带多为银链或手织花带。幼儿多戴凉帽、狗头帽、瓜壳帽和罗汉帽等，颈上围一块拼花刺绣的圆形"口水搭"。

侗族首饰多为银质，除手镯、戒指等少数饰物外，大多为妇女佩戴于头颈部的项链、项圈、耳环、头花、银梳、银冠、银簪、银帽等，而以耳垂饰物最有特色：一般呈环形，如钥匙圈大小，不封口，尾部勾着雕刻精美的圆形、扁形或帽形装饰物，多用细银线弯结成果状、花状或绣球状；周围、下方吊有鱼形、桃形、扁长体、菱形、塔状的各种小饰物，上刻细小花纹。有的耳环形似竹根，上涂珐琅；或用一根细银线缠绕在环形圈上，未缠线处涂珐琅花纹。又因使用人和场合不同而有所区别：小女孩、老年妇女所戴较为简单；青年妇女戴者名为"色板"，纹饰丰富，节日盛装时还戴两三对，显示其美丽与富有。侗族男子盛装时亦戴"银帽"，并佩戴银牙签、银烟嘴、银戒指等其他饰物。儿童常佩带银帽、银锁、银项圈、银脚圈等。

五、瑶族服饰习俗

瑶族为中国南方一个比较典型的山地民族。一般认为瑶族先民是秦汉时长沙、武陵蛮的一部分，亦说源于"五溪蛮"。最初主要生活在湖南北部，后不断向周边尤其是南方的广西、云南、贵州、广东、江西、海南等省区的山区迁徙，区域分布非常广泛，形成了众多的支系，其自称有"勉""门""敏"等63种，他称有"盘瑶""过山瑶""蓝靛瑶""红头瑶""白头瑶""白裤瑶""大板瑶""平头瑶""沙瑶"等390种，新中国成立后统称为瑶族。因其支系较多、分布较广，且经历了漫长的历史演变，并各自受到不同地域民族文化的影响，生活习俗有着非常大的差异，仅仅是服装式样便多达六七十种。实际上，对不同支系的瑶民，主要从其居住习俗和服饰特征等方面进行区分。

蜡染是中国古老的民间传统纺织印染工艺，迄今已有2000多年的历史。瑶族是最早掌握纺织蜡染工艺的民族之一，至迟不晚于南朝时期，故史称此纺织印染工艺品为"瑶斑布"。至今，瑶家的衣服、被单、头巾、腰带、围裙、背袋、花布鞋等，主要材料仍是自家织染的"瑶斑布"。

湘南与湘中地区的瑶族男性服饰基本相同，唯妇女稍有差别，即湘南瑶女穿裤而湘中穿裙。一般的传统服饰为：男子穿齐领琵琶襟短衣，或右衽铜扣上衣，亦有穿交领花边衣；下穿宽脚长裤；腰缠布带；打绑腿；多蓄发盘髻，扎青头帕，头巾一般为六尺，有的长达两丈，两端绣有花边，在头的左边翘起一节二三寸长的头巾，或在头后留一节四五寸长的头巾披着；出门穿草鞋。妇女穿着样式与男子大致相同，上身为圆领花边对襟或右衽长衣；下着挑花长裤或百褶裙；扎绣花腰带、围裙和绑腿；着绣花鞋；头扎包成尖角形的青帕。未婚姑娘峨冠，冠檐高耸，上绣花鸟图案，两边缀丝绦、珠串之类。妇女喜佩戴金银饰物，臂戴铜钏；未婚则戴银手钏。男子佩腰刀。瑶族男女服装一般都用青布或蓝黑色布制作，喜用黄、蓝、绿、白、红五种颜色点缀，俗称"五色衣"，并运用绣、挑、织、染等技艺加工成各种图案花饰，其中尤以挑花最为精致。瑶族服饰的挑花构图风格独特，整幅图案均为几何纹。其头饰特点更为突出，有"龙盘"形、"A"字形、"飞燕"形等。与其他少数民族比较，瑶族的服饰显得朴实无华。新中国成立后，已有不少瑶胞改着汉装。

第五节　湖湘建筑居住文化

湖南地形是东南西三面环山而向北敞开的马蹄形盆地。一般而言，湘中盆地与周围山区及湘北湖区的民居有不同的建筑形制风格；汉民族与其他各少数民族的民居有不同的建筑形制风格；即使在同一地区，城市（镇）与农村的建筑形制风格也有一定差异。大致上，湘中盆地与湘北湖区的民居比山区的民居要讲究和开放一些。当然，士绅官商因其财力支撑和眼界的开阔，其住宅不管在何地，都比普通的民居更具有开放性，既糅杂了当地传统的地域或民族风格，又借鉴吸收了其他地域民居建筑的形制风格。例如，位于桂东县贝溪乡的官绅豪宅"聚龙居"，便集湖南、湖北、广东、广西各地民间建筑风格之大成。

一、汉族民居建筑形制及特色

湖南典型的汉族城镇民居具有造型均衡简洁、色调素净明雅的特点。多由前后两个一明一暗的三间房组成，屋体的构架采用"三间四架""五柱八棋"的形式，灵活运用吊脚楼穿斗、马头山墙等手法构成多变的形制。中间为一内院种植花木，形制较小者则成为天井，以此作为整个住宅平面布局组合的中枢。房屋的空间高大通敞，便于通风除湿。房顶覆青瓦，墙体刷白粉，其山墙多做成"马头墙"，又称"风火墙"或"封火墙"（用以封闭隔绝邻居可能发生的火灾），高出屋面，随屋顶的斜坡而呈阶梯状。

城镇一般富裕人家住宅的典型单位布局为：大门临街；门内为过堂，过堂两侧为两耳房，为仆人住房；第一进堂屋为全家活动中心，两侧是正房，为主人的卧室；第二进堂屋设有祭奉祖先的供设，两边正房是晚辈卧室；厢房放置家庭生活用物，退堂屋放置杂物；厕所设在后院隐蔽处。当然，官绅富商的花园式豪宅则又当别论，结构形制要远比此复杂。

普通的乡村农舍，则多为东西折厢式，俗称"一担柴"；与前者相较的最大区别，是没有内院或天井。韶山毛泽东的故居就是这种建筑形制的典型。湘中、湘北地区的农舍前多有一块地坪或晒谷坪；厅侧正房必有一间烤火房，冬天客人来访，多引至此屋烤火休息。该房靠窗户一侧设火炉，从屋梁上悬挂下来一通钩（亦称"火钩"），钩上挂烧水的饮壶炉罐等；炉中多烧松木劈柴，也烧树蔸、谷糠等，近时亦有烧煤者。农家夏天多在地坪或晒谷坪歇凉至夜深人静；冬天则喜欢围炉共话。

民居的建筑材料多为木、石或砖；也有以木为构架，将竹片编织并粉以草泥、石灰为墙壁者；农村财力欠缺的人家还有以泥土为砖者。更为简陋的是茅草屋，又名"寮草屋"，为贫苦人家的住宅，在旧时乡村、山区随处可见，尤以古称"五溪"之湘西、湘南等地区的少数民族聚居地最为多见。宋代朱辅《溪蛮丛笑》记载："山瑶穴居野处，虽有屋以庇风雨，不过剪茅叉木而已，名'打寮'。"最简易的茅屋仅仅以几根木料交叉搭成上尖下宽形如 A 字的木架，再以茅草覆盖便成，结构简单，矮小低窄，只有一张门供进出，其余皆封闭，没有窗户，光线阴暗。形制较大者，以杉木做屋架，以土砖、石块或竹篾编织糊泥为墙，茅草为顶，中间架木梁、木板为楼，架简易楼梯上下，厕所及猪圈羊栏另建于屋边，也有在茅屋内另头设置的。比茅草屋较好的是用杉树皮盖顶的农舍，旧时在各地的乡村、山区较为常见。杉树皮宽而长、薄而轻，质地坚韧，耐腐蚀力强，用来盖屋顶，远比茅屋要强。过去山区、乡村较为贫穷，无钱买瓦甚至无瓦可买，便用杉树皮盖屋顶，上下两层，用竹片夹住，雨雪不易透入，经久不致腐烂。

以上建筑形制虽然多见于湖湘各地汉族民居，但也见于部分地区的少数民族的民居，尤其是与汉族混杂居住的少数民族。

二、苗族传统建筑形制及特色

苗族大多数居住在山区，由于各地自然环境的差异，民居形式与习俗不尽相同。苗族村寨大多或依山顺坡，或傍水顺河，故建筑物的位置及朝向随着山势的改变和溪河的流向不定而不一，石板村道蜿蜒其间。民居样式多为木质的平地屋或"吊脚楼"，也有一些苗民垒石或垒土为屋；传统住房建筑多以茅草、树皮、石块为顶，现代则瓦房逐渐增多；但一些处于极贫困状态的苗胞还住岩棚或叉叉房（即前述之"寮草屋"）。房屋结构一般为四排三间，也有五排四间或六排五间者。柴棚、猪牛圈和厕所大多建在住房前后数十米处。不论平房或"吊脚楼"，苗家住宅的屋内一般都有"火塘"，是煮饭、烧水、就餐的地方，也是烤火和接待来客的场所。

吊脚楼是一种半干栏式建筑，是湘西南苗、侗、土家族等少数民族聚居地区最常见的民居，也是湖湘传统民居建筑样式中最为世人所倾倒的特色建筑物。吊脚楼大都依山傍水而建，即所谓"山地水居"。《楚辞·湘夫人》记载着："筑室兮水中，葺之兮荷盖。"可见这种建筑形制至少也有两千多年的悠久历史了。苗家吊脚楼用当地盛产的杉木搭建成两层楼的木构架，全部结构用卯榫嵌合，不用一颗钉子，柱子因坡就势长短不一地架立在坡上。房屋的下层不设隔墙，里面作为猪、牛的畜棚或堆放农具和杂物的处所；上层住人，分客堂和卧室，客堂中置火炉，为主要的日常生活起居及待客场所；四周向外伸出挑廊，可供主人在廊里做活和休息。廊柱大多不是落地的，以便于廊下通行无碍，起支撑作用的主要是楼板层挑出的若干横梁，廊柱辅助支撑，使挑廊稳固地悬吊在半空。这种住宅因其外形和结构特点被称为"吊脚楼"。其优点是，人住楼上通风防潮，又可防止野兽和毒蛇的侵害。

三、侗族传统建筑形制及特色

侗族的村寨也大多依山傍水，寨门边古木参天，溪流绕寨前或穿寨而过，吊脚楼廊檐相接、鳞次栉比，鹅卵石砌就的花街路盘旋其间，风雨桥横跨溪流，鼓楼耸立寨中，凉亭及鱼塘（侗家人爱吃鱼）星星点缀于寨内寨外，凉亭边多有水井，有的寨子还有寨墙，从而构成侗乡特色。

侗家吊脚楼多为三层，高的有五六层，沿等高线横向排列。一般底层架空，饲养牲畜和安置石碓等生产生活工具；楼上住人。楼上有外廊、堂屋、卧室。外廊前伸，饰以栏杆；室内中为堂屋，左为卧房，右为火塘。建筑样式多为四排三间，与苗寨吊脚楼相比，侗家吊脚楼除了火塘的位置不同外，每排还有"五柱五瓜"或"五柱七瓜"。侗家称"柱"为"母"而"瓜"为"子"，"瓜"多寓意为求多子多孙。屋面多为两面分水的悬山顶，盖杉木皮或小青瓦；前檐高称为"凰抬头"，后檐低称为"金鸡摆尾"，飞檐翘角、古朴端庄。吊脚楼前后还有晒糯禾把的高大木架——"禾晾"。

最具侗家民族特色的建筑物是鼓楼和风雨桥。鼓楼通常建于村寨之中，高两三丈甚至五六丈，有五层、九层或十一层，呈四方、六方或八方形；系木质结构，用卯榫嵌合，飞阁重檐，画栋雕梁，有宝塔之壮美和凉亭之清雅；楼中置有大鼓一面，寨中有大事则击鼓聚众来此议事。有的鼓楼还兼作戏台，供寨民开展文娱活动。风雨桥多建于村寨附近溪流之上，一般有两三个至七八个大青石砌成的桥墩，桥面铺木板、建长廊，靠长廊两边栏杆置长条木板凳，以供行人歇息或避雨；依桥的长度修有三五个桥阁，以中间的一座略高，既有桥梁之雄伟，又有楼阁之壮观。

四、土家族传统建筑形制及特色

土家族的传统民居主要有茅草屋、土砖瓦屋、木架板壁屋、吊脚楼四种类型，此外还有石板屋和岩洞。

吊脚楼是一种全木结构的干栏式建筑，为土家族最为常见的民居建筑。与苗、侗两个民族相比，其形制差异多为在住宅的两侧建环抱式吊脚楼。具体房屋样式为：一正两厢（也有一正一厢的），其厢房为吊脚楼，吊脚楼的底层也相对低矮，悬空主要是为了防潮防虫，使二层的居住间更加干燥和干净。二层住宅正中的堂屋是家庭公共活动场所，并用以供奉祖先和接待客人；神龛上有"天地君亲师"牌位，牌位两侧为祖宗及诸神之位。堂屋两旁的厢房称为人间。每一边的人间分为前后两间，前为火铺房，后为卧室或贮藏室。整座房屋的出檐很深。

土家族还有四合院式的"印子房"，多为富裕家庭所建造。其建筑物外围有高大的封火山墙，有三进、四进之别，宅内有天井、厅、房等。土家族建筑物以木板为住宅四周的围护，梁柱、木板等一般均不涂油漆，保持本色，也没有过多的装饰，仅仅用桐油刷面以防潮。

五、瑶族传统建筑形制及特色

瑶族是一个极具迁徙性传统的民族。历史上瑶族迁徙频繁，故住房非常简陋。又因其迁徙性民族特质，导致整个民族的地域分布面极为广泛，在保持其最基本之民族性格不变的基础上，经过千百年的演变，糅合了各个地域的文化，形成了许多不同的民族支系，有着相异的居住习俗。就居住形态而言，大致可以分为平地瑶和山地瑶两种类型。

山地瑶包括"山瑶"和"过山瑶"；后者又称"盘瑶"或"勉瑶"。湘南山区的"过山瑶"旧时长期生活在人烟稀少的崇山峻岭中，因经常性的迁徙俗称"过山"而得名。他们主要靠狩猎和种植为生，每到一地，便刀耕火种，并在附近狩猎，一旦地力下降、猎源枯竭，便迁徙他处；又因多信奉自然神灵，遭遇各种自然灾害如山洪、山崩、雷暴火灾等时，便认为是神灵的意志，即使原来居住地的生存条件不错，也会舍却而他迁，故其居住的房屋非常简陋，以便于舍弃。"过山瑶"或筑土而居，或修建简易的木房竹棚。所建造的房屋多为竹木结构，以木头为柱、竹片为墙，屋顶加盖茅草或竹瓦，一栋四柱三间横向排列，中为厅堂，两侧前为火塘、后为卧室，房前屋后搭有洗澡棚、猪圈牛栏、晒粮食衣物的晒楼等。新中国建立后，部分瑶民在组建的林场中定居下来，修建了砖瓦房，但仍有少数偏远山区的零散过山瑶民至今仍然保留着过山迁居的传统习俗。

平地瑶的住宅多为土木结构，形制样式与其居住地的汉族民居建筑基本相同。

六、民间建筑与居住禁忌习俗

（一）建筑禁忌习俗

湘南地区民间有"对家山"的建筑居住习俗。所谓"对家山"，即指一个村寨正前方所对之山。民间俗信"对家山"的好坏，关系到这个村子是否兴旺及能否出人才。因此在建村、建房或葬坟时，要选择"对家山"。如果对家山是一座圆石峰，便叫它"顶子山"，旧时官帽叫"顶子"，便认为会出大官。如果没有山峰而有一条河流通过，便认为会出发财的人。村子的前方越开阔，对家山距离村子越远，便认为村子里的人胸怀越宽阔，越能出大人才。现在因人口剧增，建房宅基地紧缺，往往只能见缝插针，已经无暇顾及此俗而逐渐淡化。

与"对家山"相对应的是"后龙山",这也是湖湘许多地区民间的建筑居住习俗。所谓"后龙山",指的是一个村子的背靠之山。民间俗信后龙山之形状（如龙形、凤形、虎形、牛形等）、树木之繁茂及水流之畅通，是全村总的风水之所在，关系全村是否兴旺发达和能否出人才，故非常讲究。此外，后龙山的山水及一草一木都不许乱动，以免破坏了风水，影响全村。

湖湘民间建房都讲究选择房屋的朝向。房屋多选择依山傍水、背风向阳的地方，方向宜坐北朝南，忌东西向。正如长沙汉族俗谚所说的："朝南起个屋，子孙好享福。"类似的建房朝向讲究在湖湘其他民族中也普遍存在。例如，湘西土家族俗谚云："坐北朝南屋，住到好享福。"屋的对面最忌讳有白色的山坳，认为白岩是白虎坐的地方。俗谓："不怕青龙高万丈，只怕白虎抬头望。"万不得已，就植树造林，将白岩掩蔽，或在新门大门枋上置"吞口"像，或在大门槛上钉半月形的铁片挡住白虎。瑶族建房，动土须择吉日，房屋坐向按阴阳五行择定，并先祭鲁班神，仪式十分隆重。

概而言之，无论是"对家山""后龙山"还是房屋的朝向，都是笃信风水的缘故，即要求屋前有流水，地势开阔；屋后及两侧有"龙脉"，山势左环右抱。如若仕途失意、人丁不旺或灾难频仍，便怪屋场不好，便有拆屋重建的，有数次改槽（正）门朝向的。此外，还讲求屋前屋后要有风水树，使房屋深藏不露；若古树繁茂，则认为屋场兴旺，人丁繁衍。正如俗谚所云："屋旁有大树，屋内有寿星。"

湖湘大部分地区的汉族人家在修建房屋时，有"借壁不借水"的习俗。民间盖房，为了节约建筑材料和建房用地，经过协商，可以与邻居共墙壁，但却不能共"滴水"。即各家房檐的"滴水"决不许滴入邻家的地界，必须用木枧承接后从自己家的地界流出；排水的阳沟也不能从邻家地界内经过。

阴阳五行是中国所独有之一种对宇宙生成、发展及运动规律的认识，或者说是古代人心目中的一种宇宙构成图景。它产生于先秦，发展定型于汉代，几千年来影响到中国文化的方方面面。湖湘民间建筑亦受其影响，如用青龙、白虎、朱雀、玄武分别表示东、西、南、北四方；以八卦太极图表示阴阳协调，并认为有辟邪的作用。太极图寓意生生不息，八卦亦表示方位。民居建筑所常用的类似吉祥图案，均充满着人们对邪恶的恐惧、对美的追求和对幸福的向往。

（二）居住禁忌习俗

除了城市（镇）多为杂姓混居外，旧时湖湘乡村多有聚族而居的习俗，汉族和其他少数民族都是如此。往往是同一姓氏聚族而居，不愿离开家族与异姓杂居，也不允许其他的姓氏来杂居，因此一个村寨多为一姓。这些同姓氏的村寨，多则数百户数千人，少则数十户上百人或数百人。此俗由远古血统部族之遗风及封建社会宗法血缘制度演变而成。例如，岳阳的张谷英村，祖上从明洪武年间迁来定居，几百年来聚族而居，由一对夫妻发迹，历经16代，绵延繁衍，至今已有数千人，兄弟叔侄、姑嫂妯娌都住在一起，父慈子孝，尊卑有序，相安无事，和睦亲善。该村现有5万多平方米的建筑群，最盛时有房屋1484间、厅堂237个、天井206个、巷道60条、小桥46座，形成了规模庞大的建筑群。现成为国家级文物保护单位。这种传统的居住习俗及建筑群，体现了浓厚的宗法观念。自古以来，中国就是一个以农耕为主的国家，在一家一户为生产单位的农耕社会，必然形成宗族，并相应地形成宗法思想和民俗。民居必然受宗法关系影响，具有宗法特征。其特征主要体现在：左祖右社、前堂后寝、房厢有别、尊卑有序；在农村，许多村寨都建有祠堂、牌坊等，这与慎终追远、光宗耀祖有关。一般而言，寨子大而团结固，人口多而势力强，群体凝聚力强而坚固于该宗族的发展有利，但往往容易引起村寨之间、宗族之间的械斗。然而，随着社会的发展和变迁，单一姓氏聚族而居的格局逐渐改变，广大地域仍以各民族、各姓氏混杂而居的形式更为多见，或者形成"大聚居""小杂居"的混杂格局。

此外，湖湘各地各族民间还有许多有趣的居住禁忌习俗。例如，湘西苗族有一种"迁居犁屋"的居住习俗。苗胞认为龙神即祖先，家家有龙神，保佑着一家老少之吉祥安康与家庭的富强。住房堂屋靠近火炉塘中柱下用石板盖住的小坑是龙神栖身处，该石板是绝对不允许碰撞震动的；倘若不小心或随意碰撞震动了石板，龙神受惊离去，家中必降灾难。由于各家有各家之龙神，所保佑的家人不同，因此，如果买到别家之旧宅，在迁居前务必用牛将旧宅堂屋地面犁一遍，扰动旧龙神离去。否则，别人家的龙神不去，自家的龙神就进不来。犁土时要请家境丰裕、兴旺发达、儿女满堂之人掌犁，择吉日动犁。动犁前须举行仪式。摆桌一张，上置香烛、酒肉，牛之两角挂红布一段，犁时只向里犁，谓之"犁进"，不向外犁，谓之"犁出"。犁时，上下三转、左右三次即成。犁地时焚香点烛，燃放鞭炮，响声大震，以惊动旧龙神快速离去。犁毕，扶犁者向主人盛赞吉言。嗣后，请巫师接龙安龙，请新龙神来家掌家保财。

侗族家家建有火塘，看得非常神圣。怀化新晃侗族地区有一种"赞火塘"的居住习俗。新建火塘第一次生火时，亲戚朋友们要去道喜，并赞吉言，如赞道："做的火塘四四方，三脚撑架放中央；火塘不断千年火，鼎罐不断万年粮。"

湖湘民间普遍还有"不借屋成双"的习俗。即到别人家做客或借宿的客人夫妇不能同宿一床。俗语云："宁肯借屋停丧，不肯借屋成双。"俗信借屋成双对主家不利。女儿偕女婿回娘家，亦须遵循此俗。如有特殊情况必须借屋成双者，须交佃屋钱，写佃屋字据，与主家形成事实上或形式（名义）上的租佃关系。俗谓不论钱多钱少，可以压邪。凡违禁者，要在主家的神龛上挂红，并鸣鞭炮赔礼。

第四章

湖湘饮食文化

饮食是人类基本生存的需要。随着人类社会生产力的不断发展，在人类从必然王国走向自由王国的历程中，它不断地被赋予了深厚的文化内涵，已经不只是人类生存的简单需要，更成为提高人类生活乃至生存之品质的一种必需，从而上升为一种独特的文化，发展成为一门综合了诸多社会文化内涵的艺术。湖湘饮食文化就是这一文化艺术领域中一枝怒放的奇葩。

湖湘饮食文化的内涵极为丰富，外延则契入到社会生活的各个方面，并且因地域、时代或民族的不同而展现出多彩的风貌。其中最直接、最主要的物化承载体，就是湘菜、风味小吃及各民族的特色饮食等。

第一节　湖湘饮食文化发展源流

湖湘饮食文化特色的形成，是与其独特的地理环境、社会历史与民族文化背景等分不开的。

湖南属于中亚热带地区，气候温和，四季分明，土地肥沃，雨水充沛。境域内东、南、西三面山地丘陵环绕，分别有雪峰—武陵和幕阜—罗霄山脉；中部岗丘起伏，层峦叠翠，南岳七十二峰逶迤其间；北部为平原湖泊，有滨湖平原和素有"八百里洞庭"之称的全国第二大淡水湖——洞庭湖；有大小五千余条河川，大都汇经湘、资、沅、澧四水而注入洞庭湖。湖南在夏、商时期地属天下九州之荆州；春秋战国时期为楚国属地；自秦王朝建立，便出现独立的长沙郡和黔中郡；后来虽屡有改置，但始终是一个独立的地理行政区划。境内民族构成复杂，除后来形成的汉民族外，还有古称"古越""苗蛮""五陵蛮"等诸多的少数民族。这一独特的地理、历史、民族等文化因子，共同构成了湖湘饮食文化形成的社会历史文化背景。

一、丰富多样的湖湘饮食物产资源

得天独厚的地理气候条件，使湖南物产极为丰富。山区盛产竹笋、蕈、蕨等山珍和动物野味，江河湖泊盛产鱼、虾、龟、鳖、螺、蚌等水产和野鸭等水禽（这里只谈传统物产及饮食文化，与现今对野生动物的保护无关），平原盛产稻粱菜蔬等丰富的食用植物，星罗棋布的大小塘坝大都种有湖南的特产湘莲湖藕，等等，真可谓"物华天宝"、无所不有。

经 1993 年、1995 年和 2004 年的多次考古发掘，在湖南永州道县玉蟾岩的新石器时代遗址中发现了迄今世界上最早的古栽培稻，经北京大学碳—14 实验室及美国哈佛大学人类学系先后用质谱加速器测定，已经能够确定这些稻谷距今至少约有 12000 年至 14000 年；同时，在洞庭湖平原的一些地区如澧县的彭头山、城头山等处，也陆续发现了距今 9000 年和 6000 年以前的大量稻谷及稻田遗址。这些古稻作遗存分布广泛，性状特征不同，显示出并非直线性的起源—发展，而是多源头的产生，展现了湖南地区物产资源的广泛性、多样性与丰富性构成，也证明湖南是世界稻作文明的发源地之一。

在发现古栽培稻的玉蟾岩新石器时代遗址中，同时还出土了大量的动植物化石。这些动物化石大致可以分为哺乳类、鸟禽类、鱼类、龟鳖类、螺蚌类、昆虫类等。经鉴定，其中哺乳动物有 28 个种属；鸟禽类动物有 27 个种属，其中水栖禽类有 18 种；鱼类有鲤鱼、草鱼、青鱼、鳗鱼等，今天四大家鱼中的三种已经位列其中；龟鳖类有鳖、隐颈龟等；螺蚌的种类为数众多，蚌类有 7 种，螺类有 26 种以上。可以鉴定的植物有 17 个种类。由此可见湖南食用物产资源之丰富，并表明湖湘的先民已经在充分地利用这些物产资源。

湖南的畜牧养殖业也历史悠久、十分发达，著名的传统畜牧养殖禽畜有武陵马头羊、武雪山羊、浏阳黑山羊、涟源黑山羊、湘潭沙子岭猪、宜章猪、桃源黑猪、浦源坪猪、黔邵花猪、长沙大围子猪、宁乡流沙河花猪、溆浦龙潭猪、东安猪、新晃凉伞猪、绥宁东山猪、泸溪浦市猪、湘西黄牛、滨湖水牛、雪峰乌骨鸡、湘黄鸡、桃源鸡、新邵小塘驼鸭、攸县麻鸭、临武鸭、鼎城湖鸭、宁乡灰汤鸭、道州灰鹅、武冈铜鹅、溆浦鹅、酃县（今炎陵县）白鹅等，无不历史悠久，品质优良。

远在周代，湖南就以"其畜宜鸟兽，其谷宜稻"（《周礼·职方氏》）著称于世。汉代以降，这一物产特征更为史家所普遍认同。如《史记·货殖列传》记载："楚地饭稻羹鱼，果隋蠃蛤，不待贾而足。"《汉书·地理志》记载："荆州……谷宜稻，楚地民食鱼稻，果聚蠃蛤，食物常足。"后来更以"湖广熟，天下足"的美誉闻名遐迩。

湖南稻谷不只是产量高而且品质佳，自古就是贡米的出产地，江永"三香"之一的香稻有煮之"香闻十里"的美誉，可见一斑。由于湖南出产的农产品质优味美，许多自古就成为贡品。例如著名的"长沙鳖"（又名"洞庭鳖""九肋鳖"等）在周代就是贡品；使湖南享有"芙蓉国"之称的湘莲自汉唐以降也都不断输入宫中，等等。这些物产资源，都为饮食制作提供了极为丰富的原材料。

许多湘菜及风味小吃中的珍肴美味，都是利用这些特产动植物制作烹饪出来的；一些著名的特产禽畜，大都与某种特定的传统名菜佳肴联系在一起。例如，岳阳风味佳肴洞庭肥鱼肚的原料，就是洞庭湖特产肥坨黄鲟鱼的鳔；富有诗意的湘菜名品"蝴蝶漂海"，是用湖南特产的才鱼（乌鱼）制作而成的；腊味合蒸的原材料腊鱼、腊肉、腊鸡、腊鸭等，都是湖湘民间传统熏制的家常食物；宜章猪在历史上曾经供应广东作烤乳猪的材料，以肉质细嫩、风味独特而供不应求；宁乡花猪以其品质优良而受到联合国粮农组织的考察及高度评价，1982 年国家标准总局还专门制定了《宁乡猪标准》作为国家标准；湘菜名肴桃源铜锤鸡，就是以桃源特产的桃源鸡为主要原料烹制而成的；湖湘特产营养保健珍肴宁乡汤鸭，就是用宁乡灰汤鸭腌制的。许多名菜佳肴还带有浓郁的地域特征，例如，代表山区特色风味的有"熏烤腊全席"，代表湖区特色风味的有"巴陵（岳阳）全鱼席"等。

二、湖湘饮食文化发展源流

由于缺乏直接的考古资料和文献记载，远古至商周时期湖湘饮食文化的发展状况，只能从当时其他一些相关的考古材料如饮馔器具中窥其一斑。

在上述玉蟾岩及其他新石器遗址中，发现了大量制作精美的陶制食器和酒器等，如玉蟾岩遗址出土的陶釜、宁乡汤家岗一批新石器墓葬中出土的印纹白陶盘、印纹白衣红陶盘、指甲纹红陶盘、蓖点纹褐陶碗等，表明远在新石器时期，湖南的先民就已经懂得对食物进行简单的制作烹饪加工。

商周时期，先民们对食物的制作加工已经日趋进步，这也反映在出土的青铜祭祀及饮食器具上。例如，在湖南的湘江、沅水、澧水流域及洞庭湖湖滨等地的商周遗址中，出土了许多造型奇特、制作精美的青铜餐宴祭祀器具，其中商代有四羊方尊、人面纹方鼎、象尊、豕（猪）尊、牛尊、牺首兽面纹方尊、"旅文甲"尊、牺首兽面纹圆尊、"戈"卣、鸟纹兽面纹铜尊、兽面纹提梁卣、号鸟卣等，西周青铜有觯和爵等。在春秋战国时期的墓葬中，这类出土饮食器具的形制、种类更加丰富多彩，如动物纹提梁卣、桑蚕纹尊、龙耳尊缶、蹄足敦、云纹铜尊、勾连云纹铜豆等，以及大量出土的该时期的陶制食器。对于"食不厌精，脍不厌细"的奴隶主贵族来说，精美的烹调饮食器具中必然盛装着与此相匹配的精美食品，这表明当时也必然有着与此相应的较为先进食物烹饪技术的存在。

从湘菜历史发展的谱系归宿来看，在先秦之前，应该属于荆楚菜系的支系；秦汉之全国统一后，郡县（州郡）行政区划的确立，使湖南作为一个政治、经济、文化的独立地区逐渐定型，湖南地区菜肴烹饪技术的发展，也与之亦步亦趋而从荆楚菜系统中独立出来，并逐渐发展成为具有独立风格品味的荆湘菜。

粗具雏形的楚地菜肴烹调技术大致形成于商周时期。战国时期，流放到湖南的爱国主义诗人屈原，就在他所撰写的歌辞中生动描绘了湘人祈天地、祀鬼神、祭先祖、宴宾客以及家庭婚丧嫁娶的诸多场合，其中记载了许多湖湘的美味佳肴和讲究五味烹调的方法。例如，在《楚辞·招魂》（关于此辞的作者，史家或谓为屈原，或谓为宋玉，这里不予讨论，即使是宋玉，其"招魂"也应该与屈原投江之沅湘地域有关）中，就留下了当时祭祀飨宴的详细记载："室家遂宗，食多方些。稻粢稖麦，挐黄粱些。大苦咸酸，辛甘行些。肥牛之腱，臑若芳些。和酸若苦，陈吴羹些。腼鳖炮羔，有柘浆些。鹄酸臇凫，煎鸿鸧些。露鸡臛蠵，厉而不爽些。粔籹蜜饵，有餦餭些。瑶浆蜜勺，实羽觞些。挫糟冻饮，酎清凉些。华酌既陈，有琼浆些。归来反故室，敬而无妨些。肴羞（馐）未通……"这里所谓"食多方些"，指的是食品的多种多样。其中食用的粮食有"稻""粢"（稷，谷子）"稖"（早熟的麦子）、"麦""粱"（粟，小米，似粟而大，米之精者）等；禽畜菜蔬有"牛""鳖""蠵"（大龟）、"羊羔""鹄"（又名黄鹄，即天鹅）"凫"（野鸭）"鸿"（大雁）"鸧"（麇鸧，一种水鸟，形似鹤，体苍青灰色）"鸡"等；已经出现了"臑""腼"（"臑""腼"可通，均为煮，前者多指熬煮肉羹，后者为一般的煮）、"炮"（将食物包裹后再行烧烤）、"煎"（用少量的油将食物烤熟）、"臇"（煨煮而成少汁的羹）、"露"（曝露风吹；"露鸡"，以盐渍后的鸡曝露于露天而风干之鸡，即今日的所谓"风鸡"）等炮制烹调方法；知道用冷冻方法来丰富食物的味道，如将酿制的美酒冰镇冷冻、压榨滤渣后饮用（"挫糟冻饮，酎清凉些"："挫"，冷冻；"冻"，冰镇；"糟"，酒渣，这里指压榨去酒渣，以取酒之清醇。经过这样处理的美酒，将更加清醇凉爽适口）；知道了用苦（大苦）、咸

（"鹹"，盐）、酸（"酸酢"，即醋）、辛（辛辣之椒、姜等）、甘甜（"甘"，以饴糖调味；甜，"柘浆"，甘蔗之浆，"柘"，甘蔗）、蜜（"蜜勺"："蜜"，蜂蜜；"勺"，通酌。"瑶浆"，赤色之酒。"瑶浆蜜勺"，谓以蜂蜜来调制美酒）等调味品来和合调味以使食物具有芳香清爽、五味俱全（辛辣、咸、酸、甜、苦）的可口味道；所制作的食品有"粔籹蜜饵"（蜜制糕点。"粔籹"，圆环状的油煎米粉饼；"蜜饵"，蜂蜜和米粉。"粔籹蜜饵"，以蜜和米粉来制作米粉饼）、"餦餭"（饴糖，用以涂抹在煎饼上）、"羹"（羹汤。"和酸若苦，陈吴羹些"，调制出具有吴国酸苦之风味的羹汤。值得指出的是，这里所谓"吴羹"，并非指从吴国流传过来，只是与该国之风味相同而已，因为酸苦本来就是荆湘传统食物菜肴的特色风味之一）、"肥牛之腱"（炖煮熟烂的肥牛筋头腱子肉。腱子肉为动物身体之最细嫩的肉，可见当时选料之精）、清炖甲鱼、火烤羊羔、醋熘天鹅、油煎大雁灰鸽、风鸡、清汤大龟等；此外，还以琼浆美酒浅酌慢饮以佐餐。可见当时的烹饪技艺和品尝水平已经相当成熟。

在屈原所撰写的诗歌中，还有"五谷""稻""糗"（干饭屑。见《九章》）、"糈"（精制大米，见《离骚》）、"粱"（精粟米。见《大招》）、"苴莼"（《大招》："脍苴莼只"，脍炙的猪肉或者狗肉再用荷叶来调香）、"甘鸡"（以肥鸡之肉和以酢酪发酵而成，其味清烈，有人认为就是今日之所谓"糟鸡"。见《大招》）、"鸽""鸹"（鸽鸹，一种水鸟。见《大招》）、"菹醢"（肉酱。见《离骚》）、"脂"（动物油脂。见《卜居》）、"桂酒"（肉桂所浸之酒。见《九歌》）、"醴"（酒）、"椒浆"（以花椒浸于浆中。见《九歌》）、"糵"（发芽之麦所磨之面；或指酒面。见《大招》）、"酪"（《大招》："和楚酪只。"这里指的是楚地特色的酢肉，即酸肉）、"蕙肴"（《大招》："蕙肴蒸兮兰籍。"蕙草蒸肉）、"黏鹑"（鹌鹑羹。见《大招》）等粮食、食品及菜肴。其中最值得注意的是"桂酒""椒浆""苴莼"和"酸肉"、"甘鸡"等。

湖湘盛产莲荷，用荷叶的清香调制食品，是湖湘民间的传统，常见的有荷叶粉蒸肉、荷叶包裹烧烤的禽类（如叫花鸡等）、荷叶蒸饭等。酸肉〔进而扩充到酸鱼、酸鸟肉（即瑶族、苗族等少数民族最喜爱吃的"鸟酢"）等〕、糟鸡（以酒曲或者酒糟腌制的鸡，进而扩充到糟肉、糟鱼等）更是湖湘民间，尤其是少数民族最常制作最爱吃的特色风味佳肴。"桂酒""椒浆"也是湖湘民间的传统岁时饮品，如六朝时期梁朝宗懔撰写的《荆楚岁时记》中记载说："正月一日……进椒柏酒，饮桃汤，进屠苏酒、胶牙饧，下五辛盘……"这一风俗绵延至今。此外，宗懔所记载的"五辛盘"及前述辛辣、咸、酸、甜、苦之五味的记载，表明湖湘人嗜好辛辣、咸、酸、苦之味的饮食习惯远在先秦时期就已经产生并形成传统；《招魂》所记载的"露鸡"（风腌鸡，包括风腌鸭、风腌肉等）更是至今还在湖湘民间流传制作的传统特色肉制品，并进行商业性的生产。这些都可以看出，湖湘特色食品和湘菜的源远流长、一脉相承。

到西汉时期，湘菜的烹调技术渐趋成熟，已经完全从附庸于楚菜中分离出来，形成自身独立的品味风格。1974年，长沙马王堆西汉古墓中出土了一批随葬的动物骨骼（为动物性食品的骨骼遗留物）和一套竹简菜谱，以及许多烹调器皿，其中作为食物的动物有马、牛、羊、猪、狗、兔、鸡、雁、雀、鹤等，植物有稻、麦、豆、瓜、笋、藕、芋、芹、果等。烹制的方法已经有蒸、煎、炒、煨、烧、炸、腊等十多种。竹简所记录的菜品则有一百余种之多，十分丰富。今天湘菜的一些传统烹饪方法，大都是从此继承发展而来。

后来又经晋（以及六朝之南朝的宋、齐、梁、陈）、隋、唐、五代、宋、元、明、清、民国各代漫长岁月的发展，湘菜的烹调技术不断创新，菜式品种更加丰富，逐渐完善而展现出今日所见之独具一格的风貌。

湘菜发展的全盛时期是明、清两代，这是与当时社会经济，尤其是城市经济文化的发展分不开的。制作精致的菜肴，必须具有一定的经济实力和物质条件，当然还要有食客品尝的闲情雅致，而这只有在达官贵族的家庭才能具备，一般民众只可能在家常菜色上花样翻新，因此，湘菜品味质量的高度发展、烹饪技术的长足发展，是在富裕之家以及官宦衙门中兴起的。例如，官府衙门有着对京城大臣及官宦要员迎来送往的需要，商人贾客的贸易交往以及士大夫文士之间的唱酬往来也常常要以饮宴的形式来联络感情，身处湖湘，当然必须用具有湖湘地方风味的特色菜肴款待，这就在客观上有力地推动了湖湘饮食文化的发展。食客对湘菜品质的高水平要求，以及社会对湘菜烹饪专业人才的大量需求，促使人们注意到对湘菜烹饪专业人才——湘菜厨师的培养。最早的湘菜厨师大都是从官衙贵族的内厨中培养出来的。不久，这些厨师便携带着他们所掌握的烹饪技术和所熟知的湘菜菜品走向了社会、走向了民间，从而推动了整个社会湘菜制作品质的飞跃提升。

长沙作为湖南的首府，湘菜的发展状况尤其具有代表性。例如，在清代中叶，长沙城内陆续出现了对外营业的菜馆。这些菜馆分为"轩帮"和"堂帮"两种。轩帮有长盛轩、紫云轩及聚南珍等数家，他们专营菜担，出挑民家，承制酒宴；堂帮有旨阶堂、式谦堂、先垣堂、菜香堂、嘉宾乐、馤香居、庆星园、同春园、六香园、菜根香等十家，人称"十柱"，以经营堂菜为主。随着社会政治、经济、文化、交通的不断发展，南来北往的官宦商贾、文人墨客日益增多，有需求便有发展，堂帮菜馆的生意日益兴隆。更多的湘菜堂馆便应运而生，接着，堂帮又陆续开设了天居乐、天然台、玉楼东（初名"玉楼春"，1920 年改名）、挹爽楼、曲园、谯琼园、登瀛台、裕湘阁等菜馆酒家。到清代末叶，堂帮的经营范围越来越广，从业人员也越来越多，一些商贾和官衙的厨师相继开设菜馆，各自以拿手的招牌菜招揽生意、招徕食客。这些人员的素质和眼界远较市井普通的饮食从业者为高，便组织同业人员筹集资金，在长沙城内的永庆街兴建了厨业祖师的庙宇——詹王宫，作为结帮聚会的场所。在经常的聚会中，他们不断相互切磋烹饪技艺，收徒传艺，研制出一些特色名菜，也经研讨而初步形成了湘菜的烹饪技术理论。这些，都在客观上促进了湘菜品质的提高和饮馔业的发展。

湘菜走出湖南，约在晚清时期。太平天国起义促使湘军出现，大批的湘籍官宦遍布全国，尤其是江浙一带社会经济发达的地区，他们随行的厨师将湘菜带到了其所至之处，使湘菜的盛名远播他乡；同时，他们也相应地吸收了其他地区菜肴的烹制技艺，更加丰富了湘菜的内涵和品味。这些厨师，有些后来便留在当地，继续开设湘菜菜馆酒家；有些则回到湖南，将其他菜系的美味佳肴、烹饪技巧及其优秀的文化内涵反馈到家乡，促进了湘菜的进一步发展。

湘菜作为一大菜系的成名，还是在 20 世纪的前半期。抗战期间，1938 年长沙"文夕"大火，1944 年长沙沦陷，一些餐饮从业人员迁往重庆、贵阳、云南等地，开设了曲园、潇湘、盟华园等湘菜馆，既服务于迁徙他乡的湘籍人士，又使当地的食客品尝到了正宗湖湘风味的菜肴，张扬了湖湘的饮食文化，致使湘菜闻名遐迩。抗战胜利后，部分湘菜名馆的厨师纷纷返乡，重振家业，迅速将湖南的餐饮行业恢复起来。与此同时，为了开拓湘菜的市场，也是因应湘籍在外人士和非湘籍人士对湘菜的品尝需求，有些从业人员来到南京、上海、北京等大城市，先后开设了曲园、新曲园、奇珍阁、潇湘等酒家菜馆。由于湘菜风味独特，食客趋之若鹜，以致门庭若市，湘菜声誉大振，驰名全国，俨然成为八大地方特色菜系之一。

湘菜烹饪技术的迅速发展，导致大师辈出，各种流派的菜式争奇斗艳，异彩纷呈，民国早年著名的流派有戴（明扬）派、盛（善斋）派、萧（麓松）派和以湖南军阀谭延闿（字组庵）的家厨曹敬臣创立的"组庵派"等。这些流派各擅其长，其中戴派博采众长，稳健充实，集湘菜之大成；盛派改革宴席餐具，率先采用长筷、大盘，使桌面的气势更为舒朗美观；萧派不泥古，着意创新；组庵派则以雄厚的经济实力和宽裕的时间精力（作为家厨，不必将过多的时间精力应付在门市的堂菜上）为后盾，广纳天下奇珍，别出心裁地推陈出新，研制出一个又一个品味全新的名菜佳肴来。

1949 年以后，湘菜也传到了中国台湾。在台湾省的大、中城市，基本上都有湘菜馆，例如彭园酒家，就是其中较为著名的一家。远在他乡品尝到家乡的风味菜肴，一种家乡的泥土气息扑面而来，那种亲情感受，真是难以言说。正是如此，世界上凡是有华人的地方就必定有湘人，凡是有湘人的地方就必定有湘菜馆，湘菜随着湘人的足迹遍布世界的每一个角落，既维系着远赴他乡的游子的心，也弘扬了湖湘的优秀文化。

第二节　湘菜的三大流派及其特色

湘菜又名湖南菜，因湖南简称"湘"，故名。湘菜以其独特的文化底蕴和品味风格闻名于世，与京菜、津菜、苏菜、辽菜、粤菜、川菜、鲁菜齐名，为中国著名的八大菜系之一。根据地域、物产与风格特色，湘菜菜系大致可分为湘江流域、洞庭湖区及湘西山区三大流派。

一、湘江流域湘菜流派及其风味特色

湘江流域以长沙、湘潭、衡阳为中心，长沙为代表。这一地区因政治、经济、文化相对发达，加之交通便畅，物产富饶，饮馔业较为发达，厨师中大师辈出，湘菜中的特色酒宴大菜，大都出自这一地域派系中。

这一派系的特点是用料广泛，制作精细，特别注重刀功火候，所烹制的菜肴浓淡分明，色彩清晰；烹饪常用煨、炖、腊、蒸、炒、熘、烤、爆等方法；品味则多以酸辣、软嫩、香鲜、清淡、浓香为主。代表性的菜肴有"火方银鱼""松鼠桂（鳜）鱼""瑶柱蒜球""麻辣子鸡""鸭掌汤泡肚""炒细牛百叶""红煨鲍鱼""清炖牛肉""酱汁肘子"等。如创制于清代同治年间的"麻辣子鸡"，以湖南特产的嫩子鸡为原料，加上多种调料烹制而成，菜品色泽红亮，具有麻辣香鲜、外焦内嫩的独特风味，为佐餐下酒之佳肴。"鸭掌汤泡肚"（又名"口蘑汤泡肚"）以猪肚尖和鸭掌为主料，以口蘑、豆苗为配料，用多种调料精心烹制而成，菜品肚尖脆嫩，汤清鲜美。这两种菜肴以长沙百年老店玉楼东烹制的最为有名，至今长沙还传诵着"麻辣子鸡汤泡肚，令人常忆玉楼东"的民谣。"红煨鲍鱼"以水发干鲍鱼为主料，肥母鸡肉、猪五花肉、小白菜苞为配料，用多种调料精心炮制，菜品香酥浓厚，味道鲜美，为宴会大菜之一；此菜素为长沙传统湘菜，而以 20 世纪 20 年代长沙名厨宋善斋（潇湘酒家创始人）所烹制的风味最佳而闻名遐迩。"炒细牛百叶"制作精细，切配讲究，细如发丝，白似银线，色泽鲜艳，品味香辣、脆嫩、微酸，极为爽口，常食不厌，为湖湘独具一格的风味菜肴；此菜与"红烧蹄筋"和"牛脑髓"并称"牛中三杰"，均为长沙百年清真老店"李合盛"酒家的当家名肴。"火方银鱼"以民国初年长沙享誉最盛的名厨萧荣华最擅制作；萧荣华在长沙理向街（后蔡锷中路奇峰阁酒家所在地）开设飞羽觞酒楼，因店堂雅致、菜肴味美而生意兴隆；当时湖南省省长赵恒惕办省宪，竞选省议员者，无不竞相在此酒家订座、请客拉票，人人都以品尝到萧荣华亲手烹制的"火方银鱼""锅巴海参""奶汤蹄筋""鲜花菇无黄蛋"等名菜为最佳口福。"松鼠桂（鳜）鱼"为长沙走马楼曲园厨师陈胖子（佚其名）的拿手菜目之一；陈氏为萧荣华的得意门人，尽得其衣钵之传且有发展，除擅长萧荣华传承的诸多菜品外，最拿手的就是"瑶柱蒜球"和"松鼠桂（鳜）鱼"；这两种菜肴现在都成了湖湘各宾馆酒家的当家菜目。

在湘菜名肴中，有史可查最早见诸文献记载的菜目是"东安子鸡"，远在唐代玄宗开元年间（约 712—741），湖南东安人就开始烹制极有特色的东安鸡——"醋鸡"，至今已有将近 1300 年的历史，后在清末民初引入长沙，经官宦食客的张扬，成为酒宴名肴。此菜造型美观，色泽鲜艳，营养丰富，具有香、甜、酸、辣、脆、嫩六大特点，令人闻之生津，食之不厌，故湖湘各地酒家菜馆纷纷效法烹制此菜以应市，并逐步流传到国内外，以其独具一格的风味久负盛名，成为湘菜的风味当家菜目之一。

在湘江流域的湘菜流派中，属于传统佛教斋食系列的南岳素食亦因其独具特色而闻名遐迩。南岳衡山为中国佛教圣地之一，历代各寺庙对素食的制作格外讲究，其原料均为野生或者种植的植物瓜菜以及经过加工的豆类制品等，有些还仿制成鸡、鱼、肉、蛋等形状，办成与荤食同名的酒席，其形色几可以假乱真，为湘菜增添异彩。南岳素食形成系列的名品有："一品香"（单盘素菜）、"二度梅"（"梅""霉"同音，霉豆与腐乳）、"三鲜汤"（取时令三种鲜菜开汤）、"四季青"（四种不同时令青菜）、"五灯（炖）会"（五种炖品，佛教典籍中有《五灯会元》一书，此菜即以该书命名）、"六子连"（通常指烧茄子、炒笋子、炖菌子、油辣子、藕丸子等）、"七层楼"（假肉、丸子、馒头、子面筋、菜心、玉兰片、香菇等七种菜层叠而成，有如家常荤菜中的"全家福"或"狮子头"）、"八大碗"（八种素菜仿荤成席）、"九如意"（按不同时令、客人多寡配菜，使食者如愿满意）、"十样景"。其中以"十样景"为南岳素菜的代表作。"十样景"有两种：其一为"十景素烩"，由玉兰片、红萝卜、白萝卜、百合、白菜心、香菇、荸荠、马铃薯、豆笋皮、子面筋等烩焖而成，有的还雕成各种花形，素雅美观；其二为"大十样景"，有海生植物海带、紫菜及珍珠米、油捆鸡（素面筋制作）、油豆笋、冰糖湘莲、十景素烩、七层楼、八宝饭、烤菇汤与青菜等。

南岳素菜系列中的另一种地方传统名特风味佳肴是"南岳观音笋"。南岳山高多竹，山上寺庙宫观僧道多素食，对竹笋菜肴的制作甚为讲究，煎、炒、腌、煮，花样纷呈。其最具特色者为油笋，俗传观音娘娘生日（农历二月十九日）的前后，采摘山间一种鲜嫩肥壮小笋制成，故名。其制法为：将新鲜小笋去壳洗净，稍煮，取出晒干，置茶油内浸泡贮存，时愈久，质愈佳，味愈香。成品呈条状，形似凤尾，色泽淡黄油亮，肉质细嫩，松脆爽口，富有奇香。食时取出，略加盐椒，味美无比。也有用盐水煮过、几晒几蒸，入坛收贮之盐水小笋，亦别有风味。还有称"满缸笋子"者，于竹笋破土时，用缸罩住，压上石头，待其他竹笋新叶长出时，即笋长满缸，色白嫩甜，可作笋片炒食；又可将笋煮熟，捣成笋泥，掺入配料，制成笋饼、笋块等，均各有风味。唐代诗人李商隐有《初食笋呈座中》诗，述及食笋后的美妙感受："嫩箨香苞初出林，于陵论价重如金。皇都陆海应无数，忍剪凌云一片心。"

二、洞庭湖区湘菜流派及其风味特色

洞庭湖区以常德、益阳、岳阳等地为中心，素称"鱼米之乡"，水产品资源特别丰富。唐代诗人李商隐《洞庭鱼》一诗咏叹到："洞庭鱼可拾，不假更垂罾。

闹若雨前蚁，多于秋后蝇。岂思鳞作簟，仍计腹为灯。浩荡天池路，翱翔欲化鹏。"水产资源的丰富，导致这些地区的鱼馔源远流长，民间以鱼待客蔚为风俗，故以烹制家（水）禽、野味、河（湖）鲜最为拿手。以致方志中留下了"湖湘间宾客燕集，供鱼清羹"（见《岳州府志》）的记载，民间也素有"无鱼不成席"的俗谚。

全鱼入馔古称"屠龙之技"，三国时期，就有吴国专诸在太湖从太和公学习"全鱼炙"。唐代诗人杜甫曾有"青青竹笋迎船出，日日江鱼入馔来"的诗句，对鱼馔倍加赞赏。宋代文豪苏轼（苏东坡）亦经常亲自"煮鱼羹以待客，客未尝不称善"。这些人文历史文化的熏染，无疑促进了湖湘鱼馔的发展，并进一步丰富了其深厚的内涵。

滨湖菜肴的烹制惯用炖、烧、腊、煨、蒸、氽（烫）的方法；菜品往往色重、芡大、油厚，口感则以咸辣香软为主。代表性的菜肴有"潇湘五元龟""武陵水鱼（甲鱼）裙腿""洞庭野鸭""莲蓬虾茸""青龙戏珠""蝴蝶漂海"等。其中最有特色的是"蝴蝶漂海"。

"蝴蝶漂海"又名"才鱼漂海"，是岳阳传统的大众化名肴。氽片涮食之法原出于洞庭渔家，后因其风味独特，给人以美的享受，而成为"巴陵全鱼席"上不可缺少的一道佳肴。此菜是由炖钵烹煮鱼鲜的民间传统演变发展而来的。洞庭湖区历来有用七星炉（民间俗称"蒸钵炉子"）烹煮鱼鲜的习惯，常常一家人或者亲朋好友围坐炉旁，边吃、边煮、边下料、边饮酒、边聊天，亲情友谊伴随着熊熊炉火、腾腾热气而加深。当地为此还有"不愿皇宫当驸马，只要炖钵炉子咕咕嘎"的民谣。菜馆酒楼煮制此菜则多用火锅。此菜主料为洞庭湖特产的才鱼（又名"乌鱼""黑鱼"），剔除皮、内脏、鳍、刺、头、骨，留下身段的纯肉，采用横刀法切成薄片，鱼片便自然形成蝴蝶状；再将所剔除之皮、头、骨、刺等煨汤，然后取精汤入炖钵，再放入豆芽（或菠菜）、香菇、火腿片、银鱼等及姜末、酱油、精盐、味精、香油、葱花、辣椒等调味品，置小火炉上煮沸，将生鱼片从一边投入，稍涮后再从另一边迅速捞出，好似蝴蝶双双漂洋过海，故名。菜名风雅别致，汤清肉白，鲜嫩无比，为席上佳珍，冬令美食，既是当地人日常食用的传统小吃，亦为游客来岳阳之必尝的风味菜肴。

最能够全面地反映湖区水乡特色的菜肴是"全鱼席"。相传清代乾隆皇帝游江南时，路经岳阳，品尝了巴陵（岳阳古称）民间厨师以鱼为主要原料烹制的宴席后，赞不绝口，故赐名"巴陵全鱼席"。"全鱼席"系采用洞庭湖出产的各种鱼类湖鲜精心搭配烹制而成，备选的菜式有九十余种，一般精选十至二十道菜肴组成，代表性的菜品有"酱蒸糙鱼""红煨龟鱼（君山金龟）""藕丝银鱼""葱煎鳊鱼""瓦块鲤鱼""香酥鲫鱼""冰冻鱼胶（水晶鱼冻）""黄焖鲩鱼""油炸青鱼""清炖鳅鱼（泥鳅）""蘑菇鳝鱼""清蒸（全）水鱼（鳖）""竹筒蒸鱼（翠竹粉蒸糁糙鱼）""金鱼戏莲（象形拼盘）""五彩鱼松""银针鸡汁鱼片""青豆虾仁""鸡茸糙鱼肚""麻辣鱼脆""鱼脂湘莲甜泥""冬笋鱼夹""荷花鲜鱼唇""鱼面银丝卷"（点心）等。还有"一鱼五吃"，即熘鱼片、烧鱼丁、炒鱼丝、蒸鱼丸、烩鱼卷。每道菜和点心都以鱼（含其他水产品）为原料，其主料精细考究，多为细嫩肥腴的各种淡水鱼及泥鳅、乌龟、水鱼、鳝鱼等；辅料亦为当地所产藕、莲、笋、蘑菇、百合等；更有姜、葱、蒜、干椒、胡椒、酱菜等 30 多种具有江南风味佐料调味。其烹制方法有蒸、焖、煎、炒、煨、烩、酥、熘、炸、冻等 20 多种。烹饪技艺则于形、色、香、味上别出心裁，注重形态、色彩、味别、技法各不相同而能够趋于和谐统一，其中某些菜品还要做到使人食鱼而不见鱼，品其味而不见其形。全席造型千姿百态，栩栩如生；其色斑斓多彩，赏心悦目；其香浓醇厚美，风味隽永；其味鲜嫩适口，回味绵绵。充分展现了滨湖流派菜肴的风味特色，是湘菜技艺中一颗璀璨的明珠。其盛名不只是誉满国内，还远播海外，如素称海洋之国、以精于海鲜烹饪的日本，就先后有东京以及京都银座的两大知名酒楼，分别于 1981 年和 1982 年派出厨师代表团专程来到岳阳，品尝和学习制作全鱼席。

三、湘西山区湘菜流派及其风味特色

湘西山区以吉首（湘西土家族苗族自治州）、怀化、大庸（今张家界市）等地为中心，亦含湘南山区。这些地区的物产多为山珍野味，又汉族与少数民族杂居，民间习惯制作各种烟熏腊味和腌制肉品，烹制的菜肴大都也以此为主。主要的烹调方式为蒸、炖、煨、煮、炒、炸等。例如"腊味合蒸""重阳寒菌炖肉""焦炸鳅鱼（泥鳅）""麻辣泥蛙腿"等，口味咸香酸辣，佐以山区民间传统特酿的米酒，令人回味无穷。

"重阳寒菌炖肉"是一种时令菜肴，主料寒菌为湖南山区特产，每年农历九月气温渐寒期间，林间肥嫩的蘑菇纷纷出土，因民间有所谓"九月重阳，移火进房"的谚语，故名"寒菌"，又称"重阳寒菌"；又因正值北方大雁南飞之际，又称"雁鹅菌"。此时的菌子肉质嫩滑，鲜美异常，无论红烧或者炖汤无不适宜，是湘菜中风味独具而为他地所无之特产美味佳肴。

"腊味合蒸"虽然后来成为湖湘各地区、各流派菜系的普通特色菜肴之一，但其产生的时空源头，应在远古的山区。处于亚热带气候的湖南，空气湿度非常大，一般的食物如果不及时予以加工处理，则容易发霉变质；又在自然经济的农业社会条件下，商品经济极不发达，人们的日常食物大都靠自给自足，多在年底杀猪，俗称"杀年猪"，宰杀后的禽畜往往要吃上一年，因而必须迅疾进行处理以利保存。最普通的处理加工方法就是：对于宰杀的禽兽或者捕获的野生禽兽及捕捞的鱼虾等，将其用盐或者酒糟等进行腌制；再进一步加工，便是经烟熏而成为腊制品。所谓"腊"，指的是腊月（旧历十二月，湖湘特产"腊八豆"，就是因以腊月八日制作的品质最为优良而得名）。因腊月时入寒冬，气温较低，空气的湿度相对较小，此时腌熏制作肉食，既在加工的过程中不易腐败，且熏制后的成品亦可保存经年而不变质，故在腊月，家家杀猪宰羊腌鸡熏鱼，好不热闹，成为山区民间年节风俗的一大景观。"腊味合蒸"就是这一社会文化的产物。腊肉多于"冬至"节前后熏制，产地遍及三湘四水。传统制作方法为：取鲜猪肉用盐腌渍后，以锯木屑、谷壳、花生壳、芝麻壳秆等燃料，利用炉灶余热冷烟熏制；成品表皮黄黑，肥肉似腊，瘦肉橙红，组织结实，肉松皮脆，熏香浓郁，风味独特，可与"金华火腿""云南火腿"媲美。在民间，"腊味合蒸"所配用的肉类并无一定，而是根据自家已有的肉类进行搭配，一般腊猪肉是不可缺少的，再配以腊鱼、腊鸡、腊鸭等，加上豆豉、辣椒等一道同蒸，多种肉类腊制品的香味串合在一起，菜色深红，柔软不腻，腊香浓郁，咸甜可口，为家常酒宴兼宜的湖湘传统风味名菜之一。

此外，湖湘山区还有许多传统特色风味菜肴，尤其是少数民族的家常风味佳肴，在当今回归自然、贴近乡土之社会思潮的冲击下，引进这些特色风味乡土佳肴以招徕食客，成为大、中城市饮馔业中一道亮丽的新风景。

最能够全面反映山区风味特色的是大型地方风味宴席"湖南熏烤腊全席"，席面包括了湖南山区（少部分其他地区）的主要风味菜肴美点，以熏、烤、腊特色著称。其中包括：一彩碟，"洞庭君山"；入围碟，"熏腊肚片""金银炙肝""酸瓣蒿子""焦麻炸胘""盐焗牛肉""五香熏鱼""葱烤斑鸠""芝麻腐竹"；四甜果，"蜜汁菱角""无核湘橘""酸甜莲藕""挂霜杨梅"；四热炒，"韭黄鸡丝""嫩姜鸭条""芹菜腊肠""腊肉冬笋"；六大菜，"腊味合蒸""笔筒鱿鱼""虾仁参丁""红煨腊羊""腊肠菜菇""红烧全狗"；一汤菜，"雪山藏宝"；二咸点，"鸳鸯酥盒""珍珠油饼"；二甜点，"双喜蛋糕""芙蓉糍粑"；一茶食，"姜盐黄豆芝麻茶"。

四、湘菜菜系的整体风味特色

作为一个菜系的整体，湘菜也有着一些共同的基本风味特色，大致可归纳为：味别多样，尤重酸辣，鲜香软嫩，熏腊清香，口味适中。其中最有特色以至几乎成为湖湘人性格形象的风味就是嗜辣，这是湘菜，尤其是民间风味菜肴的基本特征。

湖南人嗜吃辣椒，最早应该是从明代时才开始。辣椒并非原产于中国，而是大约于明代时才从海外传入，故名"海椒"（"海"字表明其从海路传入）、"番椒"（"番"字表明它是"番人"即非华夏民族所原有）等。

湖南地处亚热带丘陵，空气潮湿，温差较大，人体容易风寒湿热内蕴，抒发不畅，故民间多食辣椒来祛除风湿寒热，以致蔚然而成风俗，并逐渐发展成为湖湘菜肴最主要的风味特征。全国嗜吃辣椒的地区，主要有四川、湖南、江西、云南、贵州等省。虽然都是吃辣椒，但吃法却不一样：四川人习惯辣椒加花椒，又麻又辣，俗称"麻辣"；云南人喜欢把辣椒炸焦，炸出一股香味，人称"糊辣"；贵州人往往把辣椒腌渍浸泡使之发酸，称为"酸辣"；湖南人经常不事加工，就吃辣椒的本来味道。相比之下，还是湖南人辣得本色，辣得纯正，辣得足实，以致出现"江西人辣不怕，四川人不怕辣，湖南人怕不辣"的说法。湘人嗜辣，甚至成为一种展示湖湘人物性格的文化符号。如符中士先生的《吃的自由》一书中有一篇《不吃辣椒不革命》的文章，就对吃辣椒与湖南人性格的关系作了生动的描述："辣椒实在是妙。几条入口，就会舌头发麻，张嘴咝咝吸气。再吃几条之后，浑身大汗淋漓，血脉通畅意气飞扬。因为生活太平淡而厌世的人，有了辣椒的刺激，生活变得丰富多彩，也会绽开笑脸。征服欲强的人，征服社会征服自然没有能力，征服萝卜白菜又不够意思，辣椒勇猛暴烈而不会反抗，是最理想的征服对象。一向自卑的人，其他方面皆不如人，有了辣过人家的优势，就足以自慰了……"中国著名哲学家张起钧先生写了一本享誉于世的《烹饪原理》，书中说道："到了湖南，看到湖南人辣椒做得好香。尝尝吧，愈尝愈勇敢。"辣椒还使得温柔多情的湘女成为举世闻名的"辣妹子"。

此外是嗜酸，这也是湖湘菜肴的基本风味特点。湘人嗜酸的历史远比嗜辣久，在前引《楚辞·招魂》那短短的一段文字中，就出现了三个"酸"字，其中有泛指的酸味"大苦咸酸"，有作为调味品的酸味"和酸若苦"，有腌制的酸味肉类食物"鹄酸臇凫"和"楚酪"（酢肉，即今日湘西少数民族常常制作食用的酸肉）等，可见在当时酸味就已经成了家常菜乃至宴会菜肴的基本风味特征之一。由此可见，荆湘之人嗜酸的传统至少可以追溯到先秦时期。六朝时期宗懔所撰的《荆楚岁时记》中记载说："仲冬之月，采撷霜芜、菁、葵等杂菜干之，家家并为咸菹，有得其和者，并作金钗色。今南人作咸菹，以糯米熬捣为末，并研胡麻汁和酿之，石笮令熟。菹既甜脆，汁亦酸美，呼其茎为金钗股，醒酒所宜也。"这里具有甜脆酸美之风味的咸菹，就是用植物腌制的酸菜。至今，喜爱腌制和嗜食酸菜仍然湘人的特色传统. 以至于湘西南山区的民间还流传着"三天不吃酸，走路打倒窜（腿软无力）"的俗语。

湘人嗜酸习俗形成的原因，主要是自然环境造成的。其一是前面谈到的气候原因，在潮湿闷热的环境下，酸味可以大开食欲，与辣味结合在一起，既可减轻辣味的直接刺激而更加适口，又有助于散发体内的风寒湿热；其二是物产的季节性与经济原因，腌制酸菜既可以酸味代盐（山区不出产盐，故盐价昂贵），又能够在物产的旺季加工而使淡季不会缺少下饭的菜肴。

湘菜的这两种主要特色——酸与辣，一道构成了一个有机的风味整体，即往往酸中带辣，辣中透酸；以酸掩辣，以辣融酸；辛而不烈，酸辣兼具，相辅相成；食之具有十分宜爽的口感。

湘菜普遍具有的第三个特色风味是腊味，在前面已经述及，不再重复。

湘菜蕴涵着深厚的湖湘文化底蕴，举凡湖湘丰富的物产、湘菜多民族的社会历史文化构成、独具魅力的人文传统、领先于华夏其他地域的农业生产、较为发达的城市手工业和商业等，都为湘菜的产生、发展和完善奠定了扎实的物质、精神和文化的基础，湘菜正是在这一独特的社会文化土壤上，凝聚着湖湘历代人民劳动智慧的结晶，成为中国饮馔文化百花园中的一枝奇葩。她以其独特的品味风格和诱人的魅力展现在世人的面前，并将在不久的未来绽放出更加绚丽多彩的风貌。

第三节 少数民族特色饮食

作为一位食客，每到一个地方，欲求品尝的是该地区最负盛名或者最有特色的风味饮食，特色风味本身就是一种由久远而又丰富的历史、地理、民族、风俗文化所铸就的品牌，甚至成为一种不可替代的饮食文化符号而独具一格。而风味独具、丰富多彩的湖南少数民族的特色饮食，许多都成为能够从某一侧面展示该民族社会生活的文化符号。

一、"侗家苗家不离酸"

湘南、湘西民间尤其是侗、苗、土家、瑶等少数民族民众普遍爱吃酸食，尤以侗族、苗族为最，以致有"侗（苗）家不离酸"的俗语。每家每户大大小小的酸坛少则十几个，多则有二三十个，有的人家还专门设有酸房。这些酸食大致可分为素酸、荤酸（以上两种均为泡酸或者腌酸）、煮酸等三种形式。

素酸是用植物性的菜蔬腌制而成，几乎所有的蔬菜瓜果都可以腌制，主要有藠头、竹笋、蒜苗、姜、豆角、辣椒、青菜、萝卜、黄瓜等。制作时，将菜蔬洗净晾干，置于用淘米水制成的酸水或用糯米酿成的甜酒中入坛内密封，浸泡到一定的时日，食物便又酸又脆，清香味醇，十分爽口。其中尤以藠头浸泡的时间愈久愈有味道。腌菜的酸水具有退热、止泻的功效，也是吃鱼必不可缺少的配料。

荤酸即是将动物性原料（禽、畜、水产、野味等）进行腌制，常见的有用禽（家禽和野禽）、猪肉、牛肉、羊肉、鱼虾、青蛙等腌制者，其制法通称"腌酢"。其中最有特色的是"鸟酢"和"酸鱼"。"鸟酢"为瑶族传统风味佳肴，旧时所用之鸟，多为野生候鸟中的雪鸟，也有用其他鸟类者，现在为保护动物资源，改为用饲养的鸡、鸭、鹅等家禽。制作时，将禽类去毛剖洗净，用盐和大米粉拌匀，装入瓦坛中，或一层鸟肉一层米粉分层隔放，亦有用蒸糯米饭或炒糯米、甜酒糟、辣椒、花椒等拌合在一起进行腌制的，装坛压实后再将坛子用芭蕉叶密封；也可以放入坛口周围有水槽的泡菜坛内，盖上碗钵后倒入适量的水以隔绝空气；还有放在木桶里腌制的。一般腌制数日或者数月以后即可食用，长者可存放数十年之久而不变质。这样制作的酸酢既可以生吃，也可以用煎、蒸、炒、煮等方法熟食。如要生吃，则一般要久腌一段时间，味美可口。"酸鱼"则为苗族、侗族的风味佳肴，腌制及食用方法与"鸟酢"相同，各种鱼类都可以腌制，而以"草鱼酸"最为名贵。这些腌酢十分珍贵，人们平日均舍不得自食，往往于贵宾临门、重大喜庆、双亲去世以及祭祀祖先等隆重场合才取出食用。民间认为，待客如果没有酸食，主人会感到不光彩。腌酢坛内年久而成胶汁的老"鸟酢"，民间还用作治疗痢疾的良药。

侗族最爱吃鱼，又嗜酸。他们有一席以酸鱼为主的传统风味宴席——鱼宴。全席制法以腌、熏、烧、炸、煮为主。席面菜点包括：腌鱼两碗（一碗生食，一碗油煎）、烧鱼（鱼蘸盐水、酱油于炭火上烧烤而成）、醋鱼（盐、醋、生姜、大蒜、花椒、薄荷凉拌鲤鱼片）、酸汤鱼（酸汤煮鱼）、烟熏鱼（鱼用盐腌三四天后，先熏干，复油煎，再用辣椒炒食）、白水煮鱼（水烧沸，将去掉苦胆的活鱼入锅稍煮，蘸辣椒水吃）、拖茨炸鱼（鱼块挂茨油炸）、辣椒鱼（鱼煎黄，下辣椒等佐料与豆腐一道烧煮）。

"煮酸"一般分为两种，一种是将上述腌制的素酸以及酸坛子中的酸水取出煮菜吃，另一种是将带叶子的蔬菜如白菜、芥菜等洗净煮沸后，加进一些酸醋，然后放入酸坛内即成，食用时取出再煮一次，加上辣椒、盐等调料。这种酸汤味浓开胃，可以增进食欲。少数民族的人真可谓一日三餐，餐餐不离酸，几乎是进门就找酸，出门干活一筒酸，客人进门就摆酸。少数民族嗜好酸食的原因，除了前面所谈到的自然环境（空气潮湿，酸辣结合有助于散发体内的风寒湿热）与社会环境（旧时山区少盐，腌制酸菜可以酸味代盐）等原因外，也与他们爱吃黏软难消化的糯米饭有关，吃酸有助于消化。

土家族最有名的传统菜肴是青菜酸，因其产于永顺县城南郊若西寨，又名"永顺青菜酸"。土家族历来民间每家都有制作青菜酸的习惯。据《永顺县志》记载，此菜曾为清王朝贡品，故又称"贡菜"。贺龙元帅在人革命时曾驻军永顺，最喜此物，赞誉"味美可口，食之难忘。"1986年冬，联合国专家在永顺考察山区经济发展状况，品尝后也是赞不绝口。现仍以农村家户加工为主，当地农贸市场有售。其制作取当地产九斤亮蔸青菜，洗净晾干，堆码存放数日，然后扎成小捆，切成丝状，分层盐腌于瓦罐内，用木棒筑紧后在太阳下晒至罐口菜面呈金黄色，用稻草密封，倒置于潮湿的草木灰中贮存，数日后即可食用。成品色泽金黄，脆嫩微酸，清香爽口，生津开胃，提神健脾，为佐餐下饭佳品。

近些年来，回归自然的潮流冲击着日益喧嚣的城市，饮食行业也不例外，许多餐馆纷纷打出菜肴乡土化和家常化的招牌，一些专门的乡土、家常特色菜馆也应运而生，取乡村农家酸菜入馔成了一道随处可见的亮丽风景，酸汤煮活鱼就是其中最为著名的菜肴，例如，在湘潭荷塘一带形成了专门经营酸汤煮鱼的饮食街，闻名遐迩，长沙、湘潭、株洲三地的食客经常慕名驱车前往品尝，无不大快朵颐。

二、别出心裁的风味食品

湖湘各地民间还有许多传统风味佳肴，是对动物性原材料再加工而成的。例如嘉禾县特产猪血灌肠，起源于宋代，为历史悠久之农村民间传统的大众食品，相沿成俗，家家会做，人人爱吃，以致有"杀猪望过年，过年灌血肠"的乡谚。毗邻之桂阳、宁远、新田、蓝山等县受其影响，也有流传。其制法为：取新鲜猪血加入精盐、清水搅拌调匀，灌于洗净的猪大、小肠内，分段用线扎紧，置温水锅内文火慢慢煮熟。食时可切片加佐料小炒，也可拌猪肉泡汤。菜品红似玛瑙，剔透晶莹，细嫩鲜香，油而不腻，真可谓"摆在桌上油汪汪，尝在嘴里分外香"。

苗族也有一种与嘉禾"血灌肠"相似但另有特色的传统风味食物"血肠粑"，又名"灌肠粑"，主要流行于湘西苗族聚居地区。制法为：取糯米浸泡洗净，沥干水分，拌入新鲜猪血及八角粉、食盐等调料，灌入洗净的猪大肠中，两头扎紧，用针扎眼排气，然后上笼蒸熟。待冷却，横切成小圆片，蘸以调味品食用；又可入锅翻煎至两面黄，加入辣椒末、大蒜段、生姜丝及酱油、味精等佐料拌炒。风味特色为：米血相间，香气馥郁，油而不腻，味美可口，别有风味。苗家最敬重祖先，相传血肠粑为苗族祖先伏羲、女娲最喜食之物，故此物为湘西苗家吃团年饭所必备，又为款待贵客嘉宾的著名风味食品。在湘西及湘西南苗族聚居地区还流行着一种与此类似的传统风味小吃"蒸糯米肠"，其制法为：糯米用清水浸泡后，加油渣、精盐、味精、胡椒粉、草果粉、八角粉、姜末、清汤各适量，拌匀成馅心；将猪大肠用酸矾搓洗干净，竹筷翻出肠壁，扎紧一头，灌入空气扎紧、晾干，复用温开水回软，解开一头，灌入馅心，扎紧后用竹针刺眼排气，上笼蒸熟，切片装盘即成。食之香糯不腻，鲜美可口。

在湘西、湘西南苗族、侗族聚居地区，流行着一种传统风味食品"辣椒骨"。其制法为：将猪、牛、鸡、鸭及猎取的禽兽骨头（稍带肉）舂碎成胶状，加入大量剁碎的鲜红椒及适量烧酒、花椒、食盐等佐料拌匀，置瓦坛中密封腌约月余，即成。成品鲜酥油滑，辣而不烈，味美可口，营养丰富。除生食外，亦作烹调佐料。这是一种属于前述"腌酢"类型的风味食品，极富民族民间特色。

湘南侗家人还有一种独有的传统风味佳肴"牛便汁菜"，此菜因取"牛便汁"做菜而得名。侗族人在杀牛时，从牛胃、牛小肠中取出牛粪状物，挤出橙黄色浓汁，称之为"便"（侗语音译），其中包括有胃中草汁和胃汁、胆汁等消化液成分，味苦。侗家人认为这是牛饲料进入体内后的精华。民间除自家杀牛取汁外，于集市买牛肉时也多随附便汁。牛便汁取出后，加水搅拌，然后用禾草灰或棕皮多次过滤，至呈匀黄色时，再煮沸，加入盐、姜、葱、辣椒等调制，作为吃牛肉、牛下水的蘸酱，或作为调料与青菜或肉类等做菜食用。所做之菜肴味道稍苦，别有风味。这种东西看起来似乎怪怪的，但相沿成俗后，便成为一种文化。由于在传统农业社会中，牛是一种生产资料，农家轻易不会宰杀，物以稀为贵，故"牛便汁"亦被视为不可多得的珍稀之物，往往留在贵客临门时才摆出来。按照中医的理论，牛的胆囊可以入药，胆囊、胆管或者肝管中的结石就是名贵中药牛黄，牛胃中的草结块（牛羊草结）也是一种中药，"牛便汁"便是出于胆囊胃脏、生成牛黄及牛羊结的物质，具有清肝明目、利胆通肠、解毒消肿、除热镇惊等多种医疗功效，所以此菜是一种食疗兼具的食物。

在湘南九嶷山区的宁远、新田、武冈等县，流行着一种传统名特佳肴"炒血鸭"，又称"血浆鸭"，为民间喜庆佳节的必备佳肴，也是以烹饪制作方法上别出心裁而显现其地方特色。其制法为：碗盛白酒50克，宰杀鸭时将鸭血滴入，使之不凝结。将鸭去毛开膛洗净，剁成小块，入旺火茶油炒；放入精盐、子姜片、蒜瓣、红辣椒等，加水焖煮至熟，再将鸭血掺入酱油、味精，连同油炸花生米或板栗肉适量，一道入锅与鸭肉炒拌至香，加少许猪油稍拌出锅即成。菜品色泽酱黑，气味浓香，咸辣相宜，味道鲜美。

侗家人与瑶家人还有许多奇怪的传统风味佳肴。例如他们喜欢吃虫蛹，常吃的有松树虫蛹、葛藤虫蛹、野蜂蛹、蜜蜂蛹等，将嫩白的虫蛹用油炸得金黄焦脆，食之香酥可口，含有丰富的蛋白质，称之为"虫蛹菜"。此外，侗族风味佳肴还有烧鱼。侗家人每于收割季节，于田边燃起篝火，从田中捕捞起活鱼，剖洗去鳞后，用树枝或竹签从鱼嘴穿过，放在火炭上烧烤，边烤边转动，待鱼皮烤得焦黄后，撕开蘸以盐和辣椒粉而食，味道鲜美，具有独特的民族田园风味。

湖湘少数民族的其他传统风味食品还有花色糯米饭。这是瑶、苗等民族的传统节令风味食品，又称五色花糯米饭、染色糯米饭，流行于湘西南地区，多于传统重大节日用于祭祀和食用，并作为表示敬意的馈赠礼物。一般有三色、五色乃至八九种颜色者，用含有黑、红、绿、蓝、黄等色素的可食植物的根、茎、花、叶、果，取其色汁拌和糯米蒸制而成。成品五色纷呈，油亮艳丽，滋糯芳香。分别放入白糖或食盐，即成咸、甜两种不同品味，极具民族风味。油炸粑又名油炸耳糕、油香，是湘西土家族的特色食品，以大米和黄豆为主料制成，为土家人年节必备之物。苗族同胞则于"吃新节"时食用一种桐叶粑。制法为：将芝麻炒熟用碓舂成麻蓉，绿豆煮熟去皮搓成豆沙，与白糖一起拌匀成馅。又将糯米磨粉，加水揉成粉团，揪剂压饼，包入馅心，再用鲜嫩桐叶包扎紧，上笼蒸熟即成。成品青黄光亮，柔软糍糯，清凉甜润，兼具芝麻浓香、豆沙芳香、桐叶清香，风味独特。"吃新节"夜晚踏月欢歌时食之，更有浓郁的地方民族风情。

湖湘少数民族的特色风味饮食远远不止这些，每一品种，都是少数民族同胞长期生产、生活的产物，具有独特的民族文化风格，都是值得重视并予以开发以充实湖湘饮食地域特色的重要物质和文化资源。

第四节　湖湘酒文化

中国酒文化博大精深、源远流长，可以追溯到远古时期。史书和出土文物表明，自中国有历史记载以来，酒或以成礼、或以养老、或以治病、或以抒怀，在人们的政治、经济、文化及社会生活中发挥着十分重要的作用，渗透到整个中华民族五千年的文明史中，并逐渐形成了一个包罗万象、特色鲜明的中国酒文化体系。在中国酒文化体系中，湖南也属酒文化资源相对丰富的一个。从酒的历史溯源来说，生活在湖南境内的远古人类就已经掌握了人工培植稻谷并以之酿酒的技术；从酒风酒俗来说，湖南自古以来各民族人们都有自己独特的饮酒习俗；从酒品来说，湖南衡阳酒自古以来就是皇室贡品，酒鬼酒是目前中国白酒企业中兼具"泸型之芳香、茅型之细腻、清香之纯净和米香之优雅"的馥郁香型代表；从酒器酒具来说，湖南宁乡出土的商代四羊方尊酒器是国家博物馆的镇馆之宝，古长沙窑在酒器、酒具的生产工艺上曾创造三个中国第一和中国古陶瓷器的十四个"之最"。至于与酒有关的历史传说、名人轶事、诗词歌赋、谣联令谚则更是数不胜数。可以说，不论是从纵向的深度还是横向的宽度来说，湖南都有着取之不尽、用之不竭的酒文化资源。

一、湖湘酒文化的起源与发展

酒的起源几乎与人类生活同源，《诗经·豳风·七月》即有"为此春酒，以介眉寿""称彼兕觥，万寿无疆"的诗句，《史记·殷本纪》中载商纣王时"以酒为池，悬肉为林，使男女裸相逐其间，为长夜之饮"，到周朝时，据《周礼·天官》记载，周王朝还设置了"酒正、酒人、浆人"等专门的酒官来掌供五斋三酒和执掌与酒相关的典礼。

湖湘酒文化同样历史久远。1988 年，在湖南省澧县彭头山新石器时代遗址的发掘中，从红烧土块及支座残断面中观察到了稻谷壳的痕迹。据文物普查采集陶片的碳同位素年代测定，彭头山遗址距今为 8250～9100 年。这里的古稻比河姆渡早出 1000 多年。另外，在 1993 年和 1995 年在湖南永州道县玉蟾岩的新石器时代遗址中，发现了至今世界上最早的古栽培稻，经北京大学碳－14 实验室及美国哈佛大学先后用质谱加速器测定，确定这些稻谷距今约有 12000 年至14000 年，由此证明湖南是世界稻作文明的发源地之一，同时，在发现古代栽培稻谷的彭头山遗址和玉蟾岩新石器时代遗址中，同时还出土了大量的动植物化石和众多陶制酒器，这些发现，更使人仿佛嗅到了酒的醇香。由此证明，湖南省（包括三苗、瑶族、彝族等少数民族）古代早已能酿酒、喝酒、行酒令，酒文化源远流长。

（一）酒文化内涵

1. 相关概念

酒——用粮食、水果等含淀粉或糖的物质经发酵制成的含乙醇的饮料。

文化——人类在社会发展过程中所创造的物质财富和精神财富的总和，特指精神财富。

酒文化——由我国著名经济学家于光远先生于 1987 年率先提出来的。他说："广义的文化，包括酒文化的发展，在一定程度上对我国的经济建设以及人民生活有影响。"关于"酒文化"这一概念的内涵和外延，经济学家萧家成在 1994 年提出：酒文化就是指围绕着酒这个中心所产生的一系列物质的、技艺的、精神的、习俗的、心理的、行为的现象的总和。

酒事千年、酒香万代，显示了酒寓于文化、寓于生活的价值。自从世界上有了酒，也便有了酒文化，酒文化与其他文化一样成为人们生活中一种普遍的文化现象，其发展必有历史的阶段性、连续性和继承性，是人类物质生活和精神生活的催化剂。

2. 酒文化内涵

酒文化是与酒有关的物质的（含生产技术）、精神的（包括社会学、心理学）以及习俗等行为的现象的总和；有关酒的起源、生产、流通、消费，尤其是酒的社会文化功能，以及酒所带来的社会问题等方面所形成的一切现象，也均属于酒文化及其相关的范畴。

（二）湖湘酒文化的起源与发展

在历史文献中，古人对湖湘酒史有丰富的记载。如屈原在《楚辞》中就提到过衡阳古酒"酼酒"，并称其为"楚源酼"，他还在《招魂》中，对楚地湖南宴席上的美食和美酒均做了详尽而生动的描述。《战国策·魏策》载"昔者，帝女令仪狄作酒而美，进之禹。"据专家考证，仪狄为女性酿酒官，极有可能是古武陵地域的部落先民。特别是古武陵文化圈的"酉水""澧水"，就与酒文化有着相当密切的联系。《辞源》中写道："古文酒与酉同"。

按湖南民间说法，酉水河以前又叫酒河。而《酉水·禹贡》说酉水就出自今沅陵，酉水流域分属湘、黔、渝、鄂边区的武陵山地，为古酉人的世居地，酉水古称酉溪，是武陵五溪之一。"远在唐虞，为三苗地。""楚、秦为黔中地，汉以降，先后设有酉阳县、酉阳州、酉阳军、澧县、澧阳县等"。古代酉、酒、醴、礼都是相通用的，醇酒也叫醴酒，甲骨文中此字正像以陶豆盛醇酒祭神之状，后人加酉旁为醴，《华阳国志·卷三》《蜀志》载："始立宗庙，以酒曰醴"，上古时善于酿酒的部落所居之水为澧水。另外，楚国一地盛产菁茅（也称之为苞茅），《禹贡》《汉书·地理志》等就有"包匦菁茅"的记载。这种茅草同样也盛产属于楚国的湖南湘北和湘西一带。周天子让楚人上缴的贡品，就有这种茅草，主要用于缩酒祭祀。另外《论语》《楚辞》《吕氏春秋·本味》《齐民要术》《艺文类聚》《北山酒经》等文献对湖湘酒史均有记载。

湖湘大地酒文化灿烂无比、熠熠生辉，尽管历史变迁、朝代更迭，也未能遮掩其光芒。以下依据历史发展进程对湖湘酒文化的起源与发展做详尽介绍。

1. 春秋战国时期

楚人大量移居湖南。楚人不仅与湖南的土著民族共同创造了灿烂的物质文化，也创造了新兴的封建制度文化与充满着神奇色彩的精神文化。据考古发现，湖南在远古时期、古代移民之前，就已生产水稻，已开始酿酒了，再加上春秋中晚期楚国大量移民至湖南垦殖，给湘水流域一带带来了先进的酿造等生产技术，生产发展水平已相当高。当时的长沙已成为楚国的重要粮食生产基地。由于工农业生产迅速发展，水运交通相当发达，常来往于湘、资、沅、澧四水，与江汉各地进行贸易。

在春秋时期就已是实行封建郡县制的国家，设立黔中郡，即在湖南设县住尹，统辖湖南全境。在这一时期，冰拔冷酒是楚国时期的名酒，楚人为湖南不仅带来了文字、文献、典籍，还带来了包含酿酒和饮宴在内的先进礼仪习尚和文化思想。在湖南，武陵崔家酒和鼎州白玉泉酒等相继问世。

2．两汉时期

朝廷对湖南采取了一系列的招抚和羁縻的措施，湖南当时的科学技术十分发达。桂阳郡耒阳人蔡伦发明了造纸术、造出"蔡侯纸"，为世界文明作出了重大贡献。当时的湖南医学、天文与地理学也已有较大程度的发展，长沙太守张仲景以酒治病并著成了医学名著《伤寒杂病论》，该论著奠定了中医治疗学的基础。这一时期出土的文物涉及大批帛书、哲学、历史、天文、医学、酿酒、科学技术等各个领域的各个方面，马王堆汉墓的出土文物便是典型明证。当时在湖南有了闻名的松醪酒和椒酒、柏酒，用肉桂浸制的桂酒也很有名，屈原在《九歌·东皇太一》中说"蕙肴蒸兮兰藉，奠桂酒兮椒浆"（东汉王逸注："桂酒，切桂置酒中也"）。宋玉在《招魂》中说"挫糟冻饮，酎清凉些"是为了使酒不致酸败，同时也为解暑纳凉而制成的一种酒，也从另一个角度说明此时在酿酒技术上很有特点。汉代酿酒已很出色，对酿酒的工具和程序颇为讲究，特别是1972年从长沙马王堆西汉古墓中出土的两缸酒，经研究考证为果酒，距今已有2100多年的历史。而在马王堆西汉古墓中出土的帛书《养生方》和《杂疗》中，更是可以看到我国迄今为止发现的最早的酿酒工艺记载，也是我国最早的一个较为完整的酿酒工艺技术文字记载。这是湖南酒业先民为世人所作的伟大贡献，其中有一例"醪利中"的酒的制法共包括了10道工序，具有很高的研究价值。

东汉末年出现了"九酝春酒法"。这是酿酒史上，甚至可以说是发酵史上具有重大意义的补料发酵法，现代称为"喂饭法"。后来补料发酵法成为我国黄酒酿造的最主要的加料方法。

3．三国两晋南北朝时期

此时国家不再统一，长达400年的分裂与战乱，使得全国人口大幅度减少，湖南也由原来的281万人减少到97万人。但湖南因远离战争中心，经济仍然向前发展。湖南在当时已开始发展成为全国大米的重要产地和供应地，农业的发展带动了工商业的繁荣。湖南当时的酿酒业、青瓷制造业、造纸业在商业领域已十分活跃。北魏贾思勰的《齐民要术》可谓世界上最早的酿酒工艺学著作，书中所述“起自耕农，终于醯醢”选录了北魏及其以前百余种古籍中的相关部分，保存了不少珍贵的饮食史料，其中对酿造、烹饪和食谱等的专述对后世影响很大，其素食部分对湖南地区饮食有不少记述，如对长沙蒲酢法和衡州酃酒法等的述说较为详备，具有很高的史料价值。

西晋文学家左思撰写的《吴都赋》描写了三国时期吴国统治下的长江以南地区（包括湖南）的山川、物产和风俗，其述豪饮的场面云：“置酒若淮泗，积肴若山丘。飞轻觞而酌绿酃，方双辔而赋珍馐。饮烽起，醉鼓震。士缱绻，众怀欣。”述及城市的饮食生活：“里宴巷饮，飞觞举白。翘关扛鼎，拼射壶博。”还述及包括湖南在内的南方各地的禽鱼水果等。此时湖南名酒辈出，醽醁酒、张飞酒、白醪酒、当归酒和竹叶浸酒已是当时非常著名的酒，特别是醽醁酒，它是中华一绝的传统古酒和贡酒，晋代道学家葛洪在文章中多次提到该酒，如《抱朴子·嘉遁》说“藜藿嘉于八珍，寒泉旨于醽醁”，能被道家著作引用可见在晋代醽醁酒是很出名的。

西晋太康元年（280）五月丁卯，开国皇帝司马炎“荐醽醁酒于太庙”（《晋书·帝纪第三》）祭祀司马氏的祖先和犒劳西晋的功臣、元勋。西晋辞赋家张载的《酃酒赋》载：“未闻珍酒，出于湘东。既丕显于皇者，乃潜沦于吴邦……造酿在秋，告成在春。备味滋和，体色淳清。”这是中国历史上第一篇有关酒的赋，也是现存最有名的酒赋，把酃酒的产地、制作、品质、味道都记述得非常清晰。西晋的小赋名家潘岳的《笙赋》云：“披黄包以授甘，倾缥瓷以酌酃。”在最显贵、最庄严的场合，当时的名流已经用高档的瓷器来喝酃酒，显示自己的身份和地位。

在南北朝时期的史书中，也不乏酃酒的影子。《魏书·列传第十三》卷二十五：“晋将刘裕之伐姚泓，太宗假嵩节，督山东诸军事，传旨平原，缘河北岸，列军次于畔城。军颇失利。诏假裕道，裕于舟中望嵩麾盖，遗以酃酒及江南食物，嵩皆送京师。诏嵩厚答之。”刘裕之平时应该是一个喜好喝酃酒的人，在打仗的时候都会由属下携带酃酒随行，而且数目不少，为了迷惑敌人，在船中留下酃酒，让他们停止追击。《宋书·列传第十三》卷五十三：“在尚书中，今奴酤酃酒，利其百十，亦是立台阁所无，不审少简圣听不？恐仰伤日月之明，臣窃为之叹息。”酃酒也成为官宦日常饮用的酒类，并且价格不便宜，就是连奴婢去买酒，都可以从中获利。

4. 隋唐时期

隋唐时国泰民安，歌舞升平。湖南的文化也变得空前繁荣。但这些文化名人多是在唐太宗以后，被贬谪或流放到湖南的骚人墨客。如李白、杜甫、韩愈、柳宗元等，其文其名均显赫。至于大书法家欧阳询和怀素都是湖南人。欧阳询是长沙人，他在奉命编辑的《艺文类聚》的食物部中对食、饼、肉、酒等九类分别介绍了其制作和烹饪方法，对研究唐代以前湖南酿酒和饮食有重要参考价值。此时在湖南各地当时的地方特色酒很多，有玉薤、松醪春、松花春、花屿酒、椒酒、酃酒、湖上酒、武陵崔家酒、祁阳压酒、毛叶酒和菖蒲酒等。

唐朝初期，唐太宗李世民喝了大臣魏征按湖湘酃酒的酿造技术和方式酿造的酒，他非常兴奋，感叹魏征的心灵手巧和酃酒的魅力，当场赋诗一首《赐魏征诗》云："酃醁胜兰生，翠涛过玉薤。千日醉不醒，十年味不败。"李世民不仅赞美了魏征酿造的酒，还歌颂了酃酒的优良品质，拿它与隋炀帝最喜欢的玉薤酒来进行比较，他认为比玉薤酒还要好，表达了李世民对酃酒的认可和钟爱。酃酒有了李世民的推荐和钟爱，也走进了李氏家族的殿堂，成为李氏皇朝的贡酒。

唐代名酒多以"春"命名，如松醪春就是当时长沙、湘潭一带一种用松膏酿制的酒，古代诗词述及此酒的还很多，如戎昱的《送张秀才之长沙》诗云："君向长沙去，长沙仆旧谙……松醪能醉客，慎勿滞湘潭。"刘禹锡在《送王师鲁协律赴湖南使幕》诗中也有"橘树沙洲暗，松醪酒肆香"等，说明当时用松醪春待客很普遍，松醪春也是人们喜爱的美酒。此时期，常德人李群玉在其著作《折桂令·农》中说"想田家作苦区区，有斗酒豚蹄，畅饮歌呼"，反映了田家于劳动闲暇时饮酒的乐趣。鲜于必仁在其描述潇湘八景之一的《渔村落照》中的"渔家短蒲，酒盈小壶，饮尽重沽"则描述了在湖南沅江和洞庭湖一带渔夫们日常饮酒的情景。

5. 宋元时期

宋代，湖南属荆州湖南路，长沙又为路的首府，社会较为稳定。此期的文献有宋代医学家朱肱所著的《北山酒经》。这是我国现存的最早论酒专著，也是继北魏《齐民要术》之后一部关于制曲和酿酒的专著。该书较详细地叙述了我国唐代的制酒方法和程序，所附神仙酒法（武陵桃源酒法）详细地记述了今常德地方的酿酒方法，是湖南地区酿酒史的珍贵资料。北宋李昉等编纂的《太平广记》和《太平御览·饮食部》对宋初南北各地（包含湖南）的酒、食等分62个类目从食物种类饮食习俗、酿制和烹饪方法等进行了较为全面的介绍。宋代李纲所著的《李纲全集》收录了作者任职湖南期间所作吟咏湖湘佳肴美食的诗篇。还有《食蟹》《食橘》等其他诗作，为研究宋代湖南饮食史的珍贵资料。

宋代不但名酒多，社会各阶层饮酒的轶事也多，湖南见于文献的宋代名酒有醽醁酒、武陵桃源酒、桃花酒、程酒、醇碧酒、黄柑酒、钩廉酒和曹婆酒等。王安石"自古楚有才，酃渌多美酒"就是对衡阳酃渌酒的赞美。辛弃疾任湖南转运使，在长沙、衡阳等地驻军，他品味了衡州的酃酒，记忆尤甚。《满江红》云："倦客新丰，貂裘敝、征尘满目。弹短铗、青蛇三尺，浩歌谁续？不念英雄江左老，用之可以尊中国。叹诗书、万卷致君人，翻沉陆。休感慨，浇醽醁。人易老，欢难足。有玉人怜我，为簪黄菊。且置请缨封万户，竟须卖剑守黄犊。甚当年、寂寞贾长沙，伤时哭。"洞庭春色是用柑酿造的美酒，苏轼的《洞庭春色赋·引》云"安定郡王（赵世率）以黄柑酿酒，名之曰洞庭春"，这也是用柑需酿酒的最早记录。

元朝建立后，湖南属湖广行中书省。中国最早的营养学专著元饮膳太医忽思慧撰《饮膳正要》和元代人辑录历代饮食资料而成的《馔史》对江南（包括湖南）酒食营养及性味功能进行了较详细的介绍。湖南元代的酒多沿袭前代，由于蒸馏酒白酒的出现，相应地浸渍酒也得到了发展，广泛流传于湖南各地的艾酒就是用艾叶浸渍于酒中而成的供端午节饮用的酒，端午节饮艾酒之俗可能自此即逐步形成。在此时期少数民族酒与汉族酒得到交流与融合，使湖南酒业发展更全面。

6. 明清时期

经过元末明初的扰乱，湖南人口锐减，经济衰败。洪武二年（1369），湖南隶属湖广布政使司。从明洪武年间起，邻省即大量向湖南移民。移民不仅使湖南地区居民的构成发生了重大变化，更重要的是带来了吃苦耐劳、勇于开拓的奋进精神以及一些先进的酿造生产技术，为湖南的酿酒等社会经济注入了新的活力，也为湖南人才的兴起带来了一片生机。故至明后期，以洞庭湖为中心的湖广地区已成为全国重要的粮食产地和供应基地，遂有"湖广熟，天下足"之称。

明末，湖南衡阳的爱国者和杰出思想家王夫之曾在永历朝廷供职，积极地为抗清斗争效力。后受排挤，被迫返回湖南，隐居于衡阳县石船山下，著书立说，写成100多种著作，对湖南的政治、经济和民间酒俗生活均有记载。明末桃源县人江盈科（1553—1605）所著的《江盈科集》收集作者吟咏湖南美酒及佳肴食物之作甚多，如《舟中小酌》诗云："小艇烧灯坐，独斟情颇宜。子姜含淡辣，雌蟹抱浓脂。佛手柑能美，龙须菜亦奇。"《舟中独酌》诗云："圆圆马蹄鳖，短短箭头鱼。桑落三年酿，韭芽二寸余。"这些诗都反映了晚明时期酒与湖南大地上的饮食习俗和特点。明代同为湖南武陵（今常德）人的龙膺（1560—1622）编著的《蒙史》和杨嗣昌（1588—1641）编著的《杨嗣昌集》对湖南茶酒饮食习俗及风土人情亦记述较丰；另还有明崇祯年间曾任长沙知府的雷起龙主修的《长沙府志》记述了明代长沙府辖区范围内的政治、经济、军事、文化及山川地理、风土人情等，对酿造和"今民间侑以羊酒"进行了较详的记述，堪称明代长沙的酒与食谱。明代时期的史书记载湖南酿酒作坊和烧锅作坊遍及城乡，除专业经营者外，农村的农家也多在丰年酿酒以供自家饮用，甚至有些做其他买卖的小本生意人也以造酒为辅助盈利手段。从文献记载上看，明代湖南的酒明显多于前几代，如饼子酒、姜酒、虎骨酒、桃花酒、桃源酒等名酒繁多。有一幅明代的名画，画的是湖南湖区渔人捕鱼完毕，泊舟芦荡柳岸而沽酒酤饮歇息之景，反映了饮酒与劳动生活的紧密联系。明代，烈性烧酒进一步发展，配制酒发展了一种熏制法。在酿酒原料和技术上也不断改进和提高，发酵酒也达到了较高水平。

清代时期，湖南酒类品种到了空前齐备的时代，传统的酿酒术在继承的基础上得以发展，蒸馏白酒的品种更加丰富，少数民族的酒也在清代传入三湘大地直至大江南北。此时，湖南名酒纷争竞出，李汝珍著《镜花缘》一书的第九十六回粉牌上列举的50余种酒，大致是清朝中期的名酒，涉及湖南的就有湖南衡酒、湖南浔酒、长沙洞庭春色酒等；另外，见于文献记载的还有君山酒、巴陵冬酒、汨罗小曲酒、益阳小曲酒等。清代湖南已有世代民间酿酒大姓，酿出的酒品质高超，闻名遐迩。在酿酒选料、用水上极其考究，酿造术也大幅提高，浸渍酒与配制酒得到发展。少数民族酒的发达也是清代湖湘酒文化的一个亮点。

二、湖湘酒的种类

关于湖南酒的记载，开始于北魏。郦道元在《水经注》中提到的中国最早的名酒，是湖南衡阳的酃酒。贾思勰的《齐民要术》中记载了酃酒的制作工艺，称作酃酒法，与现代的黄酒工艺大同小异。据考证，越王勾践与吴王夫差对饮的酒，有可能就是衡阳的酃酒。酃酒在古代的荣光，简直难以想象。历代以来，赞美酃酒的诗词多达300多篇。而从汉代开始，一直是历朝贡酒，就连入主中原的清朝，也很快将酃酒纳入贡品的行列，酃酒是典籍记载历史最悠久的贡品酒。

（一）酒种概述

1. 蒸馏酒概述

人们所熟悉的蒸馏酒分为白酒（也称烧酒）、白兰地、威士忌、伏特加酒、朗姆酒等。白酒是中国所特有的，一般是粮食酿成后经蒸馏而成的。白兰地是葡萄酒蒸馏而成的，威士忌是大麦等谷物发酵酿制后经蒸馏而成的，朗姆酒则是甘蔗酒经蒸馏而成的。

在我国古代，由于历史悠久，地域不一，流传下的蒸馏酒的名称很多，但古代文献中所说的"白酒"这一名称却不是指蒸馏酒，它仅仅是一种酿造的米酒。只是到了现代，才用白酒代表经蒸馏的酒。

我国古代文献中蒸馏酒的称谓主要如下。

（1）烧酒、烧春，始用于唐代，但是唐代所说的烧酒、烧春是否指蒸馏酒还有争论，宋代以后，烧酒、烧春才是真正的蒸馏酒；

（2）阿刺吉酒（元代《饮膳正要》）；

（3）南番烧酒（元代《居家必用事类全集》，原注为"阿里乞"）；

（4）轧赖机（元代《轧赖机酒赋》）；

（2）法酒（明初《草木子》，原书又称为"哈刺基"）；

（3）汗酒、气酒（清代《浪迹丛谈续谈三谈》中引元代人李宗表诗）；

（4）火酒（明代《本草纲目》）；

（5）酒露（清代《滇海虞衡志》）；

（6）高粱酒、高粱滴烧（清代《随园食单》），在清代和民国时期，往往是蒸馏酒的统称；

（7）白酒和老白干，这是现代才启用的名称，糟烧或糟烧酒，是黄酒过滤后的酒糟经再次发酵，并经蒸馏得到的蒸馏酒，有的书将糟烧酒称为"酒汗"。

2. 蒸馏酒的起源

关于蒸馏酒的起源，从古代起就有人关注过，历来众说纷纭。现代国内外学者对这个问题仍在进行资料收集及研究工作。随着考古资料的充实及对古代文献资料的查询，人们对蒸馏酒的起源的认识逐步深化。因为这不仅涉及酒的蒸馏，而且还涉及具有划时代意义的蒸馏器。经过多名学者的大量考证，认为宋代中国已出现蒸馏酒，理由如下：

（1）宋代史籍中已有蒸馏器的记载

宋代已有蒸馏器是支持这一观点的最重要的依据之一。南宋张世南在《游宦纪闻》卷 五中记载了一例蒸馏器，用于蒸馏花露。宋代的《丹房须知》一书中还画有当时蒸馏器的图形。

（2）考古发现了金代的蒸馏器

20 世纪 70 年代，考古工作者在河北青龙县发现了被认为是金世宗时期的铜制蒸馏烧锅。

（3）宋代文献中关于"烧酒"的记载更符合蒸馏酒的特征

宋代洪迈的《夷坚丁志》卷四的《镇江酒库》记有"一酒匠因蒸酒堕入火中"。这里的蒸酒并未注明是蒸煮米饭还是酒的蒸馏。但"蒸酒"一词清代却是表示蒸馏酒的。《宋史食货志》中关于"蒸酒"的记载较多。采用"蒸酒"操作而得到的一种"大酒"，也有人认为是烧酒。但宋代几部重要的酿酒专著（朱肱的《北山酒经》或苏轼的《酒经》等）及酒类百科全书《酒谱》中均未提到蒸馏的烧酒。北宋和南宋都实行酒的专卖，酒库大都由官府有关机构所控制。如果蒸馏酒确实出现的话，普及速度应是很快的。

3．湖湘酒分类

蒸馏酒是乙醇浓度高于原发酵产物的各种酒精饮料，大多是度数较高的烈性酒。制作过程为先经过酿造，后进行蒸馏后冷却，最终得到高度数的酒精溶液饮品。

根据前文提到的，宋朝已出现蒸馏酒，因此将湖湘酒分成两类：

（1）非蒸馏酒

例如前文中出现的鼎州白玉泉酒、玉薤、松醪春、松花春、花屿酒、椒酒、酃酒等。

（2）蒸馏酒

例如前文中出现的曹婆酒、巴陵冬酒、汨罗小曲酒、益阳小曲酒等。

（二）湖湘特色酒

湖南古属荆州之域，楚湘文明之地，山水奇秀，五谷丰茂，独特的地理环境和温和湿润的气候，给湖南酒品酿造提供了丰厚的物质和环境基础。湖南又是产粮大省，优质的稻谷、小麦、高粱、苞谷等杂粮和丰富的水果均为酒的酿造提供了优质的原料，因此湖南的酒品种齐全，百花齐放！元人宋伯仁所著的《酒小史》罗列了从春秋到元代的华夏历代名酒百余种，其中涉及湖南的有：崔家酒、魏征酺翠涛、安定郡王洞庭春色、段成式湘东美品酒等。北魏人郦道元在《水经注》中提到的中国最早的名酒，就是湖南衡阳的酃酒，因甚醇美，而对皇上"岁常贡之"。2003 年 7 月 31 日《人民日报·海外版》报道称，深埋地下 2100 年之久、重达 26 千克的西汉凤鸟金钟美酒突然出土面世，该酒以碧绿清澈和香气扑鼻引起世人的关注。专家推测，此酒是产于湖南衡阳的酃酒。经过几千多年的不断积累革新，特别是 20 世纪 80 年代以来的大力倡导和精研技艺，因而出现武陵酒、酒鬼酒、白沙液、浏阳河等名酒。

1. 酃酒

酃酒，即酃湖之酒，以其酿酒之水取自酃县（衡阳在西汉至东晋时期称酃县）湘江东岸耒水西岸的酃湖而得名。在北魏时就成为宫廷的贡酒，而且还被历代帝王祭祀祖先作为最佳的祭酒。中国古代十大贡酒之一，也是中国历史上最早的名酒，至今已有千年的历史。《后汉书》有记："酃湖周回三里，取湖水为酒，酒极甘美"。

酃酒之最：

（1）诗赋记载最早的名酒

晋代大文学家张载为皇室贡品美酒——衡阳酃酒写下了 400 余字的《酃酒赋》，这是我国历史上诗赋记载名酒最早的文献资料。

（2）赞誉诗文最多的酒

赞誉衡阳酃酒的古诗文有 300 余篇之多，为国酒之绝无仅有。

（3）贡品历史最悠久的酒

衡阳酃酒列为贡品的历史长达千余年，从西晋太康元年（280）起，历经南北朝、隋、唐、宋，酃酒一直列为皇室贡品酒。

（4）闻名时间最久的酒

《后汉书》记酃酒始，两晋、南北朝、隋、唐、宋史志皆有名，诗文有赞，清代民国时期衡阳八景之一的"青草桥头酒百家"，说的就是衡阳酃酒的盛况；现在，衡阳酃酒再度兴起，辉煌时代又将来临。

（5）酿酒原料最精的酒

衡阳酃酒酿酒原料采用糯稻中的精品大糯或麻矮糯（尤以麻矮糯为佳），此两种糯稻系人工抽穗选种培育，现已濒临绝种。

（6）用曲药最少的酒

我国黄酒生产一般用曲药达 10％左右，而衡阳酃酒用曲药不到 1‰，用曲药少，酒质相对较稳定。酿造酃酒所用的曲药，系采自衡阳当地的多种中草药精制而成。

（7）生产工艺最独特的酒

衡阳䣝酒酿造过程共有 39 道工序，每一工序皆系手工完成，䣝酒的生产工艺与我国其他黄酒比较有很多独特之处。

2．君山酒

君山酒，西汉时湖南地方名酒。洞庭湖中的君山古代又称"酒香山"，宋人王象之《舆地纪胜》引《风土记》云：此山"每春时，径有酒香，寻之，莫见其处"；宋人范致明《岳阳风土记》则载："君山上有美酒数斗，得饮之即不死，为神仙。汉武帝闻之，斋居七日，遣栾巴将童男女数十人往求之。果得酒，进御，未饮。东方朔在旁，窃饮之。帝大怒，将杀之。朔曰：设酒有验，杀臣亦不死；无验，安用酒为？帝笑而释之。"庾穆之《湖州记》对此亦有记载。

汉武帝刘彻曾斋戒七日求取"仙酒"的故事给岳阳君山平添了几许传奇色彩，后人就煞有介事地在君山上建了一座亭子，起名"酒香亭"。诗人顾圣少作《酒香亭》以记之：千载相传有酒香，东方曼倩昔先尝。愚臣雅抱芹葵意，捧向君王夜未央。

3．程酒

关于程乡美酒，从西汉开始的典籍就屡有记载。西汉邹阳的《酒赋》和刘向的《列仙传》都曾提到程乡美酒，但多语焉不详，不足为据。南北朝时期北魏人郦道元遍游全国山水，其所著《水经注》对资兴美酒有明确记载："耒水出桂阳郴县南，又北过其县之西，县有渌水，出县东侯公山，西北流，而屈注于耒，谓之程乡溪。郡置酒官，酝于山下，名曰程酒，献同䣝也。"侯公山即现蓼江镇之郴侯山，旧名郴侯寨或郴侯宅，因楚怀王（义帝）之孙熊畅在汉昭帝时受封为郴侯，建宅于此地而得名。渌水即程水、程乡溪，现在称为蓼江，发源于七宝山、回龙山，流经唐泾垄、桃源关、湘源桥，至蓼江市，会永兴延道水，下程江口，并入东江。程水澄清见底，与延道水有轻重之别，以之造酒，色碧味醇，久而愈香。

程酒也叫醽醁酒，是古代顶尖的美酒。西晋才子左思《吴都赋》曰："飞轻觞而酌醽醁"，是把醽醁当作酒中极品来称颂的。也有人说，醽醁是古时资兴人用醽醁泉酿造的美酒。醽醁泉在蓼江上游，涌泉之处有一石碓臼，传说八仙之一的铁拐李路过本地，向人讨水喝，因穿得又脏又破，无人愿意舀水给他。而曹家一村民向来好心，给了他一碗米汤水。铁拐李感恩，用铁拐杖戳地穿井，喷涌而出的不是泉水，却是美酒，因而称为醽醁泉。醽醁美酒四时不绝，此后曹家村民便靠卖酒为生，丰衣足食。一日，铁拐李回访此地，又问此井如何。村民知是神仙，有人便答：好是好，就是没酒糟喂猪。这位李神仙平生最恨不知感恩、贪心不足之人，伸手一指，醽醁泉便不再产美酒了。但泉水依然甘甜，用来造酒，醇美无比。

与郦道元同一时期的南朝人刘杳更熟悉程酒。《梁书刘杳传》记载，刘杳少年好学，博览群书，过目不忘。当时的大学者如沈约、任昉等人，每有遗忘，往往求教于他。一日任昉谓刘杳曰："酒有千日醉，当是虚言？"杳曰："桂阳程乡有千里酒，饮之至家而醉，亦其例也。"醉酒千日，当然不可信。但程酒"酿可千日"，以此酒之醇厚，饮后返归千里之外家中，犹有醉意，犹有酒香，应不为虚言。

程酒造酒的主要工序是这样的：（1）选好糯米、高粱等原料蒸好，冷却后和酒药（酒曲）发酵。酒药很重要，要用自己做的土酒药，不能用市场上买的；酒药的用量非常讲究，得靠多年的经验积累。（2）发酵好以后用醡酒工具醡酒，醡出来的酒称烧酒。烧酒有几种，头道酒最浓，也最好。此外还有二道酒、三道酒。（3）用最浓的头道酒泡糯米酒糟后封坛，约一年时间酒糟全部化掉，就酿出了白露酒（一般白露节后酿制这种酒，故名）。平时一般喝烧酒，逢年过节就可享用白露酒了。（4）把白露酒放地窖，每年冬天（一定要冬天，否则会酸）开坛取出一小部分，再加头道烧酒和糯米酒糟后，封坛窖藏，让糯米酒糟化掉。如此反复，延续六七年以上的就叫"陈酒"或"老酒"。（5）时间越长的酒越好，越值钱，有十几二十年的，甚至三十年的。程酒是一种与白酒、红酒不同的酒。它最不同的工艺就是在烧酒里面加糯米酒糟，且不断地加，不断地化掉。酒的颜色由黄变红，由红变黑。酒香越来越浓郁，使这些精华不断地以十年、二十年，甚至更长的时间浓缩在酒里。

4. 酒鬼酒

酒鬼酒为馥郁香型白酒，分 38°、48°、54°三种。该酒传承湘西悠久的民间传统工艺，依托湘西独特的自然地理环境和地域文化资源，独创中国白酒"馥郁香型"。在中国白酒的 12 大香型中，馥郁香是酒鬼酒独创、独有的，所谓二者为兼，三者为复，馥郁香就是指酒鬼酒兼有浓、清、酱三大白酒基本香型的特征，一口三香，前浓、中清、后酱。

酒鬼酒的诞生近乎传奇。20 世纪 80 年代中期，从不饮酒的著名画家黄永玉先生，在湘泉酒登上中国酒坛一展风采的时候，欣然对湘西著名酿酒人王锡炳说："你能否在酿造湘泉酒之后，再酿出一个更好的酒来，如能的话，到时我给设计包装和命名。"两年后，湘泉人终于酿造出了一种好酒。好酒要取个好名字，要有个好瓶子，恰在此时，黄永玉先生从香港回湘西凤凰老家来了。黄老得知湘泉酒厂酿出好酒，非常高兴。但是酒的包装和命名问题，黄老却只字未提。莫非黄老把两年前谈的话忘了？黄老似乎看出了客人们的心思，突然起身对朋友说："各位坐一下，我去外面一下。"约莫过了半个小时，只见黄老拿出了一只40厘米见方的内藏充实口颈束的小麻袋送到众人面前说："这就是新酿出好酒的瓶型。"面对这个未来酒瓶的模型，人们始而愕然，这像酒瓶吗？这能装酒吗？一阵琢磨，大家逐渐领悟到，最土的则是最雅的，最贱的则是最尊的，于是这只"小麻袋"就成了酒鬼酒包装创意蓝本。"这个酒的名字，就叫酒鬼酒。"黄老面对众人又发话了，酒鬼酒由此得名。

酒鬼酒曾荣获法国波尔多世界酒类博览会金奖、比利时布鲁塞尔世界酒类博览会金奖、中国首届食品博览会金奖、全国轻工博览会金奖、北京国际经贸博览会金奖、中国国际新产品新技术博览会金奖和中国白酒典型风格金杯奖，曾荣获"中国十大文化名酒""国产精品""中国名牌消费品""世界名牌消费品"等称号。

5. 武陵酒

武陵酒为中国十七大名酒之一、酱香型三大名酒之一。武陵酒以川南地区种植的糯红高粱为原料，用小麦醅制高温曲，以石壁泥窖底作发酵池，一年为一个生产周期，全年分两次投粮、九次蒸煮、八次发酵、七次取酒，以"四高三长"为生产工艺之精髓，采用固态发酵、固态蒸馏的生产方式，生产原酒按酱香、醇甜香和窖底香3种典型体和不同轮次酒分别长期贮存（3年以上）精心勾调而成。该酒酒质清澈透明，微呈黄色，酱香浓郁，酒体丰满，口感优雅细腻，入口柔和软润，余味绵延。常德古称"武陵"，武陵人酿酒的历史，源远流长。早在先秦时代，这里已有"元月元日饮春酒"的习俗。五代时，以崔氏酒家产的酒著称，有诗云："武陵城里崔家酒，地上应无天上有"。宋代此地又酿有"白玉泉"酒，并以"武陵桃源酒"闻名。相传，宋朝年间，武陵镇上，糟坊如林，处处酒家。山下住着一个姓崔的老婆婆，面善心慈，以卖酒营生，但酒一般，尽管崔婆人缘好，苦心经营，省吃俭用，日子也只能说是过得去。一天，镇上来了一位老道，见崔婆的为人好，就决定帮帮她。他领着崔婆围着宅院四下看了一遍，指着一块长满菊花的地方说，此地堪为井，可得甘泉。崔婆心知，这是遇着异人了，忙找人掘井，果得甘泉，用以酿酒，味道极佳。从此，崔婆家的酒因味道绵软甘洌，口味醇和，饮后舒畅而名声大振，销量大增，此酒则以"崔婆酒"之名流布天下。

1952年，武陵酒公司的前身——原常德市酒厂，在崔婆酒酿造的旧酒坊上建成，1972年武陵酒的工程师在学习传统酱香白酒酿造工艺的基础上，自主创新研制出风格独特的幽雅酱香武陵酒，1989年在全国第五届评酒会上，与茅台、泸州老窖等一起荣获中国名酒称号，并获得国家质量金奖，从此结束了湖南省没有"中国名酒"的历史。

6. 白沙液

白沙液酒产于古城长沙，兼香型白酒，为湖南名酒之一。白沙液酒以优质高粱为原料，取古城名泉"白沙矿泉"之水精心酿制而成。白沙古井其水源出于古城地底处成岩5000万年的板岩隙缝，经过山石土壤层层浸润和地层的沙砾岩层层过滤，自沙石中涌出，其水的总硬度为5.27度，有"旱季不干，雨天不溢，终年不涸，常舀不竭"的特点，是实实在在的江南名泉。清代诗人唐仲冕对古井水赞咏为：清可"照见洁士心"！

白沙液酒液无色透明，曲香浓郁，味醇柔和，后味回甜。白沙液的酿造工艺沿用百年前长沙著名酒坊的独门酿艺，世袭传承至今。

（三）湖湘酒器

饮酒须持器。古人云，"非酒器无以饮酒，饮酒之器大小有度"。说到饮酒之器，我们不禁想起文学作品中常出现的情景。从成语中的"觥筹交错"，直至江湖豪杰"以瓢沽酒"或"大碗筛酒"，从书圣王羲之借"曲水流觞"饮酒，诗仙李白"会须一饮三百杯"，到苏东坡"一樽还酹江月"，范仲淹"把酒临风，其喜洋洋者也"，再到李清照"三杯两盏淡酒，怎敌他、晚来风急"……诗文中"觥""樽""杯""盏"等，皆是饮酒器具。酒器、酒具不仅是酒的载体也是重要的礼器及使用者身份的象征，更是历史文化的一个重要体现。

1. 湖湘酒器发展阶段

湖湘饮酒用的器具最早究竟出现于何时，至今尚无确切记载，但在现已发掘的文物中，经考证发现，新石器时期的河姆渡文化、仰韶文化、大汶口文化均出土过陶制的酒具。在漫长的历史发展过程中，酒器在制作原料、形制、用途等方面历经了多次演变。按照各个朝代酒器的制造材质，湖湘酒器的发展可以分为以下五个阶段（表4-1）。

表 4-1　湖湘酒器的发展

阶段	朝代	特点
第一阶段	新石器时期	以陶器为主
第二阶段	夏、商、西周	以青铜器为主，陶器依然存在
第三阶段	秦汉	以漆器为主，瓷器开始萌芽
第四阶段	魏晋南北朝、隋唐	瓷质酒器
第五阶段	宋元明清	瓷质酒器为主，伴随有玻璃器、木器、竹器

除上述各种材料制成的酒器外，湖南古代还有用玉石、金银、象牙、景泰蓝等名贵材料制成的酒器，自商代以来，多为富有阶层使用；另外，湖南古代还有用自然材料诸如动物的角、骨、蹄和植物的叶、花、皮等制成的酒器，例如：角杯、禽爪杯、荷叶盏、山尊等。

湖南为多民族省份，在历史的长河中各民族也有自己的特色酒器。例如彝族的鹰爪酒杯、皮质漆器酒碗，湘西一带少数民族的海螺杯等。

2. 湖湘酒器介绍

古代湖南人心灵手巧，会酿酒还善于制作酒具酒器，近百年来在湖南各地出土的许多酒具酒器，很多成了国宝，在世界上也享有美誉。如在宁乡月山铺出土的商代四羊方尊，是国家博物馆的镇馆之宝，在商代的青铜方尊中，此器形体的端庄典雅是无与伦比的。桃源出土的"皿天全方罍"有我国青铜器"方罍之王"的美称；醴陵出土的"象尊"是我国现存唯一的一只；还有长沙跳马涧出土的商代双羊尊、醴陵仙霞狮子山出土的象形尊、衡阳出土的商代青铜牛形尊、湘潭出土的商代青铜猪形尊、常德津市一座商代墓葬中还发掘出完整的一套青铜酒具，等等。另外，长沙窑是我国历史上的一座名窑，因生产过许多流芳后代的酒具器皿而名扬天下，在工艺技术上还曾创造了三个中国第一和中国古陶瓷器的十四个之"最"。从古到今，湖湘大地上出土了许多精美的酒器（表 4-2）。

表 4-2　湖湘地区出土的酒器

形制	名称	所处时代	出土地点	出土年代	用途
陶质酒器	红陶鬶	新石器时代	湖南湘乡岱子坪	1980 年	温酒器，也做炊器
	青釉褐彩诗文执壶	唐朝	长沙窑	1983 年	盛酒器，执壶、斟酒之用
	红陶瓮	新石器时代	湖南澧县	1974 年	盛酒器

续表

形制	名称	所处时代	出土地点	出土年代	用途
青铜酒器	四羊方尊	商朝晚期	湖南宁乡县黄才月仙铺转耳仑山腰（炭河里遗址）	1938 年	饮酒器
	人面纹方鼎	商朝	湖南宁乡	1959 年	礼器、酒器
	青铜象尊	商朝	湖南醴陵县仙霞狮子山	1975 年	盛酒器
	虎食人卣	商朝晚期	湖南安化、宁乡交界处		盛酒器（流落国外，一件藏于法国巴黎市立东方美术馆，一件藏于日本泉屋博物馆）
	青铜牛尊	商朝	衡阳包家台子	1977 年	盛酒器
	青铜猪尊	商朝	湖南湘潭	1981 年	盛酒器
	皿方罍	商朝晚期	湖南桃源		盛酒器（该器于 1919 年被发现，器盖于 1956 年由湖南省博物馆保存至今，器身流至国外。2014 年 3 月 19 日经多方沟通和协议，6 月 14 日回归湖南长沙）
	双羊尊	商朝	湖南长沙跳马涧		盛酒器（盛一种有香味的酒）
	凤鸟纹铜戈卣	商朝	宁乡黄材王家坟山	1970 年	盛酒器
漆质酒器	"君幸酒"漆耳杯	西汉	湖南长沙马王堆一号汉墓	1972 年	饮酒器
	凤漆羽觞		湖南长沙马王堆汉墓	1972 年	饮酒器
瓷质酒器	青釉贴花舞蹈人物纹瓷壶	唐朝	湖南衡阳司前门	1973 年	盛酒器
	青花玉壶春瓶	元朝	湖南常德	1956 年	酒壶
	凤凰纹瓷执壶	晚唐	湖南望城古城村	1983 年	酒壶
	衡州高足杯、高足碗	唐朝	湖南衡州窑		饮酒器
	"对饮图"杯	清朝	湖南醴陵		饮酒器

3. 湖湘酒器欣赏

(1) 四羊方尊

四羊方尊是商朝晚期青铜礼器,祭祀用品。1938年出土于湖南宁乡黄材镇月山铺转耳仑的山腰上,现属炭河里遗址。收藏于中国国家博物馆。

四羊方尊是中国仍存商代青铜方尊中最大的一件,其每边边长为52.4厘米,高58.3厘米,重量34.5千克,长颈,高圈足,颈部高耸,四边上装饰有蕉叶纹、三角夔纹和兽面纹,尊的中部是器的重心所在,尊四角各塑一羊,肩部四角是四个卷角羊头,羊头与羊颈伸出于器外,羊身与羊腿附着于尊腹部及圈足上。同时,方尊肩饰高浮雕蛇身而有爪的龙纹,尊四面正中即两羊比邻处,各一双角龙首探出器表,从方尊每边右肩蜿蜒于前居的中间。

据考古学者分析,四羊方尊是用两次分铸技术铸造的,即先将羊角与龙头单个铸好,然后将其分别配置在外范内,再进行整体浇铸。整个器物用块范法浇铸,一气呵成,鬼斧神工,显示了高超的铸造水平,被史学界称为"臻于极致的青铜典范",位列十大传世国宝之一。

四羊方尊以四羊、四龙相对的造型展示了酒礼器中的至尊气象。羊成为青铜重器着力表现的对象,有其独特的象征意义。

(2) 青铜象尊

青铜象尊为商代酒器,1975年出土于湖南醴陵狮子山,现藏于湖南省博物馆,乃湖南出土的一件重要的青铜器。其高22.8厘米、长26.5厘米。尊盖已失,椭圆形尊口开于象背之上。象鼻长甩,鼻头前伸,鼻端有孔经鼻管与腹腔相通,象鼻实际上起着流的作用。象的整体形态是写实的,就像是一头在奔走中突然停下来的青年公象,但是象的身上之细部纹饰却是想象出来的。象的外表通体遍布云雷纹在底的动物纹饰:象鼻做出凤鸟形状,上伏一虎;象身各处饰有兽面、龙、虎以及龙头蛇身的神物。其纹饰做工细腻,至为美观。它是目前发现的唯一有明确出土地的商代象铜尊,也是造型最为生动、铸造最为精工的鸟兽尊之一。

唯一全器保留的,则是尊盖保存完好、现藏于美国华盛顿的弗利尔美术馆的"商夔纹象尊"。象形器高17.5厘米、长21.2厘米。其体态丰满,象鼻上翘再弯曲为流,象背开口,盖饰龙纹,并以其上方雕刻的一只小象为钮。象鼻饰鳞纹,象身布满龙纹、云雷纹和四瓣花纹,象腿饰兽面纹。

（3）青铜牛尊

1977 年 11 月，这件殷商时期的青铜牛尊出土于衡阳包家台子，长 19 厘米，高 7.4 厘米，重 776 克。出土时该牛尊的嘴部、鼻部和四个蹄子的底部均有不同程度的缺损，现收藏在湖南省博物馆的青铜牛尊是经过修复后展陈的，上海博物馆有一件与这件相似的牛尊，这件牛尊口部的缺损部分是依据上海博物馆的那件牛尊所修复的。

尊是盛酒器，湖南宁乡出土的四羊方尊即属于此类器物，但这件牛尊属于尊中的另一特殊形制，即牺尊，牺尊是采用象、羊、豕、牛、鸟等动物形象作为器物外形进行塑造，湖南省博物馆内收藏的著名牺尊有象尊、豕尊、牛尊等。

这件牺尊以牛为造型，整座尊共分为两个部分，以牛的头部、背部为一部分作为牛尊的盖子，而牛的四肢、腹部、颈部、臀部和尾部作为器物的主体部分即器身。器身大而盖小，盖子边缘呈曲线形依附并吻合于器身。器盖呈卧立的 "S" 形，"S" 的两头分别被设计成两种动物的头部形象，位于水平线上较高的一端为牛头，牛的眼球圆鼓突出，上有一凹痕以示眼珠，并以阴刻线条表现眼眶。牛的两耳为小椭圆形，横向外撇，两耳之上，在牛头的顶部，是一支厚重、敦实的牛角，牛角从中间一分为二，角尖对称分布，直指后方，牛角素面光洁，仅有几条简单的竖向划痕用来表示牛角的肌理。另一端，处于 "S" 形水平线上较低的一头为鱼头。

整座牛尊造型奇巧，构思独特，以牛作为设计原型，使用青铜铸造，将牛头与牛身分别作为器盖和器身，扣合后严丝合缝，毫不突兀。器表纹饰繁复，但是条理有序，将众多的不同纹饰集中组合展示，纹饰基本对称，并采用了 "三重花" 的装饰工艺，有主有次，层次分明。这座牛尊的颜色更是青碧如玉，温润厚重，于深绿中透出光泽来，色调浓郁而带有灵性。

（4）青铜猪尊

商代酒器青铜猪尊，湘潭县出土，其整体造型如一威武有力略带野性的公猪。该尊是目前中国唯一的商代青铜器猪形尊。1981 年初，当时的湘潭县九华乡桂花村村民朱桂武盖新房时发现的。后来经过文物部门鉴定，专家确认这是一个商代猪尊，而且是当时出土时间最早的猪形尊。一直到现在，它仍然保持着在出土的猪尊中最古老的纪录。因为保存完好、装饰精美，青铜猪尊很快被视为国宝，并到海外展出。

该猪尊全长 72 厘米、通高 40 厘米，重 19.75 千克，实测容积 26 升，表面纹饰精美。头部阴刻兽面纹，腹背为鳞甲纹，四肢和臀部为倒悬的夔纹，并以云雷纹衬底。器物外观逼真，有栩栩如生之感。器身呈巧立姿势，整体比例关系与细部结构都比较精确，面比较长，猪嘴部的犬齿尖长，明显呈现野猪的特征，具有很强的写实性，追求形似。另外，猪尊最引人关注的要数它的盖子。这是个蓄势待飞的小鸟，静静地站在猪背上。鸟踩在猪的身上究竟有什么意义，对此，目前没有很清楚的解释。有专家说把尊做成猪的形状，很可能代表了当时人们的宗教观念，是人们接近神灵的媒介，起着巫术般的祈佑辟邪的作用。

（5）皿方罍

商代晚期铸造的皿方罍，属酒器中的盛酒器一类，因器盖铭文为"皿而全作父己尊彝"而得名，堪称"方罍之王"。该器于 1919 年被发现，器盖于 1956 年由湖南省博物馆保存至今，器身流至国外。2014 年 3 月 19 日经多方沟通和协议，皿方罍于 6 月 14 日回归湖南长沙。

皿方罍器盖高 28.9 厘米、器身高 63.6 厘米。罍盖呈庑殿顶形，罍身作长方口，直颈，高圈足。全器以右雷纹为地，上饰兽面纹、夔龙纹、凤鸟纹。肩部两侧装饰双耳衔环，正面腹部下方置一兽首鋬。四面边角及各面中心均装饰突起的长条钩戟形扉棱。

这件距今 3000 多年的方罍，雄浑庄重，器形硕大，通体集立雕、浮雕、线雕于一身，是举世无双的"稀世珍宝"。

（6）"君幸酒"漆耳杯

此漆耳杯 1972 年出土于湖南长沙马王堆一号汉墓中，马王堆一号汉墓中共出土 90 件形状相同、大小略异的漆耳杯。其中，有 50 件题款为"君幸食"，40 件题写"君幸酒"。"君幸酒"杯均为木胎斫制，椭圆形，侈口，浅腹，月牙状双耳稍上翘，平底。内壁朱漆，外表黑漆，纹饰设在杯内及口沿和双耳上。这 40 件耳杯可分成大、中、小三种型号。中型杯有 20 件，杯内红漆衬地，上绘黑卷纹，中心书"君幸酒"，杯口及双耳以朱、赭二色绘几何云形纹，耳背朱书"一升"，器形线条圆柔，花纹流畅优美；大、小型杯各 10 件，大杯无花纹，小杯两耳及口沿朱绘几何纹，大小杯皆有"君幸酒"字样，大杯耳背朱书"四升"。

三、湖湘名人与酒

（一）屈原

屈原（约公元前 340—公元前 278），战国时期楚国诗人、政治家。

屈原是中国历史上第一位伟大的爱国诗人，中国浪漫主义文学的奠基人，"楚辞"的创立者和代表作家，开辟了"香草美人"的传统，被誉为"辞赋之祖""中华诗祖"。屈原作品的出现，标志着中国诗歌进入了一个由集体歌唱到个人独创的新时代。其主要作品有《离骚》《九歌》《九章》《天问》等。以屈原作品为主体的《楚辞》是中国浪漫主义文学的源头之一，与《诗经》并称"风骚"，对后世诗歌产生了深远影响。

屈原出身贵族家庭，一生经历了楚威王、楚怀王、顷襄王三个时期，从小受过良好的教育，精通辞令，又有善于治理的能力，所以在早年间深受楚怀王的信任。在那个七雄争霸的年代，屈原为了实现楚国的统一大业，积极督促怀王变法并建议联手其他国家对抗秦国，一度出现了"横则秦帝，纵则楚王"的格局，但屈原官场之路命运多舛，最终也没有逃过被贬流放的命运。

屈原流放经历与湘酒有不解之缘。流放期间曾借酒抒发自己的爱国情怀及心中的不忿，写下了"众人皆醉我独醒，举世皆浊我独清"的千古名句。

（二）怀素

怀素（737—799），俗姓钱，字藏真，永州零陵（今湖南零陵）人。唐代书法家，以"狂草"名世，史称"草圣"。

怀素从小喜欢书法，由于家贫买不起纸，他经常在寺院的墙壁上、衣服上、芭蕉叶上练习。他在20岁的时候拜访李白，李白也是爱酒之人，仿佛找到了知己般，又因看中其才华，特意为他写了一首《草书歌行》。他后来以"狂草"闻名于世，史称"草圣"，他笔法瘦劲，灵动随性，但又法度俱备，与另一大书法家张旭合称"癫张狂素"，可谓是草书界的"泰山北斗"。怀素的一生只爱四件事"云游、草书、喝酒、吃肉"，甚至连睡觉都是因为喝醉才睡的。如果有人向他求字，怀素写字前要喝酒，酒是他的兴奋剂，每当酒酣兴起，就提笔而出，无论墙壁、器具、衣物、或别人穿着在身的衣衫，碰到什么，挥笔就写。"其草书潇洒超逸，并无狂怪习风，行笔从容不迫，有如笔走龙蛇，平淡天真中枯润交错，似全无法度，却极具法度，挥洒从容，游刃有余，真个是人也逍遥，书也逍遥，其笔意只能领悟，却无法模仿"。有人向他请教写字的秘诀时，他将书法真谛概括为一个"醉"字。

（三）柳宗元

柳宗元（773—819），字子厚，汉族，河东（现山西运城永济一带）人，唐宋八大家之一，唐代文学家、哲学家、散文家和思想家。

柳宗元与湖南有着不解之缘，其《捕蛇者说》写的就是其被流放于湖南永州后在当地见闻。而永州奇山异水不可谓不多，其更是在游嬉永州山水时写下了《永州八记》，其中最有名的莫过于《小石潭记》了。

柳宗元也是喜爱饮酒之人，在流放永州时曾借酒赋诗《饮酒》《法华寺西亭夜饮》以抒怀。

饮酒

今夕少愉乐，起坐开清尊。举觞酹先酒，为我驱忧烦。

须臾心自殊，顿觉天地暄。连山变幽晦，绿水函晏温。

蔼蔼南郭门，树木一何繁。清阴可自庇，竟夕闻佳言。

尽醉无复辞，偃卧有芳荪。彼哉晋楚富，此道未必存。

法华寺西亭夜饮

祇树夕阳亭，共倾三昧酒。

雾暗水连阶，月明花覆牖。

莫厌尊前醉，相看未白首。

（四）刘禹锡

刘禹锡（772—842），字梦得，河南洛阳人，自称"家本荥上，籍占洛阳"，又自言系出中山。其先为中山靖王刘胜。唐朝文学家、哲学家，有"诗豪"之称。

他的家庭是一个世代以儒学相传的书香门第。政治上主张革新，是王叔文派政治革新活动的中心人物之一。后来永贞革新失败被贬为朗州司马（今湖南常德）。据史料记载，刘禹锡对武陵文化的发展、影响是最深远的一个，其著作的《堤上行三首》《竹枝》写出了武陵当地饮酒之风的盛况；而以常德青年女子采菱为题所作的《采菱行》，更是借酒关怀民生，讴歌劳动。

堤上行三首（其一）

酒旗相望大堤头，堤下连樯堤上楼。

日暮行人争渡急，桨声幽轧满中流。

竹枝

两岸山花似雪开，家家春酒满银杯。

昭君坊中多女伴，永安宫外踏青来。

采菱行

白马湖平秋日光，紫菱如锦彩鸾翔。荡舟游女满中央，采菱不顾马上郎。

争多逐胜纷相向，时转兰桡破轻浪。长鬟弱袂动参差，钗影钏文浮荡漾。

笑语哇咬顾晚晖，蓼花绿岸扣舷归。归来共到市桥步，野蔓系船萍满衣。

家家竹楼临广陌，下有连樯多估客。携觞荐芰夜经过，醉踏大堤相应歌。

屈平祠下沅江水，月照寒波白烟起。一曲南音此地闻，长安北望三千里。

第五节　湖湘茶文化

一、湖湘茶文化的形成与发展

湖南具有悠久的茶文化历史，就茶叶生产来说，从文字的记载到文物的证明，至晚开始于战国时代（公元前475—公元前221）。中国最古老的地理文献《尚书·禹贡》，有的学者认为出于周穆王时代（公元前9世纪），多数学者认定是战国时期的著作。在《禹贡》的荆州有"三帮底贡厥名"的记载，文中的"贡厥名"就是"贡厥茗"，贡茗即贡茶。《禹贡》荆州的位置是今湖南全境和湖北的大部分地域，这表明湖南在《禹贡》时代就有贡茶，贡茶是《五经》中最早的文化记载。在中国，关于茶的起源，来自"神农尝百草"的传说，在茶圣陆羽《茶经》中记有"茶之为饮，发乎神农氏"。这个美丽的神话正是滋生在湖南这一中国古老的"茶乡"。

（一）湖湘茶文化的形成

湖南产茶历史悠久，在200多年前，茶叶的种植、生产、饮用活动就已十分发达。自唐代湖南就是中国"海上丝绸之路"的起点之一，长沙窑陶瓷茶具即通过湘江、长江，至扬州出口海外，茶叶、茶具生产、销售和茶饮用活动，以及茶叶科研、文化、教育活动也十分发达。据《后汉书·郡国志》、晋皇甫谧《帝王世纪》等载，相传炎帝晚年巡游天下，积劳成疾谢世（有一说是误食断肠草去世）葬长沙茶乡之尾，"帝葬长沙茶乡之尾，是曰茶陵。炎帝神农氏陵在县西三十里。史记云帝葬长沙之茶乡。""茶乡"即今日之茶陵县。清嘉庆十五年（1821）和光绪十一年（1885）的《湖南通志》对此也有同样的记载。茶陵在"辞书"中解释为：茶陵县在茶水南岸，古时称"茶王城"，也称"茶乡"。可知茶陵产茶历史久远。景阳山一名茶山，是景阳山产茶之证，从景阳流经茶陵的一条水，称洣江，又称"茶水"和"茶陵江"，并且还有"茶陵庙"，都证明茶陵在汉以前就有了茶叶生产。屈原放逐沅湘时作《九歌》，其《东皇太一》有"奠桂酒兮椒浆"之句，

《东君》中有"援北斗兮酌桂浆"之句。经后人考证，椒浆和桂浆都是当时楚国的茶饮。

到汉初，荼陵县已成为中国重要的茶叶产区。西晋《荆州土地记》："武陵七县通出茶，最好。"又南北朝《荼陵图经》中记载："荼陵者，所谓陵谷生茗焉。"荼陵是中国最早用"荼"字命名的地名，至今仍是中国县名中唯一使用"荼"字的行政区。荼陵县置于汉初元封五年（公元前106），为长沙国22县之一，陆羽《茶经》有"荼陵者，所谓陵谷生茶茗焉"的记载。可见荼陵的得名与种茶有关。1954年在长沙魏家大院第四号汉墓中出土了一方石章，上书"荼陵"二字。汉以前"荼""茶"完全不分，因此，"荼陵"也就是今天的茶陵。这方石章是西汉时期的随葬器印，呈长方形，规格为2.5厘米×1.8厘米×1.9厘米，鼻钮用滑石材质制成，凿刻精细，印面装饰感较强。由此推知，该印的主人应是荼陵的地方官。1972年至1973年发掘的长沙马王堆一、三号墓的出土文物中不仅有"荼陵"封泥印鉴，还4次发现有"槚—笥"或"槚—笥"的竹简和木牍。这里的"槚"，据考证就是《尔雅》"苦荼"中的异体字或楚文字。所谓"槚—笥"就是指"苦荼一箱"或"苦荼箱"，即茶叶包装。这是中国至今发现最早的茶叶随葬品。墓中还有一幅敬茶仕女帛画，是王室贵族之家烹用茶饮的写实。这就从考古发掘上证实了汉以前湖南已有种茶和饮茶活动。中唐以后，由于荆州一带人口大量南迁，加之长江中下游一带种茶风气的影响，湖南茶叶生产有了较大的发展。产茶区遍及湘、资、沅、澧四水流域。产茶县主要有岳阳、临湘、长沙、衡阳、荼陵、零陵、益阳、安化、新化、沅陵、常德、汉寿、永顺、龙山、古丈、保靖等县。每年仅贡茶就有12.5万千克，并且产生了阳团茶等比较出名的品牌。唐相裴休任湖南节度使时，在长沙立《税茶十二法》，实行"官茶"。据《新唐书·食货志》记载，裴休税茶法的主要内容，一为各地设有阁邸者，只收取邸值（堆栈费用）……四为砍伐茶园或伤害茶业者以纵私盐法论罪。唐代已出现"茶马互市"，从而促进了湖南茶叶生产贸易方式，即用茶叶去换回北方的马匹，以及纺织品等。《税茶十二法》鼓励茶农种茶、茶商贩运，政府则具体实施茶马交易。

唐代的茶叶用途已由药用广泛转向饮用，唐封演《封氏闻见记》卷六《饮茶》中记载，南人"到处煮饮，多开店铺煎茶卖之，不问道俗，投钱取饮"，以致"风俗贵茶"。据报道，长沙一带曾出土数以百计一模一样的唐代茶碗，其中一只碗内底部特别烧制"茶碗"两字，可见其时已有专门的饮茶用具，饮茶已成一种风尚。在日常生活中，送别友人甚至也以茶代酒。大历六年（771），潭州刺史张谓撰《长沙土风碑记》，作有《长沙失火后戏题莲花寺》等记写长沙的诗。其诗多以边塞生活为题材，颇具特色。

诗云：

> 何处堪留客，香林隔翠微。
>
> 薜萝通驿骑，山竹挂朝衣。
>
> 霜引台乌集，风惊塔雁飞。
>
> 饮茶胜饮酒，聊以送将归。

同时，长沙铜官窑生产的茶水壶等陶瓷茶具大量销往东南亚、中亚和西亚各地。

（二）湖湘茶文化的发展

湘茶悠远绵长的历史，可以上溯到远古神农氏时代。神农尝百草，解毒之茶，就出自湖南的野生茶。

西汉时期，湖南茶叶已经应用于民间之饮，马王堆汉墓出土的茶叶、茶具可以为证。

西晋时代，湖南茶叶就很出名。《荆州土地记》载"武陵七县通出茶，最好。"

唐朝茶圣陆羽《茶经》卷八关于茶叶产地，湘茶产地就列有茶陵、辰州、激浦、衡州、岳州等，称其"山多茶树"，证明湘茶种植在中唐以前就比较兴盛。

唐代名茶中的湘茶，载入史册就有岳州茶，潭州茶、永州茶、辰溪茶等。

宋代名茶有岳州小卷、开胜、大小巴陵、生黄、翎毛，潭州片金、灵草、岳麓茶、桃源鼠溪茶，又有石门茶等。

明《本草纲目》载："楚之茶有岳州之巴陵，辰州之溆浦，湖南之宝庆、茶陵""楚之茶，则有荆州之仙人掌，湖南之白露，长沙之铁色，黔阳之都濡"。

明清时代湘茶的发展较快，名茶有岳阳北港茶、君山银针、宁乡祖塔甜茶、邵阳桂丁茶、城步茶、耒阳侯针山茶、善化乌川山茶、湘潭白莲茶、茶陵景阳山茶、溆浦顿家山茶、宁远九嶷山茶、慈利饭甑山茶、龙山茶、江华界牌茶、沅陵界亭茶等。特别是安化与临湘的黑茶制作，使湖南成为中国边销茶与出口俄罗斯砖茶的主要产地。

1917年9月，湖南省政府设立茶叶讲习所于小吴门外，并拨给公山为种茶之用。1928年冬，政府将茶叶讲习所改为茶叶试验场，后又在长沙县高桥设立分场，开始采用机械制茶，高桥成为湖南茶叶之集散地，有茶庄48家。1942年《湖南之茶》载：湖南75县，有64县产茶，1936年，有茶园10万公顷，产茶近

4万吨。

新中国成立以后，湖南茶业空前繁荣。一是加强了茶叶科学研究机构和教学体系的建设与专业人才的培养；二是茶叶品种不断改良，碧香早、槠叶齐、桃源大叶等优良品种大面积推广，湖南茶叶品质得到大幅度提高；三是茶叶基地不断扩大，茶园面积、茶叶产量不断增加；四是加工机械和加工技术水平不断提升；五是茶叶贸易规模不断扩大；六是茶文化建设不断增强。2001年，湖南省政府分析了茶业发展趋势，将茶业确定为五大农业支柱产业之一，明确了"质量兴茶、科技兴茶，再造湖南茶叶新优势"的方针，制定了"一二三四"的发展战略，即理清一条思路（做大做强茶产业，抓品种、攻品质、创品牌），突出两个调整（茶园布局、茶类结构），搞好三大改造（茶园、茶厂、企业），抓紧四项建设（经营管理、质量监管、出口体系、人才培养）。通过努力，2004年已经实现了五年目标。

二、湖湘茶的种类

2005年，湖南省茶叶学会进行了一次"湖南十大名茶"的评选活动。

2007年湖南茶叶学会综合品牌文化底蕴、生产现状、发展潜力、茶叶品质五项因素，评出了湖南省内的十大名优茶：君山银针、高桥银峰、古丈毛尖、金井毛尖、兰岭毛尖、东山秀峰、南岳云雾、石门银峰、安化松针和野针王。

2010年，湖南省农业厅和湖南省茶叶学会、湖南省茶业协会共同举行了"湖南十大茶品牌"的评比，评选出"十大企业茶品牌"和"四大茶叶区域公共品牌"。其中"湖南黑茶"入选2010年中国世博十大名茶。

2018年，湖南省茶叶学会、湖南省茶业协会、湖南省大湘西茶产业发展促进会进行了"湖南十大名茶"新一轮的评选，安化黑茶、古丈毛尖、黄金茶、石门银峰、碣滩茶、岳阳黄茶，桃源红茶、南岳云雾茶、新化红茶、桂东玲珑茶等当选为"湖南十大名茶"。

（一）黑茶

湖南黑茶始于明代嘉靖三年（1524）前后，《茶马志》云："悉征黑茶，地产有限，仍第为上中二品，印烙篦上，书商名而考之，每十斤蒸晒篦，运至茶司，官商对分，官茶易马，商茶给卖。"据是年《甘肃通志》载："湖南安化仿四川乌茶制法并加改进，制成半发酵类黑茶。"这里指的改进，即现在常用的传统制法，灌浆杀青，趁热揉捻，堆积渥堆，松柴明火分层干燥的典型工艺。

中国黑茶始于何代，似难确立，历史上的茶马交易始于唐，盛于宋，止于清，上下千余年，原以汉川之茶走茶马古道、丝绸之路，运往新疆、西藏、青海、甘肃、内蒙古等省区。人背、船运、马驮，当时茶大多数为做篓装茶，即使压成砖茶亦是防潮不严、日晒雨淋，湿了再晒，晒了再湿，三五个月的行程，茶叶则是在后发酵的环境下，到达各销售区的。因此有人说"黑茶的品质是在船舱里、马背上形成的"。

湖南黑茶始于益阳市安化县，明代嘉靖前湖南有不少黑茶私贩在汉川参与茶马交易，自明代万历年间后，湖南黑茶大批官运至西北易马，后来逐步形成茶交易的主流系之一。以"甘引"与"陕引"的形式，大量发引为茶马交易，为稳定朝廷局势作出了巨大的贡献。

1. 茯砖茶

茯砖茶原产陕西省的泾阳县，是用湖南省安化"甘引"茶原料筑制而成的，称"泾阳砖"，简称"泾砖"。每块净重旧称五斤（当时每斤含596.82克，折合接近2984克，约3千克），用纸壳封装。又称"封砖"。因需要在三伏天筑制，也称"伏砖茶"，又因其功效与中药土茯苓相似，又称"茯茶"。茯砖茶的生产至今已有360年历史。

近代湖南安化白沙溪茶厂经过反复试验，1951年终于在安化就地加工茯砖茶获得成功。现在茯砖茶集中在湖南益阳和临湘两个茶厂加工压制，年产量约2万吨，产品名称改为湖南益阳茯砖。

茯砖茶压制要经过原料处理、蒸气灌堆、压制定形、发花干燥、成品包装等工序。其压制程序与黑、花两砖基本相同，其不同之点是在砖形的厚度上。因为茯砖特有的"发花"工序，除需要很多条件外，一个重要的条件是要求砖体松紧适度，便于微生物的繁殖活动。茯砖与黑、花两砖另一个不同之点，是砖从砖模退出后，不直接送进烘房烘干，而是为促使"发花"，先包好商标纸，再送进烘房烘干。烘干的速度不求快干，整个烘期比黑、花两砖长，以求缓慢"发花"。

茯砖茶外形为长方砖形，规格为35厘米×18.5厘米×5厘米。特制茯砖砖面色泽黑褐，内质香气纯正，滋味醇厚，汤色红黄明亮，叶底黑亮嫩匀。普通茯砖砖面色泽黄褐，内质香气纯正，滋味醇和尚浓，汤色红黄尚明，叶底黑褐粗老。泡饮时汤红而不浊，耐冲泡。每片砖净重均为2千克。

一品茯茶技术含量高，是采用高级的有机黑茶特制发酵，发花是通过提高茶叶品质，采用传统生产工艺科学精制而成，是纯天然，高档次茯茶产品，具有金花普茂，形美，质佳，味香的特点。一品茯茶和金湘益特制礼品茯砖茶曾作为新疆民委庆祝新疆维吾尔自治区成立五十周年指定礼品用茶，属于大众型消费产品。通过改进生产工艺和技术设备研制开发而成，充分保持了传统茯茶的独特风味。袋泡茯茶是在引进国内先进的袋泡茶加工和包装技术后研制和开发的袋泡茶系列产品。袋泡茯茶保持了茯茶的独特品质和传统风味，是适合酒店、宾馆、办公室、家庭消费的健康饮品。

2. 花砖茶和黑砖茶

花砖茶的前身为花卷茶。始于清道光年间。道光元年（1821）以前陕西商人到安化采购黑茶，踩捆成包回陕。随后又改为"百两茶"，踩捆成柱形，每一卷（支）茶，净重合老秤（16 两）一百两。清同治年间，晋商在"百两茶"的基础上，选购高马二溪优质黑茶原料，增加体积重量，用棕和蔑捆压而成花卷，呈圆柱形，称为"千两茶"，即一卷（支）茶，每支净重为老秤一千两。花卷茶加工，做工精良，技术性强，十分保密，有传子不传女及女婿的规矩。花卷茶以安化上等黑茶为原料，经筛制、拣剔、风选、整形、拼配等工序加工而成。每支茶加工可以分为蒸包灌篓、杠压紧形两个阶段。

黑砖茶是 20 世纪 30 年代安化创制新品，砖面压有"湖南省砖茶厂压制"八字，又称"八字砖"。因砖面用凸字字模，兰州市场称黑砖为"鼓字老牌安化黑砖"。黑砖茶于 1935 年试制成功，1939 年湖南省茶叶管理处采用半机械化压制，产品呈长方砖形，规格为 35 厘米×18 厘米×3.5 厘米，砖面色泽黑褐，故名黑砖茶，沿用至今。过去黑砖茶分为"天、地、人、和"4 个等级，1940－1942 年运往新疆，与苏联交易。20 世纪 50 年代后，主销西北，少量经香港地区转口外销。砖面端正，四角平整，模纹（商标字样）清晰。砖面色泽黑褐，内质香气纯正，滋味浓厚微涩，汤色红黄微暗，叶底嫩匀，每片砖净重 2 千克，近年有 2 千克、0.5 千克、0.45 千克 3 种规格。过去分为洒面茶和包心茶两种，洒面茶品质好，包心茶品质差。压制时把差的茶叶压在里面，较好的茶叶压在外面。这样做，内外品质不一，压制也较麻烦。20 世纪 70 年代中期，安化白沙溪茶厂进行工艺改革，在提高洒面茶和包心茶质量的基础上将洒面茶和包心茶进行混合压制，不分面茶和里茶，做到了品质表里如一，同时又简化了手续，提高了工效。现在压制黑砖茶的原料成分为 80％的三级黑毛茶和 15％的四级黑毛茶，以及 5％的其他茶，总含梗量不超过 18％。这些不同级别的毛茶进场后，要进行筛分、风选、破碎、拼堆等工序，制成合乎规格的半成品，做到形态均匀、质量纯净。

半成品再经过蒸压、烘焙、包装等工序，制成黑砖茶。1987 年获商业部优质产品证书，1988 年获全国首届食品博览会银奖。

（二）绿茶

1. 古丈毛尖

古丈种茶有近 2000 年的历史。最早文字记载见东汉《桐君录》：永顺之南（今古丈县境），列入全国产茶地之一。唐代溪州即以芽茶入贡。后列为清室皇家贡品。古丈种茶历史悠久，所产的"青云银峰"，紧细圆直，汤色碧绿，滋味醇爽，微苦而甘，性微寒。"青云银峰"茶产品属性的描述完全与其后的古丈毛尖相一致，这应当是古丈毛尖的源头。"青云银峰"后改称为"古丈毛尖"，有三大原因。其一，清雍正之际，朝廷实施了改土归流，古丈坪长官司改建为古丈坪厅，归新建的永顺府统辖。该厅境内产茶之处甚多，非止青云山一处。因而以古丈为商品名，更容易为外界所接受。其二，古丈所产的茶叶，表面布满了白色的毫毛，此前称为银峰，也是因此而来。称为古丈毛尖，意在凸显该地所产茶叶的外观特性。其三，古丈毛尖一名中的"尖"字，意在强调这种名茶是用初春萌发的茶芽制作而成。高标准的茶品通常都以"一枪一旗"茶芽为原料，制成的成品成针状。因而称之为"尖"，意在强调其外形。总而言之，在漫长的历史岁月中，无论是称为茅茶，称为茶芽，或者银峰，都可以视为古丈毛尖的前身，其制作工艺一脉相承，今天所能观察到的制茶工艺，乃是历史积淀的产物。

古丈毛尖茶的独特品质在于每年清明前采摘芽茶或一芽一叶初展的芽头，经摊青、杀青、揉条、炒坯、摊凉、整形、干燥、筛选等八道工序，一丝不苟，精制而成"明前茶"。其成茶条索紧细，锋苗挺秀，色泽翠润，白毫满披；清香馥郁，滋味醇爽，回味生津；汤色黄绿明亮，叶底绿嫩匀整。

1929 年古丈毛尖获法国国际博览会国际名茶奖，1957 年外经贸部送展莱比锡国际展览会，当年实现小批量出口西德；1982 年被评为湖南省优质名茶第一名，入选中国十大名茶之列；1983 年获外经贸部荣誉证书，被列为优质出口产品；1988 年获北京首届食品博览会金奖；1999 年获 99 中国国际农业博览会"名牌产品"称号，被评为"湖南名牌产品""99 湖南市场占有率最高品牌和 99 湖南消费者购买首选品牌"。

2. 石门银峰

1991 年，在湖南农业大学朱先明教授的指导下，原石门县茶叶开发总公司研制并开发出"石门银峰"。

石门银峰条索紧细匀直，满披银毫，色泽翠绿油润，香气清高持久，汤色亮绿，滋味醇厚爽口，回味甘甜，叶底嫩绿鲜活、完整，具有头泡清香，二泡味浓，三泡、四泡幽香犹存的独特品质。石门银峰茶的鲜叶采摘要求相当严格，于清明前后选择晴天采摘，严格做到不采雨水叶、露水叶、紫色芽叶、瘦弱异形叶，不带鱼叶、鳞片、蒂梗和杂物。鲜叶要求嫩、匀、净、齐。其加工制作分摊青、杀青、清风、炒坯、紧条、理条、摊凉、提毫、烘焙等九道工序。

1993年"石门银峰"被评为湖南省名茶；1994年荣获"中茶杯"二等奖；1994年获第五届亚洲及太平洋国际贸易博览会金奖；1998年获湖南省名优茶金牌杯金奖；1999年获国际名茶评比银奖；2000年获国际名茶评比金奖；2002年在"湘鄂黔渝"武陵山区茶叶评比中获金奖；2004年获中国湖南·星沙（首届）茶文化节名优绿茶评比金奖；2005年再获第六届"中茶杯"全国名优茶评比特等奖；2005年被评为"湖南十大名茶"。

（三）黄茶——君山银针

君山产茶历史悠久，唐代就已生产、出名，因茶叶满披茸毛，底色金黄，冲泡后如黄色羽毛一样根根竖立而一度被称为"黄翎毛"。相传文成公主出嫁西藏时就曾选带了君山茶。乾隆皇帝下江南时品尝到君山银针，十分赞许，将其列为贡茶。

湖南省洞庭湖的君山出产银针名茶，据说君山茶的第一颗种子还是4000多年前娥皇、女英播下的。后唐的第二个皇帝明宗李嗣源，第一回上朝的时候，侍臣为他捧杯沏茶，开水向杯里一倒，马上看到一团白雾腾空而起，慢慢地出现了一只白鹤。这只白鹤对明宗点了三下头，便朝蓝天翩翩飞去了。再往杯子里看，杯中的茶叶都齐崭崭地悬空竖了起来，就像一丛破土而出的春笋。过了一会，又慢慢下沉，就像是雪花坠落一般。明宗感到很奇怪，就问侍臣是什么原因。侍臣回答说"这是君山的白鹤泉（即柳毅井）水，泡黄翎毛（即银针茶）缘故。"明宗心里十分高兴，立即下旨把君山银针定为"贡茶"。君山银针冲泡时，棵棵茶芽立悬于杯中，极为美观的。

君山银针属黄茶类，以色、香、味、形俱佳而著称。银针茶在茶树刚冒出一个芽头时采摘，经十几道工序制成。其成品茶芽头苗壮，长短大小均匀，内呈橙黄色，外裹一层白毫，故得雅号"金镶玉"，又因茶芽外形很像一根根银针，故名君山银针。冲泡后，开始茶叶全部冲向上面，继而徐徐下沉，三起三落，浑然一体，确为茶中奇观，入口则清香沁人，齿颊留芳。1956年8月，在莱比锡国际博览会上，荣获金质奖章。

(四) 红茶

1. 桃源红茶

桃源，地处湘西北，南枕莽莽雪峰、北倚巍巍武陵，一条最漂亮的清水之河——沅水自西向东穿越县境中部99千米。世界的名茶，没有哪一种茶能抛开地理条件，一方水土定了一种茶的品质。桃源大叶茶的出众，关键是它具有优良的品质，其"叶片硕大、叶质柔软、叶色翠绿、茸毛较多、汤色翡翠、气味芳香、余味悠长"。茶叶专家鉴定，此茶富含有益人体健康的硒、锌等微量元素与500多种酚类物质，茶多酚含量高达35%，氨基酸含量8.56%，高于常规茶品一倍以上。由于此茶树只开花、不结果以及千百年来的过度采摘，到20世纪60年代，桃源野茶寥寥无几。当时国内的不少茶叶专家学者慕名踏山寻觅。这时，从安化过来的品茶师廖玉兆就惊奇地发现了陆家冲悬崖上有两株与众不同的大叶茶。1969年，土生土长的卢万俊正好从湖南茶校毕业，便一心扑在大叶茶的开发上。为抢救这濒临绝迹的珍品，县委县政府选定在太平铺的卢家湾建立大叶茶良种繁育科研所，茶叶泰斗朱先民、唐明德、施兆鹏等亲临现场悉心指导，年轻的制茶世家吉光腾当时不仅加入了这个研发队伍，还担当起太平铺公社茶厂厂长的重任，在专家们的带领下，经过数以千计的实验，终于攻克了无性繁育的难关，不仅使野茶繁衍下来，而且保留了野生基因的完整，保持了桃源野茶的高贵品质。

桃源红茶始于清同治四年（1865）。当时，以沙坪为集散埠头，有江西、广东商人经汉口口岸转售，每年出口2万余箱。清末民初，红茶出口高达3万箱，每箱30千克，换银40两，利润颇丰。同时又将红茶梗皮捣成粉末，运往汉口销售给俄商压成砖茶（俗为金砖），远销西伯利亚、土耳其及巴基斯坦等国家和地区。腾琼已开发成功顶级红茶。腾琼用大叶野茶制作的红茶，温婉如玉、明亮如水，弥漫出特有的华贵和雍容，为红茶珍品，注册"桃源红"。"桃源红"汤色红艳明亮，滋味浓醇鲜爽，有独特的花果清香，饮后明目清心、开胃健脾、润喉利咽、养颜护肤。

2. 新化红茶

新化茶叶始于唐，兴于清，盛于民，1915年在巴拿马万国博览会上新化红茶获优质产品奖，1930年在杨木州成立茶公所，建立了八大茶行，1950年中国茶叶进出口公司在杨木州组建了中国红茶厂，20世纪80年代新化工夫红茶，出口英、美、俄等国家。

（五）茉莉花茶

茉莉花茶就是茶中加入茉莉花朵窨制而成，因茶芳香鲜灵，饮后满口留香，因此有人说"在中国的花茶里，可闻春天的气味"。长沙产茶叶和茉莉花有悠久的历史，明嘉靖《长沙府志》即有"杂货之品曰茶，（贡）岁进茶芽六十二斤"的记载；清嘉庆《长沙县志》也有"茉莉夏开白色，清丽而芳"的记载。今日的猴王牌茉莉花茶产于湖南长沙茶厂。其条索紧结，茶叶浓醇，花香鲜灵，纯正持久。冲泡后汤色黄绿明亮，叶底匀嫩，耐冲泡，饮后满口留香，为花茶类的佼佼者。长沙茶厂成立于1950年，当时名为湖南省茶业公司长沙红茶厂。由于出口需要，长沙茶厂于1953年停止加工红茶，改产绿茶和茉莉花茶。20世纪六七十年代花茶产量一般在500吨左右，1982年为发展花茶生产，在总结过去窨制花茶经验的基础上，对原料与配方、工艺与机具以及包装做了改进，提高了产品质量。并利用1982年10月国务院和外贸部在北京同时举办"全国少数民族用品及土特产品展览会"与"全国出品包装展览会"的契机，从湘西调进一批优质绿茶，精心窨制了一批茉莉花茶，正式使用猴王牌注册商标。

猴王牌茉莉花茶制作时对原料十分讲究，首先是选取质地优良的茶坯，主要是选自湘西武陵山区石门、慈利、桑植、永定、古丈等县区及邻近的湖北鹤峰、五峰茶叶原料。这些茶区山高谷幽、森林茂密，鸟语花香，专家公认为世界最宜产茶地区。茶园又大多分布在海拔500～900米处，茶叶肥厚，内含物质丰富，香味独特。毛茶经筛分、切断、风选、拣剔等一系列精制工序，去除劣异成分后，严格分级配料，采用花朵洁白、丰润饱满的优质鲜花，以香气清雅悠长、质地最优的伏花（7～8月产）为主要花料。加春花（5～6月产）、秋花（9～10月产）季节窨制少量花茶，在成品拼配时，按级别拼配，保证各级猴王牌茉莉花茶清香浓郁的品质。

猴王牌茉莉花茶窨制的技术也十分精湛，特级、一级产品坚持三窨一提。在窨茶拼和中做到薄窨，厚度不超过15厘米。下足鲜花数量，把握鲜花吐香规律，并严格控制在窨温度、湿度、起花时间等技术要点，使产品茶优花好，茶、花香浓。猴王牌茉莉花茶一香、二浓、三美、四纯的品质特点享誉大江南北，成为家喻户晓的品牌，以至中国东北、西北、华北地区，流传"喝酒要喝茅台酒，饮茶要饮猴王茶"的民谣。

三、湖湘茶器

湖南岳州是中国青瓷的发源地之一，也是匣钵装烧法的首创之地。从东汉到唐宋，绵延千年。古岳州窑产于今湘阴县城南、城西湘江沿岸一带。唐代，岳州窑的生产居国内先进水平，陆羽《茶经》中列举了唐代六大名窑，岳州窑名列其中。

在湖南挖掘的长沙窑出土茶具中茶碗最多，据统计有数以百计的一模一样的茶碗。唐代陆羽不仅写下了世界第一部茶学著作，而且还专门创新了一整套凡28种烹饮茶叶的专门器具，后经简化定为二十四器。茶具从此与其他饮食器具分离，走向专业化。宋代湖南的金、银、铜、铁、锡、铅、丹砂、水银等矿物质的开采和冶炼均已形成相当大的规模。隋唐时期出现了大量的陶瓷茶具。明清两代又相继出现了玻璃茶具和长沙窑所产的广泛流行的民间的包壶大碗茶具。

（一）马王堆出土漆茶具

马王堆出土漆器以木质胎骨为主，个别的为竹胎，也有在陶器上涂漆的，还有一种是夹差胎，即先用泥土或石膏做初坯，然后用麻布或丝织布贴在上面，再用没有经过脱水处理的植物生漆一层一层地托在模坯上，晾干后把它脱下来，进行打磨、彩绘或者镶嵌金属零件等工序。马王堆出土漆器的图案装饰大部分是云纹组成的龙凤图案和几何图纹，还有花草、怪兽等，构思独特，内容丰富，大致可以分为以某些植物、动物、人物、天象、风景为主的具象图案，和以几何图形、文字、器物与象征物为主的抽象图案。仅天象中的云气就有流云、片云、层云、团云、祥云、云气、云海以及云龙云凤等，给人腾云驾雾、如临仙境之感。图案中的动物大都艺术地改变了其形态，或夸大某一部位，或变某一器官，要方则方，要圆则圆，起承转合，如行云流水，使其形体与不同形状的器具达到高度的和谐统一。

（二）岳州窑青瓷茶具

中国古代茶具虽然种类繁多，但用途广泛又能绵延始终、长盛不衰的当推陶瓷茶具。在古代瓷窑中，有许多是以产茶具而著称于世的，岳州窑和长沙窑就是以烧制青瓷和釉下彩绘茶具而闻名于世的，是唐代主要的青瓷茶具产地之一和釉下多彩、彩绘茶具的首创地。陆羽《茶经》四之器记有："碗，越州上，鼎州次；岳州上，寿州、洪州次。越州瓷青，青则益茶。"湖南岳州窑自被陆羽《茶经》中列为唐六大名窑之后，似沉入洞庭湖中，未见于任何史籍，1953年经考古挖掘始知岳州窑在湘阴城南铁角嘴窑头山一带，并发现裸露在窑地的大量文物。1983 年在城南偏西的樟树镇百梅村，又发现 15 万平方米的窑址，最厚的文物堆积在 2.5 米以上，出土文物碗、碟、壶、瓶、罐，釉色多样清鲜，纹饰讲究，上层为宋瓷，下层为东汉青瓷。1986 年普查在湘阴湘江岸边发现古窑址 25 处，其中青瓷窑址就有 18 处之多，1997 年出土了大量青瓷器物窑具和隋代龙窑，有 8 个文化层次，包含隋、唐、南朝（梁）、东晋、西晋、东吴 6 个时段，延续 500 余年。其西晋匣钵，使"匣钵烧造法"向前推进 300 余年，这一重大发现为中国青瓷技术发展史寻到了源头，证实了岳州青瓷在中国青瓷史上应有的地位，也是湖南最早的青瓷窑，是研究青瓷史不可多得的文物。

（三）长沙窑釉下多彩彩绘茶具

长沙窑制陶始于东汉，制瓷始于唐代，衰于五代。早期主要制作"南青北白"中青瓷的地方品类，为中国青瓷茶具的著名窑场。长沙窑彩瓷源于岳州窑，是"安史之乱"前后北方部分陶瓷工匠南迁到陶土资源丰富、紧靠湘江黄金水道的铜官，将南方青瓷技术和北方白瓷技术相融合基础上创造出来的。加之其产品迎合了国内外消费者的生活需要和文化审美心理，长沙窑以独树一帜的釉下多彩的釉下彩绘特色，一时风行国内外，甚至在西亚市场上出口数量超过了越窑，迅速成为当时全国三大出口陶瓷之一，与青、白瓷形成三足鼎立之势。

长沙窑最早发明釉下彩绘，其纹饰潇洒飘逸，独步天下，多样性前无古人，简笔花草、椰枣梭罗、孔雀鸟鹊、游鱼舞狮、莲花牡丹、武士乐师、座椅绳床等无所不包，构图简洁生动，写意写实相兼，对唐以后的瓷绘艺术产生深远的影响。中国已故古陶瓷专家冯先铭在《三十年来中国陶瓷考古的收获》一书中高度评价："长沙窑是中国釉下彩的创始地，对宋以后瓷窑有极大的影响……为天下第一，也不过分。"

长沙窑最早发明铜红釉烧制技术，窑工们在制作过程中发现，窑炉的还原焰可以将低价的铜还原成高价的铜，形成铜红，由此首创铜红釉色。铜红釉烧制成功，成为世界彩瓷史上始发韧者，为宋钧瓷红、元明清青花釉里红及祭红、郎窑红的发展打下了坚实的基础。把铜红釉发明烧制时间，从宋代提早至唐代，推前 300 多年。

长沙窑陶瓷模印贴花是世界陶瓷史上的一绝，独具特色的模印贴花是用陶泥上模印出花纹后，粘贴在瓷壶的系钮或流下，再施以彩釉。模印技术十分精湛，人物可数清根根胡须，动植物栩栩如生，建筑物富有立体感。长沙市博物馆珍藏的一件娑罗树贴花印模、人物贴花壶是很好的见证。

1. 圆口玉璧底"荼"字青瓷碗

长沙窑的茶碗品种很多，多数茶碗的高度为 4.5 厘米左右，口径 15.4 厘米。早期生产的茶碗以圆口厚胎玉璧底青瓷碗为主，也有敞口玉璧的青瓷碗。中晚期生产的茶碗，品种较多，有各种花口圈足碗，还有多种绘有花草图形装饰的藻胎等。

圆口玉璧底"荼"字青瓷碗，是唐代的主要饮茶器具，它的特殊意义在于它作为实证信物有力地证明了民间茶碗与其他饮、食具分用的历史事实和大致年代。其碗通常高 4.5 厘米左右，口径 15.4 厘米，碗心书有"荼碗"二字。"荼"是茶的古字，陆羽《茶经》以前"荼"与"茶"字互用；之后，茶与荼二字从音、形、义 3 个方面才彻底区分开来。由此我们可以推断此碗为长沙窑的标准茶碗，它的生产年代应在长沙窑创立的早期，即初、中唐时期。

2. 青釉褐斑贴印椰枣纹壶

长沙窑生产的壶，在长沙窑题记中称之为瓶，是唐、宋时期盛茶汤点茶的器具，可能还兼作汲水或盛水的器具，主要器形有喇叭形大口壶、短流执手瓶、小口短流系钮壶、横柄壶、小扁壶等。唐长沙窑生产的青釉褐斑模印贴花椰枣纹瓷壶，出自印度尼西亚勿里洞岛海域"黑石号"沉船。高 22.2 厘米，口径 11.5 厘米，底径 15.8 厘米。外形为喇叭口、短嘴、低圈足，肩部附有系钮，把与肩、腹相接，壶身通体罩透明青釉不及底，釉面光亮如新，釉层薄，开细小片，釉色均匀，略有垂釉现象。采用贴、印手法，饰有褐斑椰枣纹，整体造型敦实厚重，但朴实中透出秀丽。器内轮制痕迹清楚，底足略修。模印处稍内凹，有窑裂。

3. 茶擂钵

长沙窑出土茶擂钵，呈碗状，通高 5 厘米左右，口径 15 厘米，平底，内壁刻有放射形沟状纹图案，既增强搓揉茶料时的摩擦力，又一定程度上美化了茶器，使之粗中有细，俗中见雅，不失为珍贵的茶具文物。擂钵，加工茶叶使用的器皿。造型有敞口、撇口之分；器外施釉至口沿，器内刻有很深的直条纹，带装饰的鱼纹和莲花纹。始于唐，盛于宋。在今天仍广泛使用。作食用的擂钵一般体形较大，但也有例外，如现在湖南桃江、安化县的擂茶，因饮食的人多，擂的东西有芝麻、花生、黄豆、大米等物，所以与其他食具擂钵是分用或共用的。作为古代碾茶器具，用于碾、擂茶和搓揉掺茶作料以制成擂茶用的茶擂钵，器形一般很小，其使用也有明显的区域性。今天湖南桃源县以芝麻、生姜和盐为原料，有三生汤之称的清擂茶就还使用这种器具。另外，长沙、益阳、湘阴等盛行喝芝麻豆子姜盐茶的地区也仍在使用这种茶擂钵，器形稍有变化，多为尖底，内壁刻有单一放射形沟状纹，主要用来擂盐渍姜，使之在茶水中味道更容易发挥出来。

4. 瓷茶碾

茶碾，属于古代盛行煎茶法时期一种特有的碾茶用具。唐宋及其以前，人们饮茶主要是饼茶，在饮茶前先得将饼茶碾成细末，方可煎茶，否则很难将茶汁煎出来。茶碾的作用，就是将饼茶碾成细末，所以，它是煎茶用的一种器具。出土于长沙古墓中的茶碾，形态制法各异，造型朴实。

（四）醴陵釉下五彩瓷茶具

中国是瓷的故乡，长沙窑是高温釉下彩的首创者，湖南的另一瓷品"醴陵釉下五彩瓷"则是中国瓷器的另一颗鲜艳夺目的明珠。据考证，长沙窑当时有在白釉下画绿彩的，有在黄釉下画褐彩的，也有在青釉下画褐绿彩的，也有在青黄釉下画三彩等品种。在瓷器的纹饰上，除了各种各样的图案外，还大量使用了花鸟、走兽、人物等题材，大量运用了诗词、书法，并直接以绘画的手法来美化瓷器，开创了陶瓷史上的先例，是陶瓷装饰技法的新创造。此后宋代著名的磁州窑和其他北方民窑中的黑褐彩绘，以及元、明、清各代的青花、釉里红这些釉下彩瓷工艺，都可以说是在长沙窑的影响下发展起来的，并为釉上彩绘开辟了道路，使中国的彩瓷艺术取得了杰出的成就，享誉世界。1000 多年来，长沙窑的釉下彩瓷工艺也一直深深地影响着湖南瓷业的发展，到清末，醴陵瓷业的发展成为湘南瓷业的代表。

（五）竹木茶器具

隋唐以前，中国饮茶虽渐次推广开来，但属粗放饮茶。当时的饮茶器具，除陶瓷器外，民间多用竹木藤等天然材料制作而成。陆羽在《茶经·四之器》中开列的 24 种茶具，多数是用竹木制作的这种茶具，来源广，制作方便，对茶无污染，对人体又无害，因此，自古至今，一直受到茶人的欢迎。但缺点是不能长时间使用，无法长久保存，失却文物价值。只是到了清代，在湖南茶乡益阳出现了一种竹编茶具，它既是一种工艺品，又富有实用价值，主要品种有茶杯、茶盅、茶托、茶壶、茶盘等，多为成套制作。竹编茶具由内胎和外套组成，内胎多为陶瓷类饮茶器具，外套用精选慈竹，经劈、启、揉、匀等多道工序，制成粗细如发的柔软竹丝，经烤色、染色，再按茶具内胎形状、大小编织嵌合，使之成为整体如一的茶具。这种茶具，不但色调和谐，美观大方，而且能保护内胎，减少损坏，同时，泡茶后不易烫手，并含艺术欣赏价值。因此，多数人购置竹编茶具，不在其用，而重在摆设和收藏。

在竹制茶叶器具中，以邵阳翻簧竹刻最为有名。它创始于清代乾隆年间，其工艺是巧妙地将竹的内簧制成器具的表面，即翻簧竹板，再制成茶叶盒、茶叶筒等各种器具，然后在上面雕刻作画。雕刻技术有线刻、浮雕、沉雕、明文雕、阳文雕、镂空、压烫、腐蚀、镶嵌等。图像多为兰竹花草、鸟兽虫鱼、仕女人物、山川胜迹等。在 1915 年巴拿马万国博览会上，邵阳翻簧竹刻曾获银牌奖。竹木质地朴素无华且不导热，用于制作茶具有保温不烫手等优点。另外，竹木还有天然纹理，做出的茶具别具一格，很耐观赏。目前主要用竹木制作茶盘、茶池、茶道具、茶叶罐等，也有少数地区用木茶碗饮茶。

第五章

湖湘杰出人物

第一节　理学鼻祖——周敦颐

一、吾道南来，原是濂溪一脉；大江东去，无非湘水余波

在岳麓书院的文庙，大成殿右侧廊屋的廊柱上，至今悬挂着一副非常有名的对联："吾道南来，原是濂溪一脉；大江东去，无非湘水余波。"据说，这副对联是由清朝著名学者、湘潭人王闿运（1833－1916）撰写。当年，王闿运到江浙一带讲学，江浙士人以其特有的优越感瞧不起王闿运。王闿运二话不说，即席书写了这副对联，令江浙士人一时瞠目结舌、面面相觑。上联中的"道"是指宋明理学，"濂溪"指的是理学鼻祖周敦颐。下联讲滚滚长江，不过是湘江的余波，江浙士人所做的学问，无非是为湖南人周敦颐做注脚而已。

周敦颐（1017－1073），又名周元皓，原名周敦实，字茂叔，谥号元公，北宋道州营道楼田堡（今湖南省道县清塘镇楼田村）人。湘江支流濂溪流经其故居，周晚年移居江西庐山莲花峰下，峰前有溪，因此以水为名，为故居取名濂溪，并自以为号，世称濂溪先生。

道县清塘镇楼田村村口矗立着一座牌坊，一副楹联镌刻其上："周庭举世皆尊，元公哲学，鲁迅文章，恩来开国总理；风景这边独好，都庞苍翠，濂水湛蓝，道岩湘南奇观。"楹联既概括了村庄的奇山异水、秀美风光，也道出了周敦颐廉洁家风薪火相传，后裔繁衍发达，涌现出了鲁迅、周恩来等杰出代表。

说起周敦颐，很多人第一时间会想起《爱莲说》。

水陆草木之花，可爱者甚蕃。晋陶渊明独爱菊。自李唐来，世人甚爱牡丹。予独爱莲之出淤泥而不染，濯清涟而不妖，中通外直，不蔓不枝，香远益清，亭亭净植，可远观而不可亵玩焉。

予谓菊，花之隐逸者也；牡丹，花之富贵者也；莲，花之君子者也。噫！菊之爱，陶后鲜有闻。莲之爱，同予者何人？牡丹之爱，宜乎众矣！

周敦颐品行高洁、为官清廉，学问渊博，确实是"君子者也"。他文章虽好，却不以文章名世。后世对他推崇备至的是他的哲学著作《太极图说》和《通书》。周敦颐用他卓越的理论思维，哲学的智慧，应对北宋时期的儒学困境，顺应时代要求，在儒家基础上大胆吸收佛道思想，并将三者融为一体，开创了宋明理学。

二、理学鼻祖时代的召唤

自汉武帝"罢黜百家，独尊儒术"后，儒家思想成为当时治国理政的唯一指导思想。尽管佛教在西汉末年已经传入，道教在东汉末年逐渐形成，但佛道两家思想在相当长的时期内还不足以对儒家思想形成挑战。魏晋南北朝以来，国家分裂，政治黑暗，民不聊生。下层民众纷纷从佛道两家思想中寻找心灵的慰藉。统治者也开始笃信佛教。南朝宋齐梁陈各代帝王大都推崇佛教，尤以梁武帝萧衍最为突出，他曾四次舍身入建康（今南京）同泰寺，最后都由国家出钱赎回。唐代诗人杜牧的"南朝四百八十寺，多少楼台烟雨中"说的就是佛教发展的盛况。唐代是佛教发展的鼎盛时期，同时唐代帝王又以道教老子李耳的后裔自居，于是形成儒释道三教并进的局面。儒学独尊的地位受到严重的挑战。

为恢复儒学的正统地位，韩愈写了《原道》《原性》等文章力批佛道，发起儒学复兴运动。唐元和十四年（819）正月，唐宪宗命宦官从凤翔府法门寺真身塔中将所谓的释迦文佛的一节指骨迎入宫廷供奉，并送往各寺庙，要官民敬香礼拜。时任刑部侍郎的韩愈看到这种信佛行为，便写了一篇《谏迎佛骨表》，劝谏阻止唐宪宗，指出信佛对国家无益，劳民伤财，而且自东汉以来信佛的皇帝都短命。结果触怒了唐宪宗，判了韩愈死刑。经宰相裴度等人说情，最后韩愈被贬到八百里外的潮州。韩愈悲愤难当，写下了《左迁至蓝关示侄孙湘》这首著名的七律："一封朝奏九重天，夕贬潮阳路八千。欲为圣明除弊事，肯将衰朽惜残年！云横秦岭家何在？雪拥蓝关马不前。知汝远来应有意，好收吾骨瘴江边。"

韩愈以及后来北宋的孙复、欧阳修等对佛道大力抨击，但都无力回天。因为他们抨击的是佛教的外在形式，而忽略了佛学精深的理论。佛学思想最重视人的心灵的关怀，而这恰恰是当时儒学的短板。儒学要复兴，必须要吸收佛道思想的长处，形成新的儒学，才能战而胜之。这个重担历史地落到了周敦颐的身上。

周敦颐以儒家经典《周易》《中庸》的思想为主，创造性地将佛道的心性之说融入其中，构建了"天人合一"的思想体系，为儒家心性之说提供了本体论依据。

　　周敦颐的哲学思想是从构建本体论开始的。他认为宇宙的本原是"太极"，由太极而化生万物。具体演变为："无极而太极。太极动而生阳，动极而静，静而生阴，静极复动。一动一静，互为其根。分阴分阳，两仪立焉。阳变阴合，而生水火木金土。五气顺布，四时行焉。五行一阴阳也，阴阳一太极也，太极本无极也。五行之生也，各一其性。无极之真，二五之精妙合而疑。乾道成男，坤道成女。二气交感，化生万物。万物生生，而变化无穷焉。"当然，周敦颐是从《周易》和《道德经》受到启发。《易经》："易有太极，是生两仪，两仪生四象，四象生八卦。"孔颖达疏："太极谓天地未分之前，元气混而为一，即是太初、太一也。"《道德经》："有物混成，先天地生。寂兮寥兮，独立而不改，周行而不殆，可以为天地母。吾不知其名，强字之曰道。""道生一，一生二，二生三，三生万物。"

　　周敦颐在对本体论阐述之后，也对心性论进行了阐述。由太极而化生万物，万物之中人为最贵。人能禀太极之理，太极之理也就是诚，而诚就是人的本性。诚是至善的，故人的本性也是至善的。由此，周敦颐得出人性本善的推论，回答了"内圣"如何可能的问题。

　　在周敦颐之前的儒学主要是政治儒学，其着眼点在政治领域，以"仁"为价值准则，以"礼"为外在度量，以宗法血缘为基础，构造家国同构的社会秩序和政治秩序。但这种官方意识形态的儒学缺乏本体论的依据，同时也缺乏对人的终极关怀。

　　从周敦颐开始，儒学开始构建本体论的依据，并且涉及人生价值的终极关怀，转变为心性儒学。

　　周敦颐在其《太极图说》和《通书》中提出了宇宙论、万物化生论和道德论，以及一系列的哲学范畴，如无极、太极、阴阳、五行、动静、善恶、主静、诚和无欲等。这些思想和范畴为宋明理学的形成发展奠定了基础，为后来的理学家所反复讨论和发挥。

　　后世理学家对周敦颐推崇备至。胡宏说他"启程氏兄弟以不传之学""其功盖在孔孟之间矣"（《胡宏集·周子通书序》）；张栻称之为"道学宗主"；朱熹为《太极图说》和《通书》作注；南宋理宗淳祐元年（1241），追封周敦颐为汝南伯，从祀孔子庙庭，正式确立理学鼻祖的地位。

三、极大地提升了湖南的文化地位

作为理学开山、道学宗主的周敦颐，是中古时期的中国儒学乃至整个思想界的一座高峰。

在中唐以前，湖湘大地的本土文化在全国一直处于非常落后的状态。从秦汉到魏晋南北朝，湖南的名人寥若晨星，为史书所罕见。晚清经学家皮锡瑞在《师伏堂未刊日记》中说："湖南人物，罕见史传，三国时如蒋琬者，只一、二人。"隋唐开科取士几百年，在唐大中年前，湖南没有出过一个进士。直到中唐以后才慢慢有所改观。所谓改观，是说到了唐宣宗大中四年（850），长沙人刘蜕成为湖南的第一个进士，号称"破天荒"。有唐一代湖南进士共 9 人，全部出于后期。因此，在当时中原人的眼里，湖南还是一个未完全汉化的地方，经济、政治、文化极其落后。同时，这里炎热、潮湿、蚊子多、瘴气大，所谓"炎热""卑湿""风俗夷僚""蛮越杂处"，在当时为安置贬官谪吏的去处。如王昌龄、刘禹锡、褚遂良、张说、令狐楚和元结这些人都是被贬来到湖南的。

直到宋代，因为周敦颐著述了《太极图说》和《通书》，开创了宋明理学（宋明理学的领军人物是周敦颐的学生程颢），成为理学的开山鼻祖，湖南在全国才开始有了地位，改变了中原人对湖南的看法。因此，周敦颐是湖南人心目中的第一根学术标杆和第一尊精神偶像，极大地提升了湖南的文化地位。同时，周敦颐所开创的理学，在湖南经胡安国与胡宏父子俩的传承与发展，直接催生了湖湘学派。

第二节　朱张会讲——朱熹、张栻

一、一水长流池不涸；两贤互蹉道终同

南宋乾道三年（1167），岳麓书院迎来了一场名扬后世的学术盛宴，两位世界级、不同学派的思想家在此论道互蹉。一时观者云集、万人空巷。以致岳麓书院门前的饮马池池水，都被观众的马匹喝干。一时"舆马之众，至饮池水立涸"（清代赵宁《新修长沙府岳麓书院志》卷三）。这场别开生面、盛况空前的岳麓论道，就是著名的"朱张会讲"。

1983 年 8 月，美籍华人、著名汉学家陈荣捷参观岳麓书院，有感于"朱张会讲"，于是在书院的讲堂题写了这副对联："一水长流池不涸；两贤互蹉道终同。"

公元 1167 年 9 月 8 日，从福建崇安启程的理学大师朱熹抵达长沙造访张栻。朱熹在长沙逗留了两个月，著名的"朱张会讲"由此展开。朱张对理学中的一系列问题，如"中和""太极"等分别在岳麓书院和城南书院轮流进行讨论。除了同张栻会讲，朱熹应邀到湘江对面的城南书院讲学。张栻常常陪同朱熹横渡湘江的那个渡口，后被易名为"朱张渡"，成为"朱张会讲"这一千古佳话的永恒见证。从今长沙湖南第一师范学院横过书院路，便到了六铺街湘江畔的著名渡口——朱张渡。

朱熹作诗记下了这次意义深远的学术交流活动，"偶泛长沙者，振衣湘山岑。烟云渺变化，宇宙穷高深。怀古壮士志，忧时君子心。寄言尘中客，莽苍谁能寻"。

相传二人曾将东岸命名为"文津"，将西岸命名为"道岸"。太守刘琪在岸边建船斋，供二人往返时休息，张栻和朱熹二人尚以《船斋》为题作同题诗自娱。张栻过世之后的 1194 年，朱熹任湖南安抚史，移节长沙，仍取道古渡往来于岳麓书院与官衙公署，白天办公，晚间讲学，相从的门徒多达千余，朱张渡的繁华景象可想而知。从此，朱张渡一直成为岳麓书院学子往返于湘江的主要渡口。

二、"朱张会讲"的由来

朱熹（1130—1200），字元晦，又字仲晦，号晦庵，晚称晦翁，谥文，世称朱文公。祖籍江南东路徽州府婺源县（今江西省婺源），出生于南剑州尤溪（今属福建省尤溪县）。宋朝著名的理学家、思想家、哲学家、教育家、诗人，闽学派的代表人物，儒学集大成者，世尊称为朱子。朱熹是唯一非孔子亲传弟子而享祀孔庙，位列大成殿十二哲者中。师从程颢、程颐的三传弟子李侗。其著述甚多，《四书章句集注》成为钦定的教科书和科举考试的标准。

张栻（1133—1180），字敬夫，后避讳改字钦夫，又字乐斋，号南轩，学者称南轩先生，谥宣，后世又称张宣公。南宋汉州绵竹（今四川绵竹市）人，右相张浚之子。南宋初期学者、教育家。师从著名理学家胡宏，湖湘学派的代表人物。与当时著名思想家朱熹、吕祖谦讲学为友，史称"东南三贤"。南宋孝宗乾道元年（1165），主管岳麓书院教事，从学者达数千人。张栻将湖湘学派发扬光大，成为一代学宗。

两位分属不同学派的理学大师，一个在湖南，一个在福建，山河阻碍，相隔一千多里，是什么缘由促成了"朱张会讲"？根据朱熹《中和旧说序》的记载，朱熹此行有他明确的目的。朱熹的老师李侗死后，他在学术上遇到了对《中庸》之义不解的疑难，从而萌生了湖南之行的念头。

原来，朱熹师从李侗时，李侗很尽心地讲解了中庸义，但朱熹当时的兴趣却在训诂学。待到他感受到中庸之义的魅力时，恩师却已撒手人寰。所以，对于中庸之义，朱熹一直不得甚解。这样的状态，让他吃不香，睡不好。正当朱熹苦于无人指点迷津时，适闻张栻得衡山胡氏（胡宏）真传，而胡宏是南宋著名的理学家，以宋代程朱理学的开创者程颐、程颍的弟子自居，与李侗属同一渊源。全祖望十分推崇此人在儒学上的造诣，认为"中兴诸儒所造，莫出五峰（胡宏）之上""卒开湖湘之学统"（《宋元学案》卷42《五峰学案》）。于是，朱熹萌发了对张栻"往从而问焉"的愿望。

一言以蔽之，与张栻切磋学术是促成朱熹湖南之行的根本原因，这也从一个侧面表明了湖湘学派在朱熹心中的地位和影响。"朱张会讲"今天似乎已成定论，但从当时的实际情况来看，是朱熹不远千里来到长沙向张栻请教中庸之义的。因此，有人提出，不是"朱张会讲"，而是"张朱会讲"。

但是，一方面朱熹比张栻年长三岁，"会讲"时朱熹37岁，张栻34岁；另一方面，朱熹不远千里来到长沙，应该尊重客人；最重要的原因是朱熹在后世的影响远大于张栻，他的理学思想影响了中国几百年。张栻在留下了《南轩文集》《论语解》《孟子说》等著作后，病逝于湖北江陵，年仅48岁。因为早逝，张栻的智慧之光也就此熄灭。有很多人认为，这正是张栻在成就及学术地位上不及朱熹的重要原因。而朱熹比较长寿，活了70岁。他知识渊博、思想深刻、勤于著述，著作等身。在南宋及以后几百年的封建社会中，朱熹的成就和影响无人能望其项背。

三、"朱张会讲"的意义

据记载，他们"举凡天地之精深，圣言之奥妙，德业之进修，莫不悉其渊源，而一归于正大"，尤其是对"中和""太极""仁"等理学中的一系列重要概念进行了深入探讨。谈得兴起时，两人竟通宵不眠。经过反复的切磋论辩，两人在"太极"等一些问题上的见解趋于一致，双方都得到很大的启发与收益。

"朱张会讲"之后，四方学生接踵而来，致使岳麓书院名扬天下，元代理学家吴澄在《重建岳麓书院记》中说："自此之后，岳麓之为岳麓，非前这岳麓矣，地以人为重也"。同时，此次会讲纠正了此前湖南的文风。据言，当时湖南学者文字"辞意多急迫，少宽裕""全无涵养之轼"。而会讲之后，湖南人始知摒弃上述之不足，努力学习别人之所长，才"归于平正"。更为重要的是，"朱张会讲"树立了自由讲学、互相讨论、求同存异的典范。这样的治学方式，今天仍值得推崇和借鉴。

胡安国、胡宏开创的湖湘学派，经过张栻的弘扬和发展，才走向成熟。"湖南一派，在当时为最盛。然大端发露，无从容不迫气象。自南轩出而与考亭（朱熹）相讲究，去短集长，其言语之过者，裁之，归于平正。"（《宋元学案·南轩学案》）湖湘学派在当时为最盛的一派，经过张栻的讲学和与朱熹的交流，"去短集长"，使得湖湘学派在理论上更加精致，也使张栻成为该学派的代表人物。黄宗羲肯定了张栻之学出自胡宏，又超出胡宏的事实。他说："南轩之学，得之五峰，论其所造大要，比五峰更纯粹，盖由其见处高，践履又实也。"（《宋元学案·南轩学案》）张栻之所以继承并发展了胡宏的思想，取得更高的理论成就，是因为在与朱熹的交往中修正了胡宏的某些观点，使湖湘学派在理论上更加成熟。

"朱张会讲"之后，朱熹一直心系岳麓书院，并为岳麓书院的发展做出了重大贡献。"绍熙四年（1193），诏除文公为湖南安抚，累辞不允。越明年五月至镇。……是刘公（珙）所创书院，岁久寝圮，公修复之，更建于爽垲之地，规划一新焉。"（杨茂元《重修岳麓书院记》）南宋绍熙五年（1194），当时张栻已作古多年，而"朱张会讲"也已经过去 27 年，湖南迎来了一位新的安抚使，他就是朱熹。岳麓书院本是朱熹与张栻会讲之所，当年在此讲学，重来旧地，自有一种特殊感情。此时的岳麓书院很不景气，已非昔日可比，"比年以来，师道陵夷，讲论废息，士气不振，议者惜之"。朱熹一到任就筹划重整岳麓书院，他颁布了《朱子学院教条》，使岳麓书院第一次有了正式的学规。朱熹把"学、问、思、辨、行"定为"为学之序"，书院在教学过程中注重独立思考、知行统一。书院规制为之一新。经朱熹精心整治，岳麓书院再次进入繁盛时期，时称"道林三百众，书院一千徒"，被誉为"潇湘洙泗"。

第三节　睁眼看世界第一人——魏源

魏源（1794—1857），字汉士，号默深，湖南邵阳人，近代湖湘经世派的代表。他秉承湖湘学术经世致用的传统，以经学入政治，积极参与社会改造。在鸦片战争后，他率先打量海外诸国，试图从西方文化中寻找经世的途径，提出了"师夷长技以制夷"的主张，成为后来洋务派运动的嚆矢。尽管他的思想有诸多局限，但已经开启了传统士人接触西学、变法求新的序幕，他因此也被称为"近代睁眼看世界第一人"。

魏源从青年时期就开始研究经学，接受了今文经学尤其是公羊学的影响，成为与龚自珍齐名的今文经学大师，时称"龚魏"。魏源的经学代表作是《诗古微》《书古微》和《公羊春秋》上下篇。

公羊学是西汉今文经学的重要学派。在历史观上认为社会的发展遵循着"据乱世、升平世、太平世"交替变换的规律，对应着"黑统、白统、赤统"的朝代更替。作为今文经学家，魏源坚持《春秋》为孔子托古改制之作的观点，认为《春秋》一经有孔子的政治理想和微言大义，"张三世""通三统"是解释《春秋》微言大义的关键，因此治经必治《春秋》，治《春秋》必通《公羊》。

魏源力倡今文经学，实质是将经学作为治术而引向现实的"经世致用"，为经世致用寻找理论依据。魏源贯经术、政事、文章为一体，"以经术为治术"。在他看来，治经、明道、政事三者密切相关，政事需要经学的指导，才不会迷失方向。如果把它们割裂开来，就会"毕生治经，无一言益己，无一事可验诸治者"。为此他大力提倡事功，"以实事程实功，以实功程实事"，以此达到富国强民的目的。

魏源一生最大的贡献在于以经学入政治，将传统学术与现实政治和社会实际问题相结合。他关注社会政治经济事务，留心社会弊政的改革和史地疆防之学，大力倡导匡世，并躬自履践。他倾尽心血编写成《皇朝经世文编》《海国图志》等经世典籍。在历史大变动的浪潮中，魏源不但在湖南而且在全国起了承上启下的关键作用，成为近代启蒙思想的先驱。

魏源编撰《皇朝经世文编》《海国图志》的目的在于扶世救弱。

《皇朝经世文编》近300万字，收录道光以前清代254位作者的2000余篇经世文章，"凡文字足备经济、有关治世者，无不搜采"，是一部反映清代前期政治、经济、文化、军事典章制度和社会状况的重要文献，是借助传统经验解决税收、漕运、盐法、币制、荒政、水利、河工等经世实务的探索，这部书问世后得到了士人的推崇，晚清汉学大师俞樾在《皇朝经世文续编序》中说："数十年风行海内，凡讲求经济者无不奉此书为矩蒦，几于家有其书。"

《海国图志》凡 100 卷，内容十分丰富，全方位地介绍了世界各国的地理、历史、政治、经济、军事、科技、风土等情况，是中国近代第一部全面系统地介绍世界历史地理和社会经济发展的巨著。

魏源编纂《海国图志》的目的是"为以夷攻夷而作，为以夷款夷而作，为师夷长技以制夷而作。"他认为"夷之长技三：一战舰，二火器，三养兵练兵之法"。而师之法，首先就是设厂自造，他提出在广东虎门外设置造船厂、火器局，延请西洋人教"行船演炮"之法。安排工匠"习其铸造"，使精兵"习其驾驭攻击"。对于养兵练兵之法，就是不在多而在精。他指出应该淘汰"虚冒冗滥之缺"，以厚饷练精兵，"精训练而严节制"，可增强军力。

《海国图志》反映了魏源强烈的爱国思想。他认为西方国家的富商大贾是侵略者，"专以鸦片之烟，耶稣之教，毒华民而耗银币"。他倡导国家之间在外交上要自主，在贸易上应"互市"，反对非法的鸦片贸易。他揭露了英国殖民者到处扩张势力，"四海之内，其帆樯无所不到，凡有土有人之处，无不睥睨相度，思朘削其精华。"他也告诫中国人不要放松对沙皇俄国的警惕。

魏源还是一位实干家，他在《皇朝经世文编》的序言中说："格其心、身、家、国、天下之物，知奚以正，奚以修，奚以齐且治平者也"，强调在"格物"过程中治世。在这一思想指导下，魏源积极投身于当时经世派的改革活动。如协助陶澍、贺长龄参与江苏漕粮、水利等问题的筹议与改革。

在漕运改革上，魏源支持包世臣漕粮海运的主张，其主张主要有二：一是更改路线，变漕运为海运，减少疏通运河水道的费用，同时可以避免沿途的盘剥；二是更换运粮方式，改官运为商运，借助民间海商之力加大运力。在改革中，魏源本着"及之而后知"的指导思想，深入调查研究，为证明可以借助海商进行漕运，他统计了海商货运能力，用事实驳斥了反对海运的人们的谬误。魏源的筹划对于陶澍与贺长龄等经世派官员在改行漕粮海运过程中的实际操作，是大有指导和参考作用的。据史料记载，道光六年（1826）春，江南四府一州漕粮实行了海运，整个过程极为顺利，漕米损失仅为千分之一，运到津仓的漕米根本没有发生霉变问题，"视河运之粟，莹洁过倍"。陶澍等官员因筹划组织之功，而受到了朝廷的奖励。魏源在为其成功而欢欣鼓舞的同时，也没有忘记及时进行总结，为此代人写了《海运全案序》《海运全案跋》《道光丙戌海运记》。在这些文章中，魏源用事实进一步证明海运较之于河运的优越性，那就是大大降低了运输费用，从而做到了利国、利民、利商。

在盐政改革上，魏源提议废除纲盐制，以一般商人领票纳税，自由运销的"票盐"制代替"纲盐"制，废除盐纲世袭垄断权，唯凭商人纳税，取票买盐。魏源参与筹划的票盐制于1832年在淮北试行，盐政改革的结果，使盐价大减，走私现象渐绝，国家盐税收入也随之大增。"利国利民，利商利灶，为数百年所未有"。事后，魏源分析说："票盐售价，不及纲盐之半，而纲商岸悬课绌，票商云趋骛赴者，何哉？纲利尽分于中饱蠹弊之人……票盐特尽革中饱蠹弊之利，以归于纳课请运之商，故价减其半而利尚权其赢也"。在魏源看来，以盐票的方式可以减少运输销售的费用，而低价销售可以增大销量，利于民生．销量加大又可以增加财税收入。

在黄河治理上，魏源在吸收前人见解的基础上，深入实地调查和研究，提出促使黄河改道北流以彻底解决治河问题的主张。

魏源的经世学说和实践对此后的洋务运动、维新变法起到了启蒙和号召作用。

首先是对洋务运动的重大影响。魏源"师夷长技以制夷"的理论培养和孕育了一代具有远见卓识的知识分子。此后的洋务运动领导力量曾国藩、左宗棠、郭嵩焘、张之洞等人，都受到魏源思想的影响。洋务运动就是在"师夷长技以制夷"思想的指导下和曾、左等人推动下发展起来的，它开辟了近代中国的民族自救运动的先河。曾国藩、左宗棠都认真仔细阅读过魏源的著作，而他们兴办洋务如设轮船局、造枪炮等，都是受到魏源"所谓师夷长技以制夷"思想的启发。近代第一位外交使臣郭嵩焘充分肯定了魏源思想的历史价值，说《海国图志》"以互市议款及师夷长技以制夷"等，"历十余年而其言皆验"。张之洞更是高度评价《海国图志》，认为它"是为中国知西政之始"。

其次是对戊戌维新运动的重大影响。魏源经世致用思想的重要内容，如政治变革、学习西方文化、重视经邦治国之才等，启迪了冯桂芳、王韬、郑观应、薛福成等早期维新运动思想家，影响了康有为、梁启超、谭嗣同等维新运动领袖。对湖南维新运动的推动者陈宝箴、江标、皮锡瑞等人也有直接影响。如康有为早年就曾读过《海国图志》，后经旅游香港，接触并阅读了更多西方书籍，"始知西人治国有法度，不得以古旧之夷狄视之，乃复阅《海国图志》《瀛环志略》等书，购地球图，渐收西学之书，为讲西学之基础"（《康南海自编年谱》）。梁启超也称之为"其论实支配百年来之人心，直至今日（1923 年）犹未脱离净尽"，亦足以说明魏源的前驱先导之功。谭嗣同也深受魏源致力于探求救国之路思想的感染，积极发扬魏源"援经议政"精神，鼓吹"素王改制"和三世说，形成 19 世纪末的改制维新思潮。今文经学家皮锡瑞也举公羊改制之义，以"推尊孔教而引申变法之说"。在此影响下，湖南的维新运动搞得轰轰烈烈，陈宝箴、江标等人推崇魏源经世之学，积极支持谭嗣同、唐才常等办时务学堂，创《湘学报》南学会，宣传维新思想。

这种影响甚至漂洋过海，波及日本。19 世纪中叶《海国图志》传入日本，日本的维新派人物"皆为此书所刺激，间接以演尊攘维新之活剧"。日本盐谷世弘在《翻刊海国图志序》中说："自古国家积衰之际，非无勇智之士，筹策之臣也，不胜其孤愤，则入山林，或隐于居钓，或慷慨赴死，或诡激买涡，而最下为敌国之用。今清方有朱氏、凌氏之乱，而社稷殆将墟，则默深之进退存亡亦未可知也。……呜呼！忠勇之士，忧国著书，其君不用，而反被资之他邦，吾不独为默深悲焉，而并为清主悲之。"

第四节　清季儒宗——曾国藩

曾国藩（1811—1872），初名子城，字伯函，号涤生，谥文正，湖南湘乡人。

曾国藩是争议极大的历史人物。章太炎在《检论》中说："曾国藩者，誉之则为圣贤、献之则为元凶"。褒扬他的人视之为国之柱石，如梁启超认为他是"立德、立功、立言三不朽"，是中国历史上"不一二睹之大人物"（《饮冰室文集》）。青年毛泽东在 1917 年的读书笔记中坦承："愚于近人，独服曾文正。"而批判曾国藩的也大有人在，孙中山说："中国之见灭于满清，二百六十余年，而莫能恢复者，初非满人能灭之，能有之也，因有汉奸为作虎伥，残同胞而媚异种，始有吴三桂、洪承畴以作俑，继有曾国藩、左宗棠以为厉。"湖南的萍浏醴起义所发布的《中华国民军起义檄文》中痛责曾国藩、胡林翼是逆贼。之所以有如此复杂而对立的评论，是因为曾国藩这个历史变局中的人物的复杂性。正如有人后来评说的："曾国藩是地主阶级最厉害的人物……近代中国人尤其湖南人，从权贵政要、志士仁人到青年学子，大多佩服曾国藩，佩服其治学为人和带兵做事……其政治立场和作为，自是站在历史进步反面的，但他毕竟是个复杂的人，有着多种身份的人，是个很多方面都留下自己影响的人物，所谓'道德文章冠冕一代'，是中国封建专制阶级最后一尊政治偶像。"

就历史事实来看，曾国藩不愧"一代儒宗"。著名学者唐浩明先生称：曾国藩是"中国最后一个传统文化集大成者""是中国传统文化所培育出来的一个标本性人物"一生孜孜不倦研习、忠实践行传统文化，著有《求阙斋文集》《诗集》《读书录》《日记》《奏议》《家书》《家训》及《经史百家杂钞》《十八家诗钞》等，留有《曾文正公全集》传于后世。

和宋明理学大师相比，他虽然也撰文讨论过天道心性等理学问题，但他并不像宋儒周敦颐、二程、张载、朱熹等人那样为儒家文化重新建构了一整套"性与天道"的理论体系。他对儒学的贡献在于将儒家之道与经世致用、其他学术文化紧密结合起来，在于他笃诚躬行实践儒家之道，高举义理经世之旗。与以前的道学家不同，曾国藩并不热衷于理气有无的抽象思辨，他力图将"道"落实于治国安邦、经世济民之中。一方面将儒家之道落实于治国、治军、洋务等现实的经世活动之中，并以卓越的政治事功而名重当世。另一方面，他也能在碌碌的日常行政、军务之中，孜孜不倦地研习儒家文化，注重自我人格修养。

他坚持以儒家的仁与礼作为治世的根本。他说："昔孔子好语求仁，而雅言执礼，孟子亦仁礼并称。盖圣王所以平物我之情而息天下之争，内之莫大于仁，外之莫急于礼。"他认为，"圣王"的经世理念就是仁与礼。具体来说，"仁"就是要在内心中保持诚心和恕道，这样才能使在下位的人心悦而诚服。譬如，在治军驭将方面，曾国藩主张只要统领军队的将帅能够对部下待之以"诚"，则能使全军团结一心，"驭将之道，最贵推诚，不贵权术"。他又说："吾乡数君子所以鼓舞群伦，历九载而勘大乱，非拙且诚之效与？"另外，曾国藩也将恕道作为修身为仁的根本之道。他说："作人之道圣贤千言万语，大抵不外'敬''恕'二字。""须从'恕'字痛下工夫。"他认为，"恕"不仅是"立德之基"，也是"临时应事之道"；不仅是修养之道的"性功"，也是经世之道的"事功"。他坚持认为："圣门教人，不外'敬、恕'二字"。因此，他在经世活动中，能坚持以恕道处理各种社会政治关系，使自己在复杂、险恶的政治处境中能够立于不败之地。他又说："圣门好言仁，仁即恕也……常以'恕'字自惕，常留余地处人，则荆棘少矣。"曾国藩在经世活动中坚持这种"待人以恕"之道，这是他能够取得政治功业、军事成就的根本原因之一。

曾国藩将礼作为经世之术。他说："古之学者，无所谓经世之术也，学礼焉而已。"在他看来，"礼"是"经世之术"之本源。因此他在治学时十分重视《仪礼》《通典》等书，在治军、治世时一以贯之地贯彻他的"以礼治人"的主张。他说："礼者，即所谓无众寡，无大小，无欺慢，泰而不骄也；正其衣冠，尊其瞻视，俨然人望而畏之，威而不猛也；持之以敬，临之以庄，无形无声之际，常用凛然难犯之象，则人知威矣。孟子曰：'君子以仁存心，以礼存心。'守是二者，虽蛮貊之邦行矣，又何兵勇之不可治哉。"正如他的同僚郭嵩焘所说，曾国藩"以为圣人经世宰物，纲维万事，无他，礼而已矣"。

曾国藩是虔诚的理学信徒，他将理学落实到修身齐家之中。他把修身养性作为日常生活很重要的一个部分，倡行"修身四端"：慎独、求仁、主敬、思诚。指出"慎独则心泰，主敬则身强，求仁则人悦，思诚则神钦"。他曾经为自己设立了十二项功课："主敬，静坐，早起，读书不二，读史，谨言，养气，保身，日知其所无，月无忘其所能，作字，夜不出门。"与这十二项功课对应的是强烈的"改过"意识。他一生中坚持写日记，把每天的所作所为，认真检讨，如实地记录下来。综观他写下的100多万字的日记，其内容有相当一部分是自艾自责的语句。譬如，他在朋友家中见到别人奉承卖唱之女子，"心为之动"；梦中见人得利，"甚觉艳羡"，等等。于是，他痛责自己"好利之心至形诸梦寐，何以卑鄙若此！方欲痛自湔洗，而本日闻言尚怦然欲动，真可谓下流矣！"仅在道光二十二年（1842）冬天，他接连写下了诸如说话太多、且议人短等多篇悔过责己的文字，其中有"细思日日过恶，总是多言，其所以致多言者，都从毁誉心起""语太激厉，又议人短，每日总是口过多，何以不改"等语。对于友人的诤言直语，曾国藩则强制自己虚心接受，努力改过。邵蕙西曾当面责他"交友不能久而敬""看诗文多执己见""对人能做几副面孔"。曾国藩赞赏说"直哉，吾友"，并决心"重起炉冶"，痛与自己的缺点痼疾血战一番。修身之外，曾国藩还把理学贯彻到"齐家"上。他以为人处世之道、修身养性之方，谆谆教诲子弟，明确要求他们为或不为，言切情深，循循善诱。倡遵"八德"：勤、俭、刚、明、忠、恕、谦、浑；守"八本"：读古书以训诂为本，作诗文以声调为本，事亲以得欢心为本，养生以少恼怒为本，立身以不妄语为本，治家以不晏起为本，居官以不要钱为本，行军以不扰民为本；行"四条"：一曰慎独则心安，二曰主敬则身强，三曰求仁则人悦，四曰习劳则神钦；戒"四败"：妇女奢淫者败，子弟骄怠者败，兄弟不和者败，侮师慢客者败。为了防止子弟骄奢淫逸，他晚年甚至为家中的男子妇女订下如下的"功课表"：吾家男子于"看书定作"四字缺一不可，妇女于"衣食粗细"四字缺一不可。"吾已教训多年，总未做出一定规矩。自后每日立定功课，吾亲自验功。食事则每日验一次，衣事则三日验一次，纺者验线子，绩者验鹅蛋。细工则五日验一次，粗工则每月验一次，每月须做成男鞋一双，女鞋不验。"《曾国藩家书》处处体现仁怀善性、懿行美德，是家庭教育的宝贵财富。在曾国藩的教育下，耕读孝友，家风敦厚、人才辈出、多有建树。他的长子曾纪泽精通诗文书画，后成为一名出色的外交官。清代末年，在处理西北边境危机中，从沙俄口中夺回了伊犁城，从而取得清末外交史上唯一的胜利。次子曾纪鸿著有《对数详解》《圆率考真图解》，其孙辈曾宝荪、曾约农等也都成为教育家和学者。

容闳在《东学西渐记》中说："曾文正为中国历史上最著名人物，同辈莫不奉为泰山北斗……平定此大乱，为事良不易。文正所以能指挥若定。全境肃清者，良以其学识道德均有不可及者。当时七八个省政权，皆在掌握。凡设官任职，国课军需皆听调度，几若全国听命于一人。顾虽若是，而从不滥用其无限之权威，财政在握，绝不闻其侵吞涓滴以自肥或自肥其亲属……曾文正一生之政绩，实无一污点。其正直廉洁忠诚诸德，皆足为后人模范，故其身虽逝，而名足千古。其才大而谦，气宏而凝，可谓完全之真君子而为清代第一流人物。"这种评价固然包含了作者与曾国藩的私交情分，但也说明了曾国藩在理学修养与履践上的成就。

曾国藩以卫名教、敦人伦为号召，秉仗忠信与血诚，创建、统帅湘军，镇压太平天国、捻军起义，挽救清王朝的统治，被称为"中兴之臣"。这也是最受人攻讦的。曾国藩以儒家学说作为建军、治军之本的军事思想对晚清及以后的军事活动都产生了极大的影响。1851年，洪秀全以拜上帝教召集信徒在金田起事，一时席卷全国。曾国藩在《讨粤匪檄》中说："自唐虞三代以来，历世圣人，扶持名教，敦叙人伦，君臣父子，上下尊卑，秩然如冠履之不可倒置。粤匪窃外夷之绪，崇天主之教……举中国数千年礼义人伦、诗书典则，一旦扫地荡尽。此岂独我大清之变，乃开辟以来名教之奇变，我孔子、孟子之所痛哭于九原！"号召凡读书识字者皆应奋起，殄此凶逆。

咸丰皇帝命曾国藩督办湖南团练。曾国藩认识到绿营的腐败与无能，"以今日绿营之习气，与今日调遣之成法，虽圣者不能使一心一气，非别树一帜，改弦更张。断不能办此贼也"。因此在组建团练时另辟蹊径，在选择兵勇、将佐时，招募农民为营勇，"其油头滑面．有市井气者，有衙门气者，概不收用"。任用"忠义血性"的儒生为将佐，同时由上级挑选下级，即由营官挑选哨弁，哨弁挑选什长，什长招募勇丁，使上下一心，利于指挥。"统领如根，由根而生枝叶，皆一气贯通"。

曾国藩在治军中注重向士卒灌输儒家学说，进行意识形态的教化。他认为治理军队重在让兵勇知礼、守礼。为此，他编写了大量通俗易懂的军歌，如《保守平安歌》《水师得胜歌》《陆军得胜歌》等。以咸丰八年所作《爱民歌》为例，歌词曰："三军个个仔细听，行军先要爱百姓。第一扎营不贪懒，莫走人家取门板。莫拆民房搬石头，莫踹禾苗坏田产。莫打民间鸡和鸭，莫借民间锅和碗。莫派民夫来挖壤，莫到民家去打饭。筑墙莫拦街前路，砍材莫砍坟上树。挑水莫挑有鱼塘，凡事都要让一步……军士与民如一家，千记不可欺负他。日日熟唱爱民歌，天和地和又人和。"以这种精神治军，能够取得道义上的优势，从而得到民众的支持，其手段是十分高明的，这对于后来的革命军都具有启示意义。

湘军初战并不顺利，先后于岳州、靖港大败，曾国藩曾为此痛不欲生，投水自杀，被其左右救起。但凭借着坚定的卫道信念与独特的治军之术，这支由儒生与农夫组成的湘军逐渐成熟，先后收复岳州、武汉等地。1861 年 9 月，曾国藩麾下曾国荃部攻陷安庆。1862 年，以安庆为大本营，命曾国荃部沿江东下，直逼天京；命左宗棠部自江西进攻浙江；命李鸿章部自上海进攻苏南，对太平天国实行战略包围。1864 年 7 月，攻破天京城池，完成对太平天国起义的镇压。

但在镇压太平天国的过程中，以理学治军的曾国藩也暴露了冷酷嗜杀的一面。湘军在与太平天国的战斗中，曾有过三次屠城暴行：一是咸丰八年（1858），湘军李继宾部攻破九江，屠杀城中两万余军民；二是咸丰十一年（1861）曾国荃部攻破安庆，屠杀城中军民四万余人；第三次是曾国荃部攻破天京，死伤不可计数。这些屠城暴行固然有消灭太平天国中坚力量、夺取财物的原因，但其根本原因即在于曾国藩视附从太平军的民众为叛逆，必杀之而后快。湘军攻破九江时，曾国藩闻讯写信给吉安前线的曾国荃说："接手书，知九江克复，喜慰无量。屠戮净尽，三省官绅士民同为称快。""九江克复，闻抚州亦已收复，建昌想日内可复，吉贼无路可走，收功当在秋间，虽迟至冬间克复'亦可无碍，只求全城屠戮，不使……名漏网耳。如似九江之斩刘殆尽，则虽迟亦无后患。愿弟忍耐谨慎，勉卒此功，至要至要。"在咸丰十一年曾国荃攻打安庆时，曾国藩写信说："目前收投诚之人，似不甚妥善，如挤疖子不可令出零脓，如蒸烂肉不可屡揭锅盖也。克城以多杀为妥，不可假仁假义而误大事，弟意如何？"这种残酷屠戮心让曾国藩获得了"曾剃头"的恶名。曾国藩亦有自悔之意，在给其弟曾国荃的信中说"吾家兄弟带兵以杀人为业，择术已自不慎，惟于禁止扰民、解散胁从、保全乡官三端痛下功夫，庶几于杀人之中寓止暴之意"。

就事功来说，曾国藩发扬湘学经世致用的传统，躬身实践，推动洋务运动的开展。洋务运动是中国近代引进西方科技教育、军工制造，争取国家强盛的一种手段，也是中国近代化的开始。曾国藩本人是洋务运动最早的倡导人和实践者。

洋务运动初期，是以引进西方军事装备与军事技术为目的，主要是训练新式军队和兴办近代军工企业。曾国藩洋务活动的重点是建设机器制造局。在镇压太平军过程中，曾国藩在总结湘潭、岳州两个战役湘军取胜的原因时认为"实赖洋炮之力"，并要求清政府"尤须有洋炮继续接济，乃能收越战越精之效"。此后，他又提出购买船炮，并主张寻访能工巧匠模仿制造船、炮。为此，1861年曾国藩创办了国内最早的官办新式兵工厂——安庆内军械所，制造子弹、火药，枪炮，并在徐寿等人的主持下制造中国第一艘轮船。1862年，内军械所制造出我国第一台蒸汽机，在实践中，曾国藩意识到技术之不足，尽管集合了一批当时中国最著名的科技人员，如徐寿、华蘅芳、龚芸棠、徐建寅、张斯桂、李善兰、吴嘉廉等，但"全用汉人，未雇洋"，所造炮、船全用土法，产品质量低劣，处于初级的摸索阶段。于是在1863年12月，曾国藩派容闳赴美购置机器，洋务运动因此进入正轨；1865年，他又和李鸿章共同倡导在上海设置江南机器制造局，附设译书局，注意收罗各种了解西方技术和情况的人才。1868年，又上《轮船工竣并陈机器局情形疏》，提出由江南机器制造局设立学馆，"选聪颖子弟随同学习，妥立课程，先从图说入手，切实研究，庶几物理融贯，不必假手于洋人，亦可引申另勒成书"。

曾国藩还是近代中国官费外派留学生的倡导者。1872年，他和李鸿章联衔会奏派遣学生出洋留学。他在《拟选聪颖子弟出洋习艺疏》说："拟选聪颖幼童送赴泰西各国书院，学习军政、船政、步算、制造诸书。约计十余年，业成而归，使西人擅长之技，中国皆能请悉。然后可以渐图自强。""今中国欲效其意而精通其法，则当此风气既开，似宜亟选聪颖子弟携往外国肄业，实力讲求，以仰副我皇上徐图自强之至意。"留美教育方案在输送四批学员后，因为受到诸多非议与阻力而过早夭折，但其开官派留学之先声，习西艺而图强，功不可没。另外，在曾国藩选派的120名留美幼童中，涌现出了铁路专家詹天佑、北洋大学校长蔡绍基，外务部尚书梁敦彦，民国总理唐绍仪等一大批著名的科学家、教育家、政治家等各种专业人才。

应该注意的是，曾国藩作为理学经世派的代表人物，积极倡导、推动洋务运动。仍然是以捍卫道统、扶持名教为宗旨。所以，他在推行洋务运动的同时，也大力倡导"尧、舜、禹、汤、文、武、周公之学"，自觉继承孔孟的仁学与礼教，执着地坚守程朱的义理之学。可见，他所兴办的洋务、吸收的西学，其目的是维护中国文化固有的道统。这一思想，在洋务派群体中，是一个十分明确而一致的观念。如他的弟子薛福成在《筹洋刍议》一文中明确提出："今诚取西人器数之学，以卫吾尧舜禹汤文武周孔之道，俾西人不敢蔑视中华。"这确切地表达出曾国藩的思想。受此影响，最终形成了"中学为体，西学为用"的共识，应该说，曾国藩的所作所为，为洋务派的这一思想主张奠定了基础。

曾国藩以名臣和战功著称，其实他在文学上也享有盛誉。钱基博说："晚清名臣能诗者，前推曾国藩，后称张之洞，国藩诗学韩愈、黄庭坚，一变乾嘉以来风气，于近时诗学有开创之功。"曾国藩是晚清宋诗运动的领导人，也是桐城派古文中兴的关键人物。作为理学信徒，他提倡"艺通于道"的诗义观，借诗文来传播阐释信家之道，因此崇尚以理为诗的宋诗，作诗效法杜、韩、苏、黄，尤其推崇黄庭坚。

曾国藩论诗文注重"气"与"体"。"气"指的是气势神韵，是作者学识修养与雅正情感的体现。他在咸丰十一年（1861）正月初四日《谕纪泽》的家书中云："雄奇以行气为上，造句次之，选字又次之""是文章之雄奇，其精处在行气，其粗处全在造句选字也"。道光二十二年（1842）十一月十七日《日记》云："凡作诗文，有情极真挚，不得不一倾吐之时。然必须平日积理既富，不假思索，左右逢源，其所言之理，足以达其胸中至真至正之情，作文时无镌刻字句之苦，文成后无郁塞不吐之情，皆平日读书积理之功也。""体"指的是诗文的立意布局。他曾说："为文者，或无所专注，无所归宿，漫衍而不知所裁，原不能举其体，则谓之不成文。故虽长篇巨制，其精神意趣之所在，必有所谓鼻端之一笔者，譬若水之有干流，山之有主峰，画龙者之有睛。物不能两大，人不能两首，文之主意亦不能两重，专重一处，而四体偏匀，乃始成章矣。"他论诗文也注重志情，讲求变化，标举"机神"。他认为凡作诗文，必须"足以达其胸中至真至正之情"，强调诗文中真挚、纯正的感情表达。在同治元年（1862）十一月初四日《谕纪泽》中又提出："凡诗文欲求雄奇矫变，总须用意有超群离俗之想，乃能脱去恒蹊"。他论诗文还有"机神"之说，所谓"机神"，就是创作中的灵感，这在中国诗学史上应占据一定地位。钱仲联先生评价说："王渔洋论诗标神韵，张广雅易以神味。余谓皆不如曾求阙机神之说也。"曾国藩论诗的"机神"说，初步将学人之诗与诗人之诗合一，成为"后来同光体之导源"。

第五节　舆榇出关，底定回疆——左宗棠

左宗棠（1812—1885），字季高，一字朴存，号湘上农人，谥文襄，湖南湘阴人。左宗棠是我国近代杰出的政治家、军事家、思想家，晚清重臣，著名湘军将领、洋务派领袖。

左宗棠一生最显赫的事功和最突出的贡献是筹策边防、收复新疆。19 世纪中后期，西方列强在世界范围内争夺殖民地的斗争日趋激烈，我国边境形势严峻。1864 年，沙俄通过与清政府签订《中俄勘分西北界约记》侵占我国西部领土 44 万平方公里。1865 年，中亚浩罕国侵略者阿古柏率军侵入新疆，在英国的支持下，建立了"哲德沙尔汗国"殖民政权。随即沙俄趁火打劫，出兵强占伊犁，并向准噶尔盆地渗透。新疆绝大部分地区陷入敌手，朝野震惊。左宗棠焦虑如焚，痛恨至极。他力排众议，主张海防、塞防并重，坚决抗击外侮，收复失地。光绪元年（1875），朝廷任命他为钦差大臣，督办新疆军务。左宗棠此时年过花甲、疾病缠身，却雄心勃发，一力担当，抱着为国捐躯的决心，慷慨表示："大丈夫身临战场，有进无退，死到沙场，便是终考。"左宗棠以卓越的军事才能和韬略，殚精筹划，制定了"先北后南、缓进速成"的策略，严明纪律，剿抚并施，以仁

抗暴，驱凶安民。历时一年半就摧毁了阿古柏政权，收复了除伊犁之外的全部失地。1880 年，左宗棠"舆榇发肃州"，踏上了两征伊犁的漫漫征途。其忠勇风范极大地鼓舞了全军将士，给入侵者以强大的震撼。沙俄迫于清军威力，在清政府多次交涉下，同意交还伊犁地区。自此，新疆 160 多万平方公里国土得以保全。左宗棠这一历史功绩彪炳千秋。光绪十年（1885）八月上谕称赞左宗棠"督师出关，肃清边圉，底定回疆，厥功尤伟。"左宗棠墓联"汉业唐规西陲永固，秦川陇道塞柳长青"充分肯定了他收复、治理新疆的伟业壮举。

左宗棠自幼饱读诗书，才华卓荦。始终关心时局变化，精研舆地之学与兵学，怀抱兼济天下、强兵靖边之志。他年少时撰联明志："身无半文，心忧天下；手释万卷，神交古人。"1840 年鸦片战争爆发，还是"山野草民"的左宗棠多次上书贺熙龄论抗英战守机宜，并写成《料敌》《海屯》《器械》《用间》《善后》诸篇，提出练海屯、设碉堡、简水卒、练亲兵、设水寨、省调发，以及设厂造炮船、火船之策，以"固守持久之谋"，达到"海上屹然有金塘之固"的目的。听闻战事失利，割让香港，左宗棠愤而赋诗云："和戎自昔非长算，为尔豺狼不可驯。""王土孰容营狡窟，岩疆何意失雄台。""书生岂有封侯想，为播天威佐太平。"抒发了自己的满腔忧愤和报国志向。1858 年发动第二次鸦片战争的英法联军攻占大沽口。时为湖南巡抚幕僚的左宗棠依据情势判断："夷务屈辱至极，恐将更有不堪者。然窃意华夷杂处，衅端之开必速。"他建议"彼时以一支劲旅护天津，而后与之决死战，当可得志"，不出所料，1860 年以英法为首的八国联军攻占天津，劫掠北京，火烧圆明园，咸丰皇帝仓皇逃往热河行宫。此时"襄办曾国藩军务"的左宗棠主动请缨，率师北上勤王。后因清政府与侵略者签订了屈辱和约而未果。后来左宗棠位登督抚，经略东南，挥师西北，战功赫赫。可以说左宗棠一生都在为抵御强寇、保卫国土而奋斗，不辞劳苦、生死不顾。他在给儿子孝威的信中说："万方多难，吾不能为一身一家计。"临终前他仍牵挂法寇侵越之战，口授遗嘱说："此次越事和战，实中国强弱一大关键。臣督师南下，迄未大伸挞伐，张我国威，遗恨平生，死不瞑目。"这种忠贞爱国、至死不渝的精神品格和"锋颖凛凛向敌"的铮铮铁骨永远为后人所景仰。

面对"数千年未有之变局"和"数千年未有之强敌"，为了增强军事实力，巩固边防，左宗棠对魏源所倡导的"师夷长技以制夷"极为赞赏并积极付诸实践。他大声疾呼："策士之言曰'师其长以制之'是矣。惭之忍，为数十百年之安，计亦良得，孰如浅见自封也。"左宗棠把"师夷长技"的首选定位在仿造轮船上。1864年他于杭州试造蒸汽船。1866年正式上折要求设局建造轮船，很快得到清政府批准。左宗棠在福州马尾山下购得民田100亩，创办了马尾船政局，同时设立"求是堂艺局"，以培养本国造船和驾驶人才。马尾船政局是我国第一家真正意义上的近代化造船厂，"为中国制造肇端之地"，也是"中国海军萌芽之始"。后来，左宗棠又在甘肃办起了"兰州机器织呢局"，由军事工业转向民生日用。左宗棠以其"师夷长技"的实绩成为洋务派中坚，无愧我国近代化的先驱。

左宗棠从湖湘山野走出来，他"学问优长，经济宏达，秉性廉正，莅事忠诚"，是一位中国优秀的传统文化的继承者、发展者和践行者。他深受湖湘学风、士风影响，不但做人行事有淳儒之风，而且其爱国情怀、从政理念、经济思想、军事谋略、教育主张都有独到之处。

左宗棠怀仁蹈义，有很深厚的爱民情结。他在同治元年（1862）六月二十日的家书中说："目睹浙民流难颠沛之苦，疾疫流行之惨，饥饿不堪之状，无泪可挥，真是一刻难安耳。"他戍边理政，"一片心肠都在百姓身上"，兴利除弊，为民造福。在陕甘主政十几年，坚持整肃吏治、严惩贪污、禁种罂粟、赈灾济困、振兴农牧、筑路植树、开矿设厂、兴办教育。凡利国利民之事，总是尽力为之。西征期间，严明军纪，禁止劫掠奸淫，"士卒有创伤百姓者，必诛无贷"。并推行正确的俘虏政策，对被裹挟的俘虏发给衣服、粮食，予以释放。左宗棠总结西征获胜的原因时说："至其本原，则仁义节制颇有合于古之用兵。理主于常，而效见为奇，盖自度陇以来未有改也。贼以其暴，我以其仁；贼以其诈，我以其诚，不以多杀为功，而以妄杀为戒。故回部安而贼党携，中国服而外夷畏耳。"这一方面要比曾国藩高明得多。

左宗棠勇于担当，有很强的成仁取义献身精神。他在国难之时愤然表示："何敢自惜残生，置身事外。"膺任履职，时刻不忘自己的责任，竭诚效命。他由衷地说："既奉抚浙之命，则浙之土地人民皆责之我；既奉督办之命，则东南大局亦将与有责焉。有见过之时，无见功之日。每咏韦苏州'自惭居处崇，未睹斯民康'之诗，不知何时始释此重负也。"为了保卫国家疆土，他慷慨表示："防所即是死所，当即捐躯以行。"这是何等的勇毅壮烈！

左宗棠严于律己修身，"日日检点，总觉得自己多少不是，多少欠缺"。谆谆告诫子女"立志做好人"。很值得注意的是，左宗棠在家书和诗文中屡屡提及

"吾家世代寒素""先世苦况百纸张不能详"。他的一首诗述及父母贫苦之状："研田终岁营儿哺，糠屑经时当夕飧。乾坤忧痛何时毕？忍属儿孙咬菜根。"故而左宗棠总以廉洁俭省严格约饬，除应得俸金外不妄取一文。他还常将自己的俸金用于济困、赈灾、兴教办学等公益事业上。如将应得的两万两浙抚养廉呈缴入官，总督养廉指出"修葺浙抚署"。左宗棠反复告诫家人衣无求华，食无求美"家下事一切以谨厚朴俭为主""一切均从简省，断不可浪用，致失寒素之风，启汰侈之渐。惜福之道，保家之道也"。每次寄俸金回家，左宗棠都恳切叮嘱"省啬用之""断不准多用，断不能多寄，致损吾介节"。要求后辈"谨慎持家，不至困饿。若任意花销，以豪华为体面；恣情流荡，以沉溺为欢娱，则吾多积金，尔曹但多积过，所损不已大哉！"。在光绪二年五月初六的家书中，左宗棠更是明确交代："我廉金不以肥家，有余辄随手散去，尔辈宜早自为谋。"一个封建时代的封疆大吏，能够做到如此清廉俭约，严格自律洵属难能可贵。

与其他历史人物一样，左宗棠也不是完人。他同样受到历史时代、阶级地位、和个人思想认识的种种局限。在他去世 100 余年来，对他的功过是非存在很大争议。赞扬者称之为"五百年来第一伟人"（梁启超）"铁骨铮铮的民族英雄""生为社稷之臣，没壮河山之色"。贬责者斥之为"为虏将兵"的汉奸，指责他血腥屠杀敢于造反的民众，犯下了滔天大罪。对此我们应以历史的观点，站在国家和人民的立场上，运用历史唯物主义和辩证唯物主义的思想方法，做出客观、公正的评判。

第六节　我自横刀向天笑——谭嗣同

谭嗣同（1865—1898），字复生，号壮飞，湖南浏阳人。近代中国著名的维新运动领导人物之一。维新运动失败后，他谢绝了出走逃生的劝告，说道："我国二百年来，未有变法流血者，流血请自嗣同始。"后慷慨就义，年仅 34 岁。他不仅是维新政治运动的领袖，亦是晚清一位著名学者，在梁启超《清代学术概论》中被称为"晚清思想界一彗星"而列有专章，代表作为《仁学》。

谭嗣同殉难 90 天后，梁启超在为其所作的《校刻浏阳谭氏仁学序》一文中写道："《仁学》何为而作也？将以光大南海之宗旨，会通世界圣哲之心法，以救全世界之众生也。"应该说，谭嗣同慷慨赴死，以身殉道、杀身成仁的思想根源，正体现在其"仁学"的精神价值之中。

这里主要解析谭嗣同《仁学》在中国学术思想转型过程中的特点及其思想价值。

面对浩瀚的宇宙和苍茫的历史，古今中外的哲人们无不在苦苦思索这宇宙世界的普遍本原和人类历史的终极意义等根本性的问题，并希望以自己深邃的哲思来解答这些问题。这一试图解决宇宙本原、万有根据的学问就是形而上学，也称之为道论。

在中国传统哲学中，"道"是形而上者，它不同于属于形而下的万事万物。各家各派均以"道"为宇宙的本原、世界的法则和人文的终极意义。道论从总体上体现中国人对宇宙的形上向往和对人生的终极关怀，同时深刻地表达出中华民族的文化精神，因此，道论是数千年生生不息、绵延不绝的中华文化的精华之所在。正因为道论在中华文明史上的重要地位，它对中国思想文化体系的构成、中国人的安身立命的依托均极其重要。所以说，中华文化要能够振兴，中华文明要能够光大，就离不开道论的新的开拓。

谭嗣同是19世纪末中国的维新运动的核心成员之一，他几乎是全身心地投入到这场旨在推动中国近代化、使中华民族走向繁荣富强的政治运动中，但是就在致力于维新运动的同时，他亦在"往复上下，穷天人之奥"，希望通过"会通世界圣哲之心法"，为19世纪末的中国和世界建立起一种新道论，这就明确表现出他对"道"的期冀和探求。他认为存在一个代表宇宙法则、人文意义的普遍之道，他说："而圣人之道，果为尽性至命，贯彻天人，直可弥纶罔外，放之四海而准。"谭嗣同在《仁学》中对宇宙本体的探讨，其实也是为了思考、寻求这一能够"贯彻天下""弥纶罔外，放之四海而准"的"道"，建立起一种新道论。

谭嗣同正处于复杂多变的维新运动之中，这位缠身于维新政治漩涡的斗士，为什么在此关键时刻会对这种往往由冷静哲人所为的"形而上学的沉思"如此关注呢？

维新运动是一场旨在推动中国资本主义化的政治运动，维新运动的现实目的，就是在政治、经济、文化、教育各个方面进行全面变革，建立起一整套资本主义制度，从而使中华民族得以振兴和自强。维新运动力求进行政治制度的变革，建立近代立宪的政治制度；兴办民族资本主义企业，发展工商贸易，建立近代资本主义经济制度；发展科学技术、文化教育，从而促进资本主义的经济发展和政治改革，最后达到民族自强的目的。所以说，维新运动的动因主要是形而下的器物层面的世俗要求和现实利益。但是，包括谭嗣同在内的维新运动的领袖人物们认识到，要能动员全民族的力量深入投身于这场维新的运动，就必须使全国人民具有一种深厚、恒久的精神动力，也就必须使这种形而下的世俗要求和现世利益上升为一种终极关怀与形上向往，使种种世俗的社会法则成为超越的宇宙法则，使近代的政治目的、经济目的获得一种永恒的终极意义。特别是在这样一个有着数千年道学信仰的中华民族，久远而深厚的道学一直是人们安身立命的根本、思想文化的根基。因此，这就迫使从事社会变革运动的维新志士不仅关心形而下之器，同时也关心形而上之道。

所以，尽管谭嗣同是如此倾心于道论的探寻，而其根本原因自然在于对"器"的变革的要求。他相信形而上之道必须依存于形而下之器，同时认为，"器"的变化必然引起"道"的变化，他说：

圣人之道，果非空言而已，必有所丽而后见。丽于耳目，有视听之道；丽于心思，有仁义智信之道；丽于伦纪，有忠孝友恭之道；丽于礼乐征伐，有治国平天下之道……夫苟辨道之不离乎器，则天下之为器亦大矣。器既变，道安得独不变？

谭嗣同致力于变"器"，也包括变"法"，他认为"夫法也者，道之澌质而著变者也。三代儒者，言道必兼言治法"。既然"器""法"均要发生变革，那么，与"器""法"一体的"道"也就会有相应的变化。

但是，由于"道"被规定为宇宙法则和终极意义，所以，"器"变又总是依据于"道"。谭嗣同在政治上倡"平等"、在经济上主发展工商，但他认为所谓"平等"、通商其实均体现了仁道的规定和必然。他主张"仁以通为第一义"，而且又认为"通之义，以'道通为一'为最浑括"。也就是说，政治上的平等，经济上的发展工商，其实均依据于仁道之"通"的要求。如他解释"通商"一事说："夫仁者，通人我之谓也；通商仅通之一端，其得失已较然明白若此。故莫仁于通，莫不仁于不通。"这样，"通商"也成为"仁通""道通为一"的体现。这就使得维新变法的世俗价值、现实利益具有形而上的依据，成为宇宙法则、终极意义的体现。

由此可见，谭嗣同在《仁学》中对形而上本体的探讨，绝不仅仅因为是他个人对形而上之道的兴趣。毫无疑问，他广泛汲取了古今中外的各种哲学、宗教的思想，而且，这些"世界圣哲之心法"对他的新道论有深刻的影响。但是，他的形而上之道是与形而下之器紧密相连的，他的哲学睿识、宗教情怀是和维新变法的民族利益及资本主义发展不可分离的。这是我们理解谭嗣同新道论的首要前提。

谭嗣同为了建立一种新道论，在《仁学》中广泛汲取了古今中外各种哲学宗教思想，以期"会通世界圣哲之心法"。尽管他的思想比较庞杂，但是，"以太"与"仁"，应该是《仁学》中新道论的两个最重要、最关键的范畴。

"以太"来源于西方的自然哲学、自然科学，它被用来说明自然界本原性的物质和媒质。早在古希腊时期毕达哥拉斯学派就已提出这个概念，以后的笛卡尔、牛顿、麦克斯韦尔等也都运用这个概念来说明自然现象。为了说明宇宙的本原，谭嗣同汲取了"以太"这个概念。他认为，整个宇宙的本原，就是来自这个叫做"以太"的原始物质，他说："遍法界、虚空界、众生界，有至大、至精微、无所不胶粘、不贯洽、不莞络、而充满之一物焉，目不得而色，耳不得而声，口鼻不得而臭味，无以名之，名之曰'以太'。"

谭嗣同相信自己找到了统一宇宙世界的本原物质。他认为世界上的一切，包括人的身体和耳目感官，以及日月星辰、声光电热、风雨霜雪、山河动植等一切自然现象，均可以归之于"以太"，并且可以还原为"以太"。所以，他认为整个宇宙世界就是由"以太"构成的，他说："剖其质点一小分，以至于无，察其为何物所凝结，曰惟以太。""以太"是19世纪西方自然科学所肯定的一种本原性物质，谭嗣同汲取了当时的自然科学成果，将其诠释为一种宇宙本体的哲学范畴，以建立一种唯物论的一元论，将无机界、有机界、人及社会存在均还原为这种本原性物质。

"仁"来源于中国古代的儒学。在原始儒学那里，"仁"主要是一个伦理道德范畴。孔子就是建立了以"仁"为核心的思想体系，"仁"既是一种道德规范，同时也是一种道德情操和思想境界。儒家学者希望寻找仁道的内在源头和外在依据，他们从人的内在心性中找到仁的源头，从外在权威的天道找到超越性的客观依据，从而使儒家的仁学走向本体化。谭嗣同以"仁学"命名这部重要著作，表明了他对"仁"的社会道德意义与宇宙本体意义的双重继承和发展。首先，从人文意义而言，孔子的仁学包括了以人为本和仁者爱人的观念，谭嗣同继承了仁学的这一思想传统，他提出："仁从二从人，相偶之义也。"在阐发"仁"的本义时，他是从"二人相偶"的人本观念出发。所以他亦承认"仁"与伦常、礼仪的关系，认为"夫礼，依仁而著，仁则自然有礼"，"礼与伦常皆原于仁"。可见，谭嗣同所阐发的仁学，继承了儒家以人为本和仁者爱人的人文意识。但是，不同的是，儒家所讲仁爱是有等级差别的，君臣、父子、夫妇、兄弟之间以及邻里、国人之间的爱是不同的。谭嗣同将这种差等之爱归之于"名"，他说："仁之乱也，则于其名。"他认为，由于"以名为教"，结果是"君以名桎臣，官以名轭民，父以名压子，夫以名困妻，兄弟朋友各挟一名以相抗拒，而仁尚有少存焉者得乎？"魁谭嗣同对"仁"的改造，就是强调以"平等"来阐明仁的精义。他认为："仁以通为第一义。"即"通之象为平等"建，"平等者，致一之谓也。一则通矣，通则仁矣。"谭嗣同以"通""平等"来解释仁，使得仁学发生了一个质的变化，成为一个具有近代人文意义的观念。

谭嗣同也继承、发展了"仁"学的本体论意义，并且对"仁"的本体意义作了更多的关注和创发。宋明儒家在"仁"学中将宇宙之生生不息的本质归之为仁，主张仁者应达到万物一体的境界，故而已具本体意义，程顾主张"仁者以天地万物为一体"，"仁者浑然与物同体"，这里所言的"仁"均具有宇宙本体的意义。谭嗣同亦肯定仁者与天地万物一体的精神境界，他说："仁者寂然不动，感而遂通天下之故。"但是，谭嗣同在论述仁的本体意义时，主要是以"通"来加以界定的。他认为"仁以通为第一义"，仁具有第一义的"通"，故而有可能使天地万物、人伦社会不至于产生"隔"和"塞"，并能够"通天地万物人我为一身。"也就是说，仁由于具有通的根本要义而具有宇宙本体意义，他说："夫仁，以太之用，而天地万物由之以生，由之以通。星辰之远，鬼神之冥漠，犹将以仁通之，况同生此地球而同为人，岂一二人之私意所能塞之？"

正由于仁具有"通"之义，故而"以人"必须借助十仁通而实现这种宇宙的统一性。

本来，从其原初意义上讲，"以太"主要是具有天道意义的概念，而"仁"则具有人道意义的概念。但是，中国传统道论从来就主张无道与人道合一的，谭嗣同《仁学》的根本宗旨，也是要将其人文理想（人道）上升为一种永恒的宇宙之道（天道），故而需要将"仁"与"以太"结合而建构起一种新的道论体系。这样，"仁"的普遍感通，同时也就是"以太"的"胶黏粘""贯洽""莞络"；而"以太"所以能够成为统一天地自然、人伦社会的宇宙本体，又完全在于"仁"

的"感通"和"心力"的扩展。然而，当他对"以太"和"仁"的关系做诠释时，由于着意点不同，故而说法亦有不一。当他着意于其新道论体系中的人文理想的终极意义时，他更强调"仁"的本体地位，他说："仁为天地万物之源，故唯心，故唯识。""仁以通为第一义。以太也，电也，心也，皆指出所以通之具。"以太也，电也，粗浅之具也，借其名以质心力。"他肯定"仁"是天地万物之源，肯定仁的本体地位，并认为"以太"则只是仁"所以通之具""粗浅之具"。另一方面，当需要强调道论体系中宇宙本体的客观存在时，他则提出"以太"是天地万物的本原，而"仁""心力"等则只是以太的功用。他说："学者第一当认明以太之体与用，始可与言仁。""夫仁，以太之用，而天地万物由之以生，由之以通。"这样，"以太"才是本体，而一切人文意义的"仁""兼爱""慈悲""爱人如己"等等，均只不过是"以太"的功用和体现。谭嗣同对"以太"与"仁"的诠释中的矛盾，可以理解为是他的道论的内在结构性矛盾的体现。他以"以太""仁"的结构来建构其新道论。从他建构新道论的目的性来看，是为了实现平等、自由、博爱的人文追求，要实现这一目的就需要强调这种人文意义的终极性和绝对性，故而需要强调"仁"道的本体性。另外，从他道论的科学体系要求来看，他必须首先承认大全世界的客观性，故而他必须将代表这种客观性、科学性的"以太"作为宇宙的本原存在。故而，他在诠释"以太""仁"的关系时不自觉地出现矛盾的说法。

谭嗣同对"以太"与"仁"的本体论的诠释，表达出一个明确的愿望，那就是结合中学与西学，联结传统与现代，统一科学知识与人文信仰，以为近代中国建立起一个新道论。这确实构成了近代中国一种非常特殊并具特色的道论体系。20世纪以来，中国的哲学界、文化界所出现的诸多学术思潮和文化论战，可以看到，他们往往是执着于中学与西学、传统与现代、人文与科学的二元对立与冲突。如果我们能够重新冷静反思这一19世纪末的"不中不西，即中即西之新学派"（梁启超语），无疑会给我们许多重要的启示。

谭嗣同在《仁学》中所建立的新道论，体现出了下列特点：

（1）中学与西学的融通

谭嗣同的道论既是中学的，又是西学的。显而易见的是，"仁"是中学的。"仁"是中国古代的重要道德观念，以孔子为代表的儒家学说，就是一种以仁为核心的道德学说和政治学说。谭嗣同以"仁学"来命名自己的著作，并且在其

《自序》中首先训释"仁"学的古义，提出："'仁'从二从人，相偶之义也。'元'从二从儿。'儿'古人字，是亦'仁'也。'无'，许说通'元'为'无'，是'无'亦从二从人，亦'仁'也。故言仁者不可不知元，而其功用可极于无。"他从"仁"字的古义中阐发出其"二人相偶"的伦理意义和"元""无"的本体意义。另外，"以太"则来之于西学，"以太"说产生于古希腊的自然哲学，并经过西方近代自然科学的进一步发展，故而具有西学的深刻传统和背景。谭嗣同汲取了"以太"及其相关的自然科学知识，他用"以太"去说明宏观的天体自然，包括地球、太阳、月亮、行星及其之间的引力关系；还用"以太"去说明微观的自然世界，认为"然原质犹有六十四之异，至于原质之原，则一以太而已矣。"总之，他的"以太"说已经涉及西方近代的物理、化学、天文、生物等各门自然科学知识。

由于谭嗣同的新道论是建立在"仁"与"以太"相结合的基础上，这种结合当然也是中学与西学的结合。但是，如果我们再进一步思考，又会发现谭嗣同新道论对中西学的结合不仅仅在此。可以看到，他对"仁"的诠释时融进了西学，对"以太"的阐发时又融进了中学，从而实现了中西学的融通。

"仁学"是中学的，体现了鲜明的中国传统思想文化的特点。但是，谭嗣同诠释"仁"的意义时，却在解构仁学、批判礼教的基础上，融进了西学的观点。平等、自由、博爱是西方近代的重要伦理观念和政治原则，这种观念和原则又是以资本主义的经济关系、经济活动为基础的，谭嗣同认为"仁"的表现就是"平等"，他在"仁学界说"中反复强调，"仁以通为第一义"，"通之象为平等"，"平等者，致一之谓也。一则通矣，通则仁矣。"他批判"三纲""五伦""名教"，并指出这些政治伦理观念违背了"仁"的平等原则。但他十分欣赏"五伦"中有关朋友一伦，认为："五伦中于人生最无弊端而有益，无纤毫之苦，有淡水之乐，其惟朋友乎。顾择交何如耳，所以者何？一曰'平等'；二曰'自由'；三曰'节宣惟意'。总括其义，曰不失自主之权而已矣。"他肯定朋友一伦是因为它体现了平等、自由的原则。谭嗣同还从西方的商业贸易互利中引申出"相仁之道"，认为"故通者，相仁之道也，两利之道也，客固利，主尤利也。"就这样，谭嗣同的"仁学"虽是中学的，却融入了西学的人文理念。

同样，"以太"虽然是一个西方自然科学概念，有着深厚的西学背景，但是，谭嗣同在利用这一概念时，融入了更多的中学观念。当他在阐释"以太"的形态及其特征时，分明利用了中国古典哲学中的"气"的思维框架。从老庄到《周易》，从周敦颐、张载到王夫之，均是以"气"作为宇宙的本原性物质，特别是张载、王夫之，建立起完备的以气为本的宇宙本体论。当谭嗣同建立以"以太"为宇宙本原的本体论时，他继承、发展了中国传统的气本论哲学。譬如，他认为"以太"是"目不得而色，耳不得而声，口鼻不得而臭味，无以名之"，就相当于老庄的"道""气"，周敦颐的"太极"、张载的"太虚"。他以天地万物统一于"以太"，来论证平等、仁爱，认为"若夫不生不灭之以太，通天地万物人我为一身，复何亲疏之有"？这亦同于张载《西铭》以天地一气来论证民胞物与的仁爱。同时，他的"以太之动机，以成乎日新之变化"，亦继承了《周易》"天行健，君子以自强不息"的精神。由此可见，谭嗣同以中学的观念与思维模式来阐释"以太"，从而使得他的"以太"观念中学化了。

由于谭嗣同在建构道论时，将中学融入了西学，又将西学融进了中学，形成了一种中西融通的组合。尤值得一提的是，他认为中、西之学本来是互通的，故而坚信"平等""自由"等观念虽由西方传入，但为中学所有，他说："西人悯中国之愚于三纲也，亟劝中国称天而治：以天纲人，世法平等，则人人不失自主之权，可扫除三纲畸轻畸重之弊矣。固秘天为耶教所独有，转议孔教之不免有阙漏，不知皆孔教之所已有。大《易》之义，天下地'泰'，反之'否'；火下水'既济'，反之'未济'；凡阳下阴，男下女吉，反之凶且吝。是早矫其不平等之弊矣。"

他认为原始儒学中已包含有平等、自由的理念。另一方面，他亦认为中国的圣人之道"尤非中国所私有也"，因为西方人的衣食住行、百工器用、社会伦常，和中国人也是相宜和一致的。就以中西差别最大的人伦而言，"在人言之，类聚群分，各因其厚薄以为等差，则有中外之辨，所谓分殊也。若自天视之，则固皆其子也，皆具秉彝而全界之者也，所谓理一也。夫岂天独别予一性，别立一道，与中国悬绝，而能自理其国者哉？"他认为真正的"道"就应该没有中西之别，而普遍适用于全世界、全人类。可见，他不仅通过对历史文献的重新解释，同时还从天道、人性等本体论的角度，证明中学、西学从根本上就是相通的。

（2）传统与现代的融通

谭嗣同的道论是一种从古代到近现代的转型形态，故而他一方面将留着大量传统的东西，另一方面则又大量吸收近代的新思想，力求实现传统与现代的融通。

谭嗣同在建构其新道论时，首先是努力继承传统的思想文化，希望从传统的儒学、墨学、道学、佛学及基督教中开掘其新道学的思想文化资源，他在论述"仁学"时，明确列出了相关的人物和典籍，他说："凡为仁学者，于佛学当通《华严》及心宗、相宗之书；于西书当通《新约》及算学、格致、社会学之书；于中国书当通《易》《春秋公羊传》《论语》《礼记》《孟子》《庄子》《墨子》《史记》及陶渊明、周茂叔、张横渠、陆子誉、王阳明、王船山、黄梨洲之书。"

除算学、格致、社会学之书外，其他著作、人物的思想，均是传统的思想文化之类，均可纳入传统学问的范围。在《仁学》一书中，谭嗣同运用自如地使用了佛学、老庄之学、儒学、墨学、基督教等各宗各派的思想理论，来建构他的"仁学"体系。与此同时，他又努力在当代自然科学、社会科学中汲取新思想。上面所列的书目中，也包括了算学、格致、社会学这些可列为"新学"方面的书籍。谭嗣同在建构"仁学"体系时，大量运用了最新的自然科学和社会科学的思想。尤其是他通过诠释"以太"这一新的概念建构其宇宙本体论，大量引证了天体物理学、化学、生物学、解剖学等新知识来论证宇宙本体，同时还引证了政治学、经济学、伦理学方面的新观念、新思想来论证"平等"的原则和"仁通"的学说。

由此可见，谭嗣同并不认为"旧学"与"新学"、传统与现代之间存在着不可调和的矛盾，相反，他认为二者之间的结合是一个无须怀疑的原则。在他的《仁学》中，"旧学"与"新学"、传统与现代均融会成一个新道学的整体。尤值得注意的是，在他的道学体系中，"新"与"旧"、传统性与现代性并非某种固定的属性，而是处于一种不断的转化过程，并通过这种转化而实现了它们之间的融通。

如他所创立的"以太"宇宙本体论，就是要建构一种力图以近代自然科学为基础的宇宙论学说。所以，他大量地汲取和引进新的科技知识，引证着包括声、光、电以及化学元素、生物解剖学等方面的知识，这些知识系统均是旧学所不曾有的，体现出"新学"的风貌。但是，谭嗣同所建立的道论的思维方式、理论体系又是传统的。由于他将"以太"以及物理学、化学、生物学的近代科学知识纳入到"仁学"体系之中，使它们成为传统的"天人合一"思维模式的宇宙本体论的组成部分。因此，他以"以太"为体，而以"仁""兼爱""性海""爱人如己"

等为用，"以太"就失去了其近代自然科学的"新学"特点，而更加具有中国传统哲学中"气""太极""真如""天道"的特征。可见，具有近代"新学"特点的"以太"和传统思想观念仁、兼爱可以相互诠释，从而使得"新学"能够和传统融通。

与此同时，谭嗣同在建构道论时大量运用中国古典哲学的概念与思想，他从墨学、老庄之学、佛学以及孔孟儒学及宋明理学中引证、运用了大量的传统思想。在他的道论体系中占重要地位的"仁"与"心力"，就分别来自儒学和佛学。但是，由于谭嗣同将"仁""心力"纳入到他的新道学体系之中，这样，"仁""心力"已经不等同于传统学术中那个概念，从价值内容来说，"仁"已经具有"平等"和通商互利等近代内容，其"心力"则包含着近代个性解放的意义。"仁""心力"均由传统意义的概念转化为一个具有近代意义的概念。尤其饶有趣味的是，当谭嗣同以传统的"仁""心力"去诠释"以太"的宇宙本体时，这时，宇宙本体不是某种可以脱离主体性的自然客体，而是一种主体与客体、心与物、人文与自然的统一体。这样，他的思想体系体现了生命意识、人的存在的主体性精神，这种与人的生命力、创造性等主体性相关的学说，更加具有现代精神。由此可见，谭嗣同道学体系中，将传统思想转化成近现代思想，实现了传统与现代的融通。

（3）人文精神与科学理性的融通

20世纪以来，中国学术领域出现了一个明显的趋向，就是科学主义和人文主义各自建构了主旨迥异、思想不同的思想学说。自20世纪初，科学主义思潮开始成行，经过20年代的"科玄论战"之后，科学主义和人文主义思想分野明确化。科学主义强调以实证和经验为基础的科学方法、科学原理，认为科学可以解决宇宙人生的根本问题，哲学本体论必须以科学方法、科学原理为基础。人文主义思潮则认为科学理性是追求外部知识之真的学问，而只有玄学才能解决宇宙人生的根本问题，故而强调本体论（玄学）的人文意义。科学主义和人文主义的论战及他们各自建构自己的本体论学说，构成了20世纪中国学术界的一大景观。

谭嗣同出生在19世纪末，他的道论尚处于一种试图将科学理性与人文价值联姻的阶段，而没有像20世纪的学界那样，或者是走向科学主义的极端，将科学尊奉为一种全方位的价值体系，甚至使科学成为一种新的信仰；或者是走向新儒家的人文主义极端，企图通过恢复"道统"，以重新建立儒学的价值系统与思想信仰。故而在谭嗣同的新道论体系中，并没有出现后来所出现的那种应然和必然、人文与自然、经验和超验的二元划分。我们可以发现，谭嗣同总是力求实现科学性与人文精神的统一。一方面，他执着于近代人文精神的追求，他之所以要研究"仁学"，首先就在于对"仁"所体现的人文理想的向往。梁启超曾指出："仁者，平等也，无差别相也，无拣择法也，故无大小之可言也。此烈士所以先众人而流血也。"他认为谭嗣同为之流血的"仁"的人文理想，就是平等、自由、博爱的近代伦理精神与政治原则，就是通商互利的资本主义经济发展。与此同时，谭嗣同还从传统的儒学、佛学、墨学中探寻，企图建构一个"汇通世界圣哲之心法"的人文理想。然而，谭嗣同的人文理想不但不是与科学理性相割裂的，反而是以这种科学理性为思想前提。如他将这种人文理想的"仁"建立在科学理性的"以太"的基础上。从科学理性的角度而言，"以太"是一种不生不灭的原始物质，他说："然原质犹有六十四之异，至于原质之源，则一以太而已矣。一故不生不灭，不生故不得言有；不灭故不得言无。"将宇宙构成归结为一种不生不灭的原始物质，这是一种科学理性的观点。但是，谭嗣同却从"以太"的不生不灭，力图证明天地万物人我本为一体，反对人们之间有亲疏、贵贱，倡导平等、博爱的人文价值，他说："若夫不生不灭之以太，通天地万物人我为一身，复何亲疏之有？亲疏且无，何况于乱？"他倡导维新变法的人文追求，同样是宇宙法则的体现，他说："日新乌乎本？曰：以太之动机而已矣。"这都体现出谭嗣同的"仁学"力求实现科学理性与人文理想的统一和融通。

但是，也需要指出的是，谭嗣同力图融通科学理性与人文价值，其思想基础仍是传统思想的本体学说。他还没有认识到科学理性与人文价值本身所具有的深刻悖论。事实上，要真正实现科学理性与人文价值的融通，必须以对这种悖论的深刻体认为前提，这样才可能站在人类学本体论的高度，完成科学理性与人文价值的整合。

谭嗣同的《仁学》是中国古典学术近代化的一种尝试，所以，它在许多方面还显得粗糙、简单，其内在矛盾尚没有充分展开。然而，正是这种过渡型的学术体系，仍然留下了许多值得深一层思考的东西。一百年过去了，我们站在 21 世纪的开端。时代在呼唤我们，为 21 世纪的文化建构一个新道论。因为我们不会仅仅满足于去实现规划的经济目标，我们还渴求"道"。我们应该将中华民族的现代化、人类文明的高度发展与对人的终极关怀结合起来而建立新时代的道论。

而且，这种新道论应该是中学与西学、传统与现代、人文价值与科学理性的融通。既然这样，我们能够在 21 世纪，对谭嗣同《仁学》所建构的新道论作一深刻反思，确有非同寻常的意义。

参考文献

［1］陈建明.湖南人三湘历史文化陈列［M］.北京：中华书局，2018.12.

［2］陈先枢，谢军.湖湘餐饮老字号［M］.长沙：湖南人民出版社，2014.

［3］戴花，李玲.湖湘传统文化元素在包装设计中的应用实践研究［M］.青岛：中国
　　海洋大学出版社，2019.04.

［4］杜纯粹主编.湖湘文化要略［M］.北京：北京大学出版社，2011.

［5］符少辉，刘纯阳.湖南农业史［M］.长沙：湖南人民出版社，2012.

［6］傅浩军.湘湖历史文化调查报告［M］.杭州：杭州出版社，2018.

［7］管桂翠.近代湖湘文化对新民主主义革命时期马克思主义中国化的影响［M］.
　　长沙：中南大学出版社，2019.05.

［8］何宏.中国传统营养学［M］.北京：中国轻工业出版社，2011.

［9］何清湖.湖湘中医文化［M］.北京：中国中医药出版社，2011.

［10］姜霞.湖湘茶事与茶文化研究［M］.哈尔滨：哈尔滨出版社，2019.04.

［11］李跃龙.湖湘文化经典百句［M］.长沙：湖南人民出版社，2018.08.

［12］李跃龙.湖湘文化名言100句［M］.长沙：湖南人民出版社，2018.08.

［13］李钟铉.中国少数民族饮食文化特点［D］.中央民族大学，2011.

［14］刘琛.新时代湖湘文化与职校立德树人教育深度融合机制研究［M］.哈尔滨：
　　哈尔滨工程大学出版社，2020.08.

［15］罗宏，许顺富.湖南人底精神全面解读湖湘文化［M］.北京：新星出版社，
　　2019.06.

［16］罗婷.多维视野下的湖湘女性文化研究［M］.长沙：湖南大学出版社，2020.08.

［17］茅建民.中国饮食文化［M］.北京：北京师范大学出版社，2010.

［18］聂荣华.万里.湖湘文化通论［M］.长沙：湖南大学出版社，2014.

［19］彭继红，向汉庆.国家治理与文化伦理［M］.长沙：湖南大学出版社，2018.12.

［20］邵万宽.中国饮食文化［M］.北京：中国旅游出版社，2016.

［21］石荫祥.湘菜集锦［M］.长沙：湖南科技技术出版社，2010.

[22]谭仲池.长沙通史(古代卷)[M].长沙:湖南教育出版社,2013.

[23]田光辉.湖湘文化融入湖南高校文化建设的实践研究以怀化学院为例[M].北京:中国社会出版社,2018.03.

[24]涂建秋.衡阳餐饮文化集锦[M].北京:中国诗词橙联出版社,2015.

[25]王墨泉.湘菜本色[M].长沙:湖南人民出版社,2013.

[26]王松平,赵伟,李洪源.高等职业教育"十三五"规划教材湖湘文化概论[M].北京:中国轻工业出版社,2019.

[27]王伟.湖湘传统村落文化艺术研究以湘西花垣县板栗村为例[M].北京:中国社会科学出版社,2019.

[28]吴金明.湖湘文化30幅画[M].长沙:湖南人民出版社,2018.

[29]萧山政协文史资料委员会.湘湖历史文化研究文集[M].北京:中国广播影视出版社,2018.

[30]肖献军,胡娟.虞舜、二妃与湖湘文化精神[M].沈阳:万卷出版公司,2020.

[31]谢定源.中国饮食文化史:长江中游地区卷[M].北京:中国轻工业出版社,2013.

[32]谢军,方八另.湖湘饮食文化概要[M].北京:现代出版社,2020.

[33]徐海荣.中国饮食史[M].杭州:杭州出版社,2014.

[34]杨丰美.湘村巨变湖南脱贫攻坚纪实[M].湘潭:湘潭大学出版社,2020.

[35]尹承前.谭延闿诗稿[M].长沙:湖南人民出版社,2014.

[36]张良田主编.源自卓越湖湘初中名师名校长论丛[M].长沙:湖南师范大学出版社,2018.04.

[37]赵建民,金洪霞.中国饮食文化概论[M].北京:中国轻工业出版社,2015.

[38]赵幸.湖湘饮憚史话[M].长沙:湖南科学技术出版社,2010.

[39]周世荣.湖南陶烧[M].长沙:中南大学出版社,2010.